Langenscheidt

Alles für Spanisch

Grammatik und Verben –
schnell nachschlagen und trainieren

Langenscheidt
München · Wien

Langenscheidt Kurzgrammatik Spanisch
von Leonardo Paredes Pernía
Lektorat: Anne Ley-Schalles

Langenscheidt Grammatiktraining Spanisch
von Astrid Böhringer und Marta Rabinovich
Lektorat: Dr. Olga Balboa

Langenscheidt Verbtabellen Spanisch
von Dr. Olga Balboa
Lektorat: Manuela Beisswenger

www.langenscheidt.com

Herausgegeben von der Langenscheidt-Redaktion

Layout: Ute Weber
Umschlaggestaltung: Guter Punkt, München
Satz: Franzis print & media GmbH, München
Druck und Bindung: Druckerei C.H.Beck, Nördlingen

ISBN 978-3-468-35043-6

18010

Inhaltsverzeichnis

Abkürzungen

a.c.	alguna cosa
Adj.	Adjektiv
Adv.	Adverb
alg.	alguien
best.	bestimmte/-r
bzw.	beziehungsweise
d.h.	das heißt
dir. Obj.	direktes Objekt
etc.	et cetera
etw.	etwas
f.	feminin
Ger.	Gerund
ind. Obj.	indirektes Objekt
Inf.	Infinitiv
jd.	jemand
jmd.	jemandem
jnd.	jemanden
jds.	jemandes
Kons.	Konsonant
m.	maskulin
Obj.	Objekt
Pers.	Person
Pl.	Plural
Präp.	Präposition
Pron.	Pronomen
Sing.	Singular
Subj.	Subjekt
usw.	und so weiter
z.B.	zum Beispiel

Terminologie

Spanisch	Deutsch
adjetivo	*Adjektiv*
adverbio	*Adverb*
artículo	*Artikel*
cambio vocálico	*Vokalwechsel*
condicional	*Konditional*
condicional compuesto	*Konditional II*
condicional simple	*Konditional I*
conjugación	*Konjugation*
conjugar	*konjugieren*
conjunción	*Konjunktion*
derivado	*Ableitung*
discurso directo	*direkte Rede*
discurso indirecto	*indirekte Rede*
forma verbal impersonal	*unpersönliche Verbform*
futuro	*Futur*
futuro compuesto	*Futur II*
futuro simple	*Futur I*
género	*Genus*
gerundio	*Gerund*
gerundio compuesto	*zusammengesetztes Gerund*
gerundio simple	*einfaches Gerund*
imperativo	*Imperativ*
imperfecto de indicativo	*Imperfekt*
imperfecto de subjuntivo	*Subjuntivo Imperfekt*
indefinido	*Indefinido (historische Vergangenheit)*
indicativo	*Indikativ*
infinitivo	*Infinitiv*
infinitivo compuesto	*zusammengesetzter Infinitiv*
infinitivo simple	*einfacher Infinitiv*
modo	*Modus*
numeral	*Zahlwort*
número	*Numerus*
oración condicional	*Bedingungssatz*
oración independiente	*unabhängiger Satz*
oración principal	*Hauptsatz*
oración subordinada	*Nebensatz*
participio	*Partizip*

Spanisch	Deutsch
pasado	*Vergangenheit*
perfecto de indicativo	*Perfekt*
perfecto de subjuntivo	*Subjuntivo Perfekt*
persona	*Person*
plural	*Plural*
pluscuamperfecto de indicativo	*Plusquamperfekt*
pluscuamperfecto de subjuntivo	*Subjuntivo Plusquamperfekt*
predicado	*Satzaussage*
preposición	*Präposition*
presente de indicativo	*Präsens*
presente de subjuntivo	*Subjuntivo Präsens*
pretérito anterior	*Pretérito anterior*
pronombre demostrativo	*Demonstrativpronomen*
pronombre indefinido	*Indefinitpronomen*
pronombre personal	*Personalpronomen*
pronombre personal objeto	*Objektpronomen*
pronombre posesivo	*Possessivpronomen*
pronombre reflexivo	*Reflexivpronomen*
raíz	*Verbstamm*
singular	*Singular*
subjuntivo	*Subjuntivo*
sujeto	*Subjekt*
sustantivo	*Substantiv*
terminación	*Endung*
tiempo	*Tempus, Zeit*
verbo	*Verb*
verbo auxiliar	*Hilfsverb*
verbo irregular	*unregelmäßiges Verb*
verbo modal	*Modalverb*
verbo pleno	*Vollverb*
verbo reflexivo	*reflexives Verb*
verbo regular	*regelmäßiges Verb*
voz activa	*Aktiv*
voz pasiva	*Passiv*

Fachausdruck	Bezeichnung	Beispiel
Adjektiv	Eigenschaftswort; *adjetivo*	*el vestido* ***rojo;*** das rote Kleid
Adverb	Umstandswort; *adverbio*	*Me voy* ***mañana.*** Ich fahre morgen ab.
Aktiv	Tätigkeitsform; *voz activa*	*El hombre* ***abre*** *la puerta.* Der Mann öffnet die Tür.
Artikel	Geschlechtswort; *artículo*	***la*** *casa,* ***un*** *amigo;* das Haus, ein Freund
Bedingungssatz	*oración condicional*	*Si puedo, vengo.* Wenn ich kann, komme ich.
bestimmter Artikel	*artículo determinado*	***la*** *casa,* ***el*** *jardín;* das Haus, der Garten
Condicional	Bedingungsform, Konditional I	*compraría,* ich würde kaufen
Condicional Perfecto	Bedingungsform, Konditional II	*habría comprado*, ich hätte gekauft
Demonstrativ-pronomen	hinweisendes Fürwort; *demostrativo*	***este*** *libro,* dieses Buch; ***éste***, dieses
direkte Rede	*estilo directo*	*Ella dice: "Son las dos."* Sie sagt: „Es ist zwei Uhr."
Futur	erste Zukunft; *futuro simple*	*Preguntaré.* Ich werde fragen.
Futur II	zweite Zukunft; *futuro compuesto*	*Habré preguntado.* Ich werde gefragt haben.
Gerundio	gebeugte Grundform des Zeitwortes, Gerundium	*comprando,* kaufend, beim Kaufen
Imperativ	Befehlsform; *imperativo*	*¡Olvídalo!* Vergiss es!
Imperfekt	Mitvergangenheit; *pretérito imperfecto*	*compraba;* ich kaufte, habe gekauft
Indefinido	historisches Perfekt; *pretérito indefinido*	*compré,* ich kaufte, habe gekauft
Indefinitpronomen	unbestimmtes Fürwort; *indefinido*	***alguien,*** jemand; ***mucha*** *gente*, viele Leute

Fachausdruck	Bezeichnung	Beispiel
Indikativ	Wirklichkeitsform; *indicativo*	***Como** una manzana.* Ich esse einen Apfel.
indirekte Rede	wiedergegebene Rede; *discurso referido*	*Ha dicho que su marido está en la oficina.* Sie sagte, ihr Mann sei im Büro.
Infinitiv	Grundform; *infinitivo*	*comer,* (zu) essen
Interrogativadverb	Frageadverb; *adverbio interrogativo*	*¿**cuándo**?,* wann?
Interrogativpronomen	Fragepronomen; *interrogativo*	*¿**qué** libro?,* welches Buch?; ***quién**?,* wer?
Konjunktion	Bindewort; *conjunción*	*Pregunta **(que) si** vienes.* Er fragt, ob du kommst.
Modus/-i	Aussageweise; *modo*	*Indicativo: Te **escribo**.* Ich schreibe dir. *Imperativo: **Escríbeme**.* Schreib mir! *Subjuntivo: ¡Ojalá me **escribas** pronto!* Hoffentlich schreibst du mir bald!
Partizip Perfekt, Partizip II	Mittelwort der Vergangenheit *participio pasado*	*comido,* gegessen
Passiv	Leideform; *voz pasiva*	*La casa **fue construida**.* Das Haus wurde gebaut.
Perfekt	Vorgegenwart; *pretérito perfecto*	*he comprado;* ich kaufte, habe gekauft
Personalpronomen	persönliches Fürwort; *pronombre personal*	*yo, tú, la;* ich, du, sie (Akkusativ)
Plural	Mehrzahl; *plural*	*libros*, Bücher
Plusquamperfekt	Vorvergangenheit; *pretérito pluscuamperfecto*	*¡Te lo había dicho!* Ich hatte es dir doch gesagt!
Possessivpronomen	besitzanzeigendes Fürwort; *posesivo*	***mi** libro,* mein Buch; *el **mío**,* meins

Fachausdruck	Bezeichnung	Beispiel
Präposition	Verhältniswort; *preposición*	*de, en, con;* von, in, mit
Präsens	Gegenwart; *presente*	*Me gusta nadar.* Ich schwimme gerne.
Pronomen	Fürwort; *pronombre*	*yo, esta, tuyo;* ich, diese, dein
Relativpronomen	bezügliches Fürwort; *pronombre relativo*	*El libro* ***que*** *he comprado.* Das Buch, das ich gekauft habe.
Singular	Einzahl; *singular*	*libro,* Buch
Subjuntivo	Möglichkeitsform, Konjunktiv	*Si* ***tuviera*** *tiempo …* Wenn ich Zeit hätte …
Substantiv	Hauptwort; *sustantivo*	la **mesa**, der Tisch
unbestimmter Artikel	*artículo indeterminado*	**una** casa, **un** jardín; ein Haus, ein Garten
Verb	Zeitwort; *verbo*	*ir, venir;* gehen, kommen

Tipps & Tricks: Grammatik lernen, fast kinderleicht

Beneiden Sie nicht auch manchmal Kinder, die eine Sprache so ganz einfach nebenbei lernen, ohne sich über lästige Grammatikregeln oder fehlerhafte Konstruktionen Gedanken zu machen? Ganz so sorglos können wir Ihnen die Grammatik nicht nahebringen, aber nichtsdestotrotz heißt Sprachenlernen und insbesondere Grammatiklernen nicht zwingend stures Auswendiglernen und langweiliges Regelpauken. Um Ihnen den Umgang mit Grammatik etwas zu erleichtern, verraten wir Ihnen hier einige praktische Tipps & Tricks zum Grammatiklernen.

L! Das Gesetz der Regelmäßigkeit

Grammatik ist wie Sport. Wer nur einmal alle Jubeljahre trainiert, wird wohl kein Marathonläufer. Es ist sinnvoller, regelmäßig ein wenig als unregelmäßig viel zu lernen. Setzen Sie einen bestimmten Zeitpunkt fest, zu dem Sie sich ungestört der Fremdsprache widmen können, z. B. täglich eine Viertelstunde vor dem Einschlafen oder drei Mal wöchentlich in der Mittagspause. Wie immer Sie sich entscheiden: Lernen Sie kontinuierlich, denn nur so lässt sich Ihr Langzeitgedächtnis trainieren.

L! Aufwärmen lohnt sich

Gelernten Stoff zu wiederholen ist wie leichtes Joggen: Laufen Sie sich warm mit Altbekanntem, bevor Sie sich an Neues wagen. Auch wenn ständig neue Grammatikregeln auf Sie zukommen, darf das bereits Erlernte nicht vernachlässigt werden.

Das Salz in der Suppe

Versuchen Sie niemals zu viele Grammatikregeln auf einmal zu lernen. Man verliert schnell den Überblick und vergisst die Details. Verwenden Sie Grammatik wie das Salz in der Suppe. Ebenso wie man eine Suppe versalzen kann, kann man sich das Erlernen einer Fremdsprache erschweren, indem man versucht, sich zu viele Grammatikregeln auf einmal einzuprägen. Lernen Sie langsam, stetig und zielorientiert und verdauen Sie in kleinen Häppchen. Nur Geduld!

Wer ist schon perfekt …

Immer locker bleiben! Lassen Sie sich nicht von Perfektionsgedanken leiten. Perfektion ist nicht das vordergründigste Ziel beim Erlernen einer Fremdsprache. Die Schönheit der Sprache sollte im Mittelpunkt stehen sowie das gute Gefühl, von seinem Gegenüber richtig verstanden zu werden.

Fehleranalyse gegen Fettnäpfchen

Haben Sie keine Angst vor Fehlern! Es ist nicht das Ziel des Lernens, keine Fehler zu machen, sondern gemachte Fehler zu bemerken. Nur wer einen Fehler im Nachhinein erkennt, kann ihn beim nächsten Mal vermeiden. Das Beherrschen grammatischer Grundregeln ist dabei durchaus hilfreich: zum einen, um einen Fehler und den vielleicht erstaunten oder verständnislosen Gesichtsausdruck des Gegenübers nachvollziehen zu können, und zum anderen, um nicht ein zweites Mal in dasselbe Fettnäpfchen zu treten.

L! Begeben Sie sich nicht ins Abseits

Grammatik ist spannend, wenn man sich einen Einblick in ihre Strukturen verschafft. Vergleichen Sie Grammatik auch in diesem Sinne mit Sport. Jede Sportart wird erst dann so richtig interessant, wenn man in der Lage ist, ihre Regeln nachzuvollziehen. Oder würden Sie auch Fußball oder Tennis anschauen, wenn es für Sie nur ein sinnfreies „Dem-Ball-Nachlaufen" darstellen würde? Betrachten Sie eine Fremdsprache als eine Sportart, deren komplizierte Spielregeln Sie allmählich erlernen, um mitspielen und mitreden zu können, damit Sie nicht im Abseits landen.

L! Haben Sie einen Typ?

Finden Sie heraus, welcher Lerntyp Sie sind. Behalten Sie eine Regel schon im Gedächtnis, wenn Sie sie gehört haben *(Hörtyp)* oder müssen Sie sie gleichzeitig sehen *(Seh-, Lesetyp)* und dann aufschreiben *(Schreibtyp)*? Macht es Ihnen Spaß, Grammatikregeln in kleinen Rollenspielen auszuprobieren *(Handlungstyp)*? Die meisten Menschen tendieren zum einen oder anderen Lerntyp. Reine Typen kommen nur sehr selten vor. Sie sollten daher sowohl Ihren Typ ermitteln als auch Ihre Lerngewohnheiten Ihren Vorlieben anpassen. Halten Sie also Augen und Ohren offen und lernen Sie ruhig mit Händen und Füßen, wenn Sie der Typ dafür sind.

L! Sags mit einem Post-it

Auf Post-its wurden schon Heiratsanträge gemacht oder Beziehungen beendet. Also ist es kein Wunder, dass man damit auch Grammatik lernen kann. Schreiben Sie sich einzelne Regeln (idealerweise mit Beispielen, s. u.) separat auf Blätter oder Post-its und hängen Sie sie dort hin, wo Sie sie täglich sehen können, z. B. ins Bad über den Spiegel, an den Computer, den Kühlschrank oder neben die Kaffeemaschine. So verinnerlichen Sie bestimmte Regeln ganz nebenbei. Denn das Auge lernt mit.

Beispielsätze gegen Trockenfutter

Trockenfutter ist schwer verdaulich. Einzelne Grammatikregeln trocken aufzunehmen ebenso. Ergänzen Sie jede Regel mit Beispielsätzen. Wenn Ihnen die Beispiele, die Sie in den Lehrbüchern finden, nicht gefallen, formulieren Sie eigene! Fortgeschrittene können in Originaltexten (Zeitungen, Büchern, Filmen, Songtexten) nach konkreten Anwendungsbeispielen suchen. So wird Grammatik leicht bekömmlich.

Führen Sie Selbstgespräche

Wählen Sie besonders schwierige Grammatikphänomene aus, schreiben Sie dazu einzelne Beispielsätze auf und sprechen Sie diese laut vor sich hin z. B. unter der Dusche, beim Spazierengehen oder während langer Autofahrten. Reden Sie mit sich selbst in der Fremdsprache, so prägen Sie sich auch komplizierte Wendungen ganz schnell ein.

Grammatik à la Karte

Wie beim Vokabellernen lässt sich auch für die Grammatik eine Art Karteikasten mit einzelnen Karten anlegen. Schreiben Sie eine Regel, eine Ausnahme oder ein Stichwort auf die eine Seite und Beispiele, Anwendungen oder Lösungen auf die andere. Schauen Sie sich die Karten regelmäßig an und sortieren Sie die, die Ihnen vertraut sind, allmählich aus.

Haben Sie einen Plan?

Schreiben Sie zusammengehörende Grammatikregeln auf einem großen Bogen Papier, knapp und präzise, eventuell mit Zeichnungen, Verweisen und kurzen Beispielen überschaubar zusammen und erstellen Sie Ihren persönlichen Lageplan. Mithilfe sogenannter *mind maps* gewinnen Sie schon durch das bloße Erstellen des Plans ganz schnell Einblick in die Struktur der Sprache und verschaffen sich einen schnellen übersichtlichen Gesamtüberblick. Ob Sie dieses Papier dann auch irgendwo hinhängen oder nicht, ist nicht ausschlaggebend, denn Sie haben dann ja den Plan schon im Kopf.

Meerblick durch Auswendiglernen

Lernen Sie auch mal eine Grammatikregel mit dazugehörigen Beispielsätzen auswendig. Wenn Sie sich den Beispielsatz selbst ausgedacht haben, wird er Ihnen leichter als ein fremder im Gedächtnis bleiben, und Sie werden die entsprechende Regel auch schneller anwenden können. Lernen Sie auch situationsgebundene Phrasen auswendig. Feste Redewendungen mitsamt der jeweilig dahinterstehenden Grammatik parat zu haben, vereinfacht die Verständigung in den häufig wiederkehrenden Standardsituationen im Ausland. Denn wer will schon jedes Mal im Vorfeld das Kapitel Relativpronomen wiederholen, wenn er einfach nur ein Hotelzimmer buchen möchte, *das* Meerblick hat.

Bleiben Sie in Bewegung

Sie müssen beim Lernen nicht unbedingt am Schreibtisch sitzen. Stehen Sie auf, gehen Sie im Zimmer auf und ab oder wiederholen Sie beim Spazierengehen, beim Joggen, beim Schwimmen in Gedanken die neu gelernten Regeln. Ihr Gehirn funktioniert nachweislich besser, wenn Ihr Körper in Bewegung ist. Und Ihr Kreislauf dankt es Ihnen auch.

Grammatik aus dem Ei

Behelfen Sie sich beim Lernen von Grammatikregeln und -strukturen mit Eselsbrücken, Reimen, Merkhilfen und Lernsprüchen. „7-5-3 Rom schlüpft aus dem Ei" – was bei historischen Jahreszahlen funktioniert, klappt auch beim Sprachenlernen.

Setzen Sie Ihrer Fantasie keine Grenzen

Machen Sie sich im wahrsten Sinne ein Bild von der Situation, denn auch Bilder, die Sie im Kopf haben, dienen als Gedächtnisstützen. Versuchen Sie also, einen neuen grammatischen Begriff oder eine schwierige Regel mit einem einfachen Bild zu verknüpfen. Vor allem das Erlernen der Zeiten funktioniert besser, wenn Sie sich das, was die jeweilige Zeitform ausdrückt, visuell vorstellen. Diese Vorstellungen können abstrakt oder konkret sein. Je gefühlsintensiver ein Bild ist, desto einprägsamer ist der damit in Verbindung gebrachte grammatische Inhalt.

Gretchenfrage: Und wie stehts mit der Muttersprache?

Denken Sie über Ihre eigenen Sprechgewohnheiten nach und schauen Sie sich die Regeln Ihrer Muttersprache an. Die Gesetze der Fremdsprache sind viel einfacher nachvollzieh- und erlernbar, wenn man die Unterschiede zur eigenen Sprache kennt.

Wer liest, ist im Vorteil

Wagen Sie sich langsam an fremdsprachige Lektüre heran, sei es in vereinfachter Form mit Übersetzungshilfen, sei es in Form leichter Originaltexte und schauen Sie sich die grammatischen Feinheiten gesondert an. Es zählt nicht, wie viel Sie lesen, sondern dass Sie einzelne grammatische Strukturen nachvollziehen können.

L! E-Mail für Sie

Um auch schriftlich von einander zu lernen, suchen Sie sich eine/n E-Mailpartner/in und schreiben Sie kurze fremdsprachige Mails. Treffen Sie die Vereinbarung, sich gegenseitig zu korrigieren. Sie werden sehen, es macht Spaß, sich über sprachliche Dinge auszutauschen und auf die Fehler des anderen, die vielleicht auch Ihre eigenen sind, aufmerksam zu machen.

L! Haben Sie O-Töne?

Lernen Sie multimedial. Schauen Sie DVDs oder Kinofilme im Originalton und wenn möglich mit Originaluntertitel an, also z. B. einen spanischen Film mit spanischem Untertitel. Sie werden sehen, dass Sie durch das Mitlesen das Gesprochene wesentlich besser verstehen als ohne die Texthilfe. Halten Sie die DVD gelegentlich auch mal an und schreiben Sie sich interessante Wörter, Phrasen oder grammatische Strukturen auf. Ihren Fortschritt können Sie daran messen, je häufiger Ihnen Grammatikfehler von Seiten der Schauspieler auffallen.

L! Learning by doing in freier Wildbahn

Zu guter Letzt, wenden Sie die Sprache an. Reisen Sie in Länder, in denen die Sprache gesprochen wird, genießen Sie es, mit Menschen in der Sprache zu sprechen, die Sie gerade lernen oder dann auch schon können und freuen Sie sich über die Anerkennung, die Sie dafür bekommen, und die Kontakte, die Sie dabei knüpfen können – weil Sprachen verbinden …

Viel Spaß beim Spanischlernen wünscht Ihnen
Ihre Langenscheidt-Redaktion

Langenscheidt
Kurzgrammatik

Spanisch

von Leonardo Paredes Pernía

Langenscheidt
München · Wien

Vorwort

Mit unserer Kurzgrammatik Spanisch bieten wir Ihnen ein Rundum-sorglos-Paket für den schnellen Überblick: Der Niveaustufentest zu Beginn, unsere Schnell-Lern-Methode und zusätzliche Übungen zum Download bringen Sie leicht und schnell ans Ziel!

Eingangs zeigt Ihnen der **Niveaustufentest**, auf welcher Stufe Sie stehen. Am Ende können Sie ihn wiederholen, um Ihren Fortschritt zu überprüfen. Mit den Lösungen erhalten Sie auch Empfehlungen zur Verbesserung Ihrer Sprachkenntnisse. Um Ihnen von Anfang an den Zugang zur spanischen Grammatik zu erleichtern, verraten wir Ihnen anschließend **Tipps & Tricks** zum Grammatiklernen.

Der **Kapitel-Aufbau** folgt einer klaren Struktur: Zunächst werden die Formen präsentiert, dann wird ihr Gebrauch erörtert und durch Beispiele mit Übersetzung veranschaulicht. Die farbige Gestaltung und viele selbsterklärende Symbole tragen dazu bei, dass Sie sich innerhalb der Kapitel gut zurechtfinden.

Nutzen Sie die Schnell-Lern-Methode, um sich einen Überblick zu verschaffen und sich das Wichtigste noch leichter einzuprägen: Nach abgeschlossenen Themenschwerpunkten präsentieren die blauen Seiten **Auf einen Blick** die wichtigsten Regeln, weitere Beispiele und Stolpersteine.

Niveaustufenangaben (A1, A2, B1, B2) begleiten Sie durch das Buch.
Diese verraten Ihnen, welche Grammatikthemen und welche Regeln für Ihr Lernniveau relevant sind. Die Niveaustufen beziehen sich nicht nur auf das jeweilige

Grammatikkapitel, sondern auch auf das in den Beispielsätzen verwendete Vokabular. So wissen Sie auch genau, dass Ihnen dieser Wortschatz bekannt sein sollte.

In der Praxis heißt das: Ist ein Grammatikkapitel beispielsweise der Niveaustufe A1 zugeordnet, so sind alle verwendeten Vokabeln A1, es sei denn, sie sind mit einer anderen Niveaustufe, z. B. A2 (direkt vor dem jeweiligen Wort oder Satz), versehen. Alle in diesem Kapitel enthaltenen Grammatikregeln sollten Sie dann beherrschen, es sei denn, eine Niveaustufenangabe am Rand weist Sie darauf hin, dass diese Regel für ein höheres Niveau, z. B. B1, bestimmt ist.

Hier eine kurze Erläuterung, welche Kenntnisse auf diese Niveaustufen des Europäischen Referenzrahmens zutreffen:

A1/A2: *Elementare Sprachverwendung*, d. h.
A1: Sie können einzelne Wörter und ganz einfache Sätze verstehen und fomulieren.
A2: Sie können die Gesprächssituationen des Alltags bewältigen und kurze Texte verstehen oder selbst verfassen.

B1/B2: *Selbstständige Sprachverwendung*, d. h.
B1: Sie können sich in den Bereichen Alltag, Reise und Beruf schriftlich und mündlich gut verständigen.
B2: Sie verfügen aktiv über ein großes Repertoire an grammatikalischen Strukturen und Redewendungen und können im Gespräch mit Muttersprachlern bereits stilistische Nuancen erfassen.

Damit Sie Ihren Lernerfolg abschließend noch besser überprüfen können, finden Sie am Ende des Buches einen **Test** zu jedem einzelnen Grammatikkapitel. So können

Sie zum einen ganz genau feststellen, wo Sie noch Schwachstellen haben und welches Grammatikkapitel Sie sich demnach noch mal ansehen sollten, und zum anderen, wo Sie schon richtig fit sind.

Nun wünschen wir Ihnen viel Spaß und Erfolg beim Spanischlernen!

Ihre Langenscheidt-Redaktion

Symbole

Infos über Spracheigenheiten des Spanischen
Merksatz
stellt den mündlichen Sprachgebrauch dem geschriebenen Spanisch gegenüber
Achtung, Stolpersteine!
Hier handelt es sich um eine Ausnahme!
Lerntipp
Kleine Hilfestellung
Grundregel
verweist auf zusammenhängende Grammatikthemen

Inhaltsverzeichnis

Niveaustufentest A1

Tragen Sie für jede richtige Antwort einen Punkt in das Kästchen am Ende der Zeile ein und addieren Sie die Punkte zum Schluss. Im Anhang finden Sie die Auswertung und Empfehlungen zur Verbesserung.

1 Der Artikel

In welchem Satz ist der Artikel richtig verwendet? Kreuzen Sie richtig (✓) oder falsch (✗) an.

a. ☐ Los lunes voy a nadar. ☐

b. ☐ Voy a México en el marzo. ☐

c. ☐ El señor Marín no está en la oficina. ☐

☐

2 Das Substantiv

Schreiben Sie die Pluralform der Substantive.

a. café .... ☐

b. papel .... ☐

c. flor .... ☐

☐

3 Das Adjektiv

Ergänzen Sie die folgenden Sätze mit der passenden Form der Adjektive: azul, caro, menor.

a. Este es mi hijo .... ☐

b. Me regalaron una camisa y un pantalón

.... ☐

c. Esas revistas son muy .... ☐

☐

4 Das Personalpronomen
Setzen Sie das passende Personalpronomen an der richtigen Stelle ein.

a. A mí no .... gustan .... los huevos. ☐

b. ¿ .... ha .... llamado alguien a mí? ☐

c. .... lo .... regalaré para vuestro cumpleaños. ☐

☐

5 Die Verben ser/estar/hay
Ergänzen Sie mit: están, es, hay.

a. Las hojas .... encima de la mesa. ☐

b. En el frigorífico no .... fruta. ☐

c. La puerta .... de cristal. ☐

☐

6 Das Präsens
Übersetzen Sie die Sätze ins Spanische.

a. Wie heißt dein Vater?

.... ☐

b. Kannst du Chinesisch sprechen?

.... ☐

c. Meine Tochter ist einundzwanzig Jahre alt.

.... ☐

☐

Gesamtpunktzahl ☐

Niveaustufentest A2

1 Das Substantiv
Wo ist der Plural richtig (✓), wo falsch (✗)? Kreuzen Sie an.

a. ☐ ¿Has apagado las luzes? ☐

b. ☐ Los vierneses voy a la piscina. ☐

c. ☐ Me gustan mucho los jerseys de lana. ☐

☐

2 Der Vergleich
Bilden Sie die passende Komparativform.

a. Él habla francés. Su mujer habla francés e inglés.

.... ☐

b. La revista cuesta 3 euros. El periódico cuesta 2 euros.

.... ☐

☐

3 Das Personalpronomen
Beantworten Sie folgende Fragen und ersetzen Sie die hervorgehobenen Satzteile durch Personalpronomen.

a. ¿Ha venido **tu novia contigo**?

Sí, ... ha venido .... ☐

b. ¿Le has llevado **los regalos a Carlota**?

Sí, ... he llevado. ☐

☐

4 Das Adverb

Ergänzen Sie die Sätze mit: nunca, muy, mucho.

a. Ese viaje es .... caro. ☐

b. Estoy cansado porque he trabajado .... ☐

c. No he estado .... en América Latina. ☐

☐

5 Das Indefinido

Ergänzen Sie die Sätze mit der Indefinido-Form der Verben in Klammern.

a. Anoche tú no (cenar) .... en casa. ☐

b. ¿A qué hora (volver) vosotras .... del cine? ☐

c. El año pasado nosotros (estar) .... en Perú. ☐

☐

6 Perfekt, Indefinido oder Imperfekt?

Ergänzen Sie die Sätze mit der passenden Zeitform von: quedarse, visitar, ir.

a. De pequeña .... a menudo al campo. ☐

b. Ayer .... en casa todo el día. ☐

c. Este año .... dos veces a nuestra familia. ☐

☐

Gesamtpunktzahl ☐

Niveaustufentest B1

1 Das Relativpronomen

Wählen Sie das richtige Relativpronomen.

a. Estos son los señores con quienes / los quienes he hablado. ☐

b. Los que / Que quieran, pueden entrar ya. ☐

c. La casa cuyo / cuya salón me gusta es muy cara. ☐

☐

2 Das Indefinido

Ergänzen Sie mit der Indefinido-Form der in Klammern angegebenen Verben.

a. ¿(Oír, tú) .... algo de lo que decían? ☐

b. No (traer) .... los CD porque se nos olvidaron. ☐

c. Ayer (almorzar, yo) .... en el bar. ☐

☐

3 Der Subjuntivo Präsens

Beantworten Sie die Fragen mit dem Subjuntivo Präsens.

a. ¿Estará Marisa en casa?

No, no creo que .... ☐

b. ¿Hablaréis mañana con el jefe?

No, no creo que mañana .... ☐

c. ¿Él va a venir a la fiesta?

No, no creo que .... ☐

☐

4 Der Imperativ

Sind folgende Sätze richtig (✓) oder falsch (✗)?

a. Vienen conmigo, por favor. ☐

b. No pregúntaselo a él. ☐

c. ¡No llegues tarde! ☐

☐

5 Das Akkusativobjekt

Ergänzen Sie die Sätze wo nötig mit der Präposition a.

a. ¿Has visto .... la secretaria? ☐

b. Se busca .... secretaria bilingüe. ☐

c. ¿Has encontrado .... algo interesante? ☐

☐

6 Die kausale bzw. die temporale Konjunktion

Verbinden Sie die Satzteile.

a. Llama a la puerta	pues	me avisaron.	☐
b. No he salido	hasta que	hace frío.	☐
c. Esperé	cuando	entrar.	☐
			☐

Gesamtpunktzahl ☐

Niveaustufentest B2

1 Das Adjektiv
Setzen Sie die Adjektive an die richtige Stelle.

a. (triste) No ha estudiado y ahora es un ....
empleado .... ☐

b. (grande) Esa es una .... noticia ....
Me alegro mucho. ☐

c. (solo) No había casi nadie y al final no quedó
más que un .... oyente .... ☐

☐

2 Der Subjuntivo
Ergänzen Sie die Sätze mit der passenden Subjuntivo-Form der Verben in Klammern.

a. Te deseo que (tener) .... suerte en tu próximo viaje. ☐

b. Me extraña que ella no (poner) .... la calefacción con el frío que hacía anoche. ☐

c. Es raro que el tren no (llegar) .... aún, ya tenía que estar aquí hace rato. ☐

☐

3 Der Subjuntivo im Que-Satz
Sind folgende Sätze richtig (✓) oder falsch (✗)?

a. ☐ Nos encanta que vayamos al cine. ☐

b. ☐ Es evidente que no sepa qué hacer. ☐

c. ☐ Ha dicho que vuelvas pronto. ☐

☐

4 Der Subjuntivo im Temporalsatz
Wählen Sie die richtige Verbform.

a. Me acostaré en cuanto termino / termine de cenar. ☐

b. Te lo conté cuando me enteré / enterara. ☐

☐

5 Der Subjuntivo im Konditionalsatz
Ergänzen Sie die Konditionalsätze.

a. Os lo cuento con tal de que no (decir) .... nada. ☐

b. Habría hecho un viaje si no (tener) .... que trabajar. ☐

c. Llámame en caso de que (necesitar) .... algo. ☐

☐

6 Der Subjuntivo im Relativsatz
Was passt zusammen? Verbinden Sie die Satzteile.

a. Conozco un dentista que	sepa más de música.	☐
b. No hay nadie que	sea muy barato.	☐
c. Estoy buscando un hotel que	es muy bueno.	☐
		☐

Gesamtpunktzahl ☐

1 Der Artikel

A1

ⓘ Der Artikel ist entweder bestimmt oder unbestimmt. Er richtet sich in Genus und Numerus nach dem Substantiv, das er begleitet. ⚡ Da es im Spanischen nur maskuline und feminine Substantive gibt, sind auch die Artikel entweder maskulin oder feminin.

1.1 Der bestimmte Artikel

A1

Formen

Maskulinum Singular	Plural	Femininum Singular	Plural
el hijo *der Sohn*	**los** hijos	**la** hija *die Tochter*	**las** hijas

Lo steht als neutrale Form vor Adjektiven, Pronomen, Partizipien und Adverbien: **lo** bueno *das Gute*.

Der bestimmte Artikel el verschmilzt mit den Präpositionen a und de (▶ 15) zu al bzw. del:

a + el → **al**
Vamos **al** cine. *Gehen wir ins Kino.*

de + el → **del**
La playa está cerca **del** hotel. *Der Strand ist in der Nähe des Hotels.*

Gebrauch

Der bestimmte Artikel wird in der Regel wie im Deutschen verwendet und steht vor Substantiven, die allgemein bekannt sind oder bereits genannt wurden:
No puedo trabajar porque **el** ordenador está roto.
Ich kann nicht arbeiten, weil der Computer kaputt ist.

⚡ Anders als im Deutschen steht der bestimmte Artikel jedoch auch in folgenden Fällen:

- vor Substantiven, die eine Verallgemeinerung oder universelle Wahrheit ausdrücken:
  Los idiomas son importantes. *Fremdsprachen sind wichtig.*
- bei Zeitangaben:
  El martes no tengo clase. *Am Dienstag habe ich keinen Unterricht.* Son **las** cuatro. *Es ist 4 Uhr.*
- bei näherer Bestimmung von Körperteilen oder bei Angaben zur körperlichen Verfassung:
  Pepito tiene **el** pelo rubio. *Pepito hat blondes Haar.*
  Me duele **la** cabeza. *Mein Kopf tut mir weh.*
- vor Prozentangaben:
  El ochenta por ciento de los turistas está en la costa. *80 Prozent der Touristen sind an der Küste.*
- vor Eigennamen und manchen Ortsnamen:
  el Amazonas *der Amazonas*, **(los)** Estados Unidos *die Vereinigten Staaten*, **la** Habana *Havanna*
- bei Verben, die wie gustar funktionieren:
  No me gustan **las** gambas. *Shrimps schmecken mir nicht.*
- vor Anredeformeln und Titeln:
  El doctor García no trabaja mañana. *Doktor García arbeitet morgen nicht.*

B1 ◐ Aber: Bei don und doña + Vorname wird kein Artikel verwendet:
Don Pedro es muy simpático. *Herr Pedro ist sehr nett.*
Ebenso steht kein Artikel, wenn man eine Person direkt anspricht:
¡Buenos días, señor Martínez! *Guten Tag, Herr Martínez!*

1.2 Der unbestimmte Artikel

A1

Formen

Im Unterschied zum Deutschen haben die unbestimmten Artikel im Spanischen eine Pluralform: unos/unas.

Maskulinum Singular	Plural	Femininum Singular	Plural
un hijo *ein Sohn*	**unos** hijos	**una** hija *eine Tochter*	**unas** hijas

Gebrauch

A2

Der Plural des unbestimmten Artikels wird verwendet, um eine unbestimmte Menge zu bezeichnen. Im Deutschen wird der Artikel in der Regel weggelassen:
Me han regalado **unos** libros. *Sie haben mir Bücher geschenkt.*

B1

Er steht aber auch vor näher bestimmten Substantiven im Plural:
Mis padres me han regalado **unos** zapatos. *Meine Eltern haben mir ein Paar Schuhe geschenkt.*

B1

Unos/unas kann auch *einige/ein paar* bedeuten:
Te he traído **unas** revistas de Chile. *Ich habe dir ein paar Zeitschriften aus Chile mitgebracht.*

Vor otro und medio steht im Unterschied zum Deutschen *nie* der unbestimmte Artikel:
¿Nos puede traer otra servilleta, por favor? *Können Sie uns bitte noch* ***eine*** *Serviette bringen?*
Quisiera medio kilo de fresas, por favor. *Ich hätte gerne* ***ein*** *halbes Kilo Erdbeeren.*

> Un/una wird mit ninguno/ninguna verneint. Vor dem Verb muss zusätzlich no stehen: Ella **no** tiene **ninguna** moto roja. *Sie hat* ***kein*** *rotes Motorrad.*

A1

2 Das Substantiv

A1

2.1 Das Genus

Spanische Substantive sind entweder maskulin oder feminin. Ein Neutrum gibt es nicht.
Viele Substantive haben im Deutschen ein anderes Genus als im Spanischen: **la chica** *das Mädchen*, **el sol** *die Sonne*. L! Lernen Sie die jeweiligen Artikel am besten gleich mit.

Formen

Die meisten maskulinen Substantive enden auf -o, die meisten femininen auf -a:

Maskulinum	Femininum
el vin**o** *der Wein*	la chic**a** *das Mädchen*
el tiemp**o** *die Zeit*	la lun**a** *der Mond*

Weitere häufige Endungen:

Maskulinum		Femininum	
-or	el col**or** *die Farbe*	**-ad**	la verd**ad** *die Wahrheit*
-aje	A2 el vi**aje** *die Reise*	**-ez**	la v**ez** *das Mal*
-ón	A2 el balc**ón** *der Balkon*	**-ción**	la can**ción** *das Lied*
-ete	el bill**ete** *die Fahrkarte*	**-zón**	A2 la ra**zón** *der Grund*
-e	el coch**e** *das Auto*	**-e**	la noch**e** *die Nacht*
-l	el so**l** *die Sonne*	**-tud**	B1 la juven**tud** *die Jugend*
-ismo	el social**ismo** *der Sozialismus*	**-triz**	A2 la ac**triz** *die Schauspielerin*

Ausnahmen:

- feminine Substantive, die auf -o oder -or enden: **la foto** *das Foto*, **la moto** *das Motorrad*, **la mano** *die Hand*, **la radio** *das Radio*, **la flor** *die Blume*

- maskuline Substantive, die auf **-a** enden:
  el problema *das Problem*, **el tema** *das Thema*, **el sistema** *das System*, **el programa** *das Programm*, A2 **el clima** *das Wetter*, **el idioma** *die Fremdsprache*, **el cava** *der Sekt*, **el día** *der Tag*, **el mapa** *die Landkarte*
- Substantive auf **-ista**, **-ante** oder **-ente** können je nach natürlichem Geschlecht maskulin oder feminin sein. Das Genus erkennt man dann nur am Artikel: **el taxista/la taxista** *der Taxifahrer/die Taxifahrerin*, **el cantante/la cantante** *der Sänger/die Sängerin*, **el asistente/la asistente** *der Assistent/die Assistentin*.

ϟ Einige Substantive ändern ihre Bedeutung, je nachdem, ob sie in ihrer maskulinen oder in ihrer femininen Form verwendet werden:

Maskulinum	Femininum
el policía *der Polizist*	**la** policía *die Polizei*
el capital *das Kapital*	**la** capital *die Hauptstadt*
A2 **el** orden *die Ordnung*	**la** orden *der Orden, der Befehl*

ϟ Feminine Substantive, die mit betontem **a-** oder **ha-** beginnen, erhalten im Singular zwar den maskulinen Artikel, behalten jedoch ihr Genus. Im Plural steht wieder der feminine Artikel: **el agua** *das Wasser* – **las aguas** *die Gewässer* (ebenso: **el hambre** *der Hunger*).

Die feminine Form lässt sich beim natürlichen Geschlecht häufig von der maskulinen Form ableiten:

Maskulinum		Femininum	
-o	el hij**o** *der Sohn*	**-a**	la hij**a** *die Tochter*
-Kons.	el escritor *der Schriftsteller*	**+a**	la escritor**a** *die Schriftstellerin*

Andere Substantive haben im Maskulinum und im Femininum unterschiedliche Formen:

Maskulinum	Femininum
el hombre *der Mann* el padre *der Vater*	la mujer *die Frau* la madre *die Mutter*

A1 2.2 Der Plural

Formen

Bei Substantiven, die auf einen Vokal enden, wird im Plural ein -s angehängt:

Singular	Plural
el curs**o** *der Kurs* la plaz**a** *der Platz* el caf**é** *der Kaffee*	los curs**os** las plaz**as** los caf**és**

Ausnahmen: Folgende Substantive bilden den Plural mit -es:

- Substantive, die nur aus einer Silbe bestehen: el **mes** *der Monat* → los me**ses**
- Substantive auf -í oder -ú: el marroqu**í** *der Marokkaner* → los marroqu**íes**, el hind**ú** *der Inder* → los hind**úes**
- Substantive auf -y: el re**y** *der König* → los re**yes**, la ley *das Gesetz* → las le**yes**
- Substantive auf Konsonanten: el hote**l** *das Hotel* → los hote**les**, la flo**r** *die Blume* → las flo**res**, el árbo**l** *der Baum* → los árbo**les**
  (aber: Bei Substantiven auf -z lautet die Pluralform -ces statt -es: la vo**z** *die Stimme* → las vo**ces**, la ve**z** *das Mal* → las ve**ces**.)

⚡ Substantive, die im Singular einen Akzent auf der letzten Silbe tragen, verlieren diesen im Plural:
la estación *der Bahnhof* → **las estaciones**,
el balcón *der Balkon* → **los balcones.**

⚡ Substantive, die auf unbetontem **-es** oder **-is** enden, bleiben im Plural unverändert: **el martes** *der Dienstag* → **los martes**, **la crisis** *die Krise* → **las crisis**.
Auch bei zusammengesetzten Substantiven auf **-s** sind Singular und Plural identisch: **el paraguas** *der Regenschirm* → **los paraguas**, **el cumpleaños** *der Geburtstag* → **los cumpleaños**.

Gebrauch

ⓘ Einige Substantive werden nur im Plural verwendet, z. B.: **las gafas** *die Brille*, A2 **las afueras** *die Umgebung*, **las vacaciones** *der Urlaub, die Ferien*, **las tijeras** *die Schere*, **los pantalones** *die Hose*.

⚡ Manche Substantive können im Plural eine andere Bedeutung haben als im Singular: **el hermano** *der Bruder* – **los hermanos** *die Geschwister*, **el abuelo** *der Großvater* – **los abuelos** *die Großeltern*.

⚡ Einige Substantive, die im Spanischen immer im Singular stehen, werden im Deutschen grundsätzlich im Plural verwendet und umgekehrt:
La gente está contenta. ***Die Leute** sind zufrieden.*
Las vacaciones son importantes. ***Der Urlaub** ist wichtig.*
No he terminado mis estudios. *Ich habe **mein Studium** nicht abgeschlossen.*

Auf einen Blick

Der Artikel

Der Artikel steht in Verbindung mit einem Substantiv, das er näher bestimmt.

Der bestimmte Artikel
Der bestimmte Artikel lautet el, la, los, las.
Der maskuline bestimmte Artikel el verschmilzt mit den Präpositionen a und de: a + el → al, de + el → del.

Der unbestimmte Artikel
Der unbestimmte Artikel lautet un, una.
Im Unterschied zum Deutschen gibt es auch eine Pluralform: unos und unas.
Im Plural wird der unbestimmte Artikel gebraucht, um eine unbestimmte Menge zu bezeichnen: **unos** libros *Bücher*, **unos** zapatos *ein Paar Schuhe*.

Das Substantiv

Das Genus
Substantive sind im Spanischen entweder maskulin oder feminin, ein Neutrum gibt es nicht.
Der Artikel gibt das Genus des Substantivs an.

Substantive auf -o sind meist maskulin, auf -a feminin: el tor**o** *der Stier*, la play**a** *der Strand.*

Die häufigsten Endungen sind:
- maskulin: -o, -or, -aje, -ón, -ete, -l, -e
- feminin: -a, -dad, tad, -ez, -ie, -ción, -triz, -tud, -umbre, -zón

◐ Ausnahmen:

- Einige Wörter, die auf -a enden, sind maskulin: el tema *das Thema*, el idioma *die Sprache* etc.
- Einige Substantive, die auf -o und -or enden, sind feminin: la foto *das Foto*, la moto *das Motorrad* etc.
- Substantive auf -ista, -ante oder -ente können maskulin oder feminin sein, je nach natürlichem Geschlecht: **el taxista/la taxista** *der Taxifahrer/die Taxifahrerin*, **el cantante/la cantante** *der Sänger, die Sängerin.*

Die feminine Form lässt sich häufig von der maskulinen ableiten: el hij**o** *der Sohn* → la hij**a** *die Tochter.*
In anderen Fällen werden beide Formen mit unterschiedlichen Wörtern bezeichnet: el hombre *der Mann*, la mujer *die Frau*, el padre *der Vater*, la madre *die Mutter.*

Der Plural

☼ Der Plural wird durch Anhängen von -s oder -es gebildet:
el vino *der Wein* → los vino**s** *die Weine*
el hotel *das Hotel* → los hotel**es** *die Hotels*

◐ Folgende Substantive bilden den Plural auf -es:

- Substantive, die auf betontem -í oder -ú enden:
  el marroqu**í** *der Marokkaner* → los marroqu**íes** *die Marokkaner*
  el hind**ú** *der Inder* → los hind**úes** *die Inder*
- Substantive, die auf -y enden: el re**y** *der König* → los re**yes** *die Könige*
- ⚡ Bei Substantiven, die auf -z enden, lautet die Pluralendung -ces: la vo**z** *die Stimme* → las vo**ces** *die Stimmen.*

A1

3 Das Adjektiv

Adjektive beschreiben die Eigenschaften von Gegenständen, Personen etc. Sie richten sich in Genus und Numerus nach den Substantiven, auf die sie sich beziehen.

A1

3.1 Das Genus

Formen

Die meisten Adjektive enden auf -o, -e oder auf einen Konsonanten.

Adjektive, die in der maskulinen Form auf -o enden, bilden die feminine Form mit -a.

Maskulinum	Femininum
el abrigo car**o** *der teure Mantel*	la casa car**a** *das teure Haus*

Auch Adjektive, die in der maskulinen Form auf -or enden, sowie Nationalitätsadjektive, die auf -és oder -án enden, bilden die feminine Form mit -a. Der Akzent entfällt dann:

Maskulinum	Femininum
el alumno trabajad**or** *der fleißige Schüler*	la alumna trabajad**ora** *die fleißige Schülerin*
el vino franc**és** *der französische Wein*	la cultura franc**esa** *die französische Kultur*
un deportista alem**án** *ein deutscher Sportler*	una deportista alem**ana** *eine deutsche Sportlerin*

A2

Adjektive, die im Maskulinum auf -a, -e, -i, -u oder auf einen Konsonanten enden, bleiben in der femininen Form unverändert.

Maskulinum	**Femininum**
un chico deportist**a** *ein sportlicher Junge* el niño alegr**e** *das fröhliche Kind* el idioma difíci**l** *die schwierige Sprache*	una chica deportist**a** *ein sportliches Mädchen* la fiesta alegr**e** *das fröhliche Fest* la gramática difíci**l** *die schwierige Grammatik*

B1

Auch folgende Adjektive bleiben im Femininum unverändert:

- marrón *braun*: un jersey **marrón** *ein brauner Pullover* – una chaqueta **marrón** *eine braune Jacke*
- mayor *größer/älter*: el hermano **mayor** *der ältere Bruder* – la hermana **mayor** *die ältere Schwester*
- menor *kleiner/jünger*: mi hermano **menor** *mein kleinerer Bruder* – mi hermana **menor** *meine kleinere Schwester*
- mejor *besser*: los **mejores** días *die besten Tage* – las **mejores** ofertas *die besten Angebote*
- peor *schlechter*: el **peor** tema *das schlimmste Thema* – la **peor** noticia *die schlimmste Nachricht*
- anterior *vorherig*: la lección **anterior** *die vorherige Lektion*
- posterior *später*: una operación **posterior** *eine spätere Operation*

3.2 Der Plural

A1

Formen

Der Plural der Adjektive wird wie bei Substantiven mit -s oder -es gebildet.

Adjektive, die auf einen Vokal (außer auf -í oder -ú) enden, bilden den Plural mit -s:

Singular	Plural
el coche pequeñ**o** *das kleine Auto*	los coches pequeñ**os** *die kleinen Autos*

Adjektive, die auf einen Konsonanten oder auf -í bzw. -ú enden, bilden den Plural mit -es. Die Adjektive, die im Singular auf -és und -án enden, verlieren im Plural den Akzent:

Singular	Plural
el edificio azu**l** *das blaue Gebäude*	los edificios azu**les** *die blauen Gebäude*
la estudiante iran**í** *die iranische Studentin*	las estudiantes iran**íes** *die iranischen Studentinnen*
el coche alem**án** *das deutsche Auto*	los coches alem**anes** *die deutschen Autos*

A1 3.3 Die Angleichung des Adjektivs

Im Spanischen werden Adjektive *immer* an das Genus und den Numerus des Substantivs angeglichen, unabhängig von ihrer Stellung und Funktion im Satz.

Ist das Substantiv maskulin, so wird die maskuline Form des Adjektivs verwendet: **El coche es bonito.** *Das Auto ist schön.* **Los coches son bonitos.** *Die Autos sind schön.*
Ist das Substantiv feminin, nimmt man die feminine Form: **La casa es blanca.** *Das Haus ist weiß.* **Las casas son blancas.** *Die Häuser sind weiß.*

Wenn ein Adjektiv sich auf mehrere Substantive bezieht, hat es das gleiche Genus wie die Substantive und steht im Plural: **una mesa y una silla redondas** *ein runder Tisch und ein runder Stuhl.*

Bezieht sich das Adjektiv auf mehrere maskuline und feminine Substantive, so wird in der Regel die maskuline Form im Plural verwendet:
María y Carlos son simpáticos. *Maria und Carlos sind nett.*

Im Gegensatz zum Deutschen werden nicht nur die attributiven Adjektive (= das Adjektiv steht direkt beim Substantiv) angeglichen, sondern auch die prädikativen (= das Adjektiv steht nach dem Verb).

Attributiv: **Es una chica rubia.** *Sie ist ein blondes Mädchen.*
Es un problema B1 **complicado.** *Es ist ein kompliziertes Problem.*
Prädikativ: **La chica es rubia.** *Das Mädchen ist blond.*
El problema me parece complicado. *Ich finde das Problem kompliziert.*

3.4 Die Stellung des Adjektivs

A1

Im Gegensatz zum Deutschen steht das spanische Adjektiv in der Regel nach dem Substantiv. Das Adjektiv hat in diesem Fall eine unterscheidende Funktion: **un gato negro** *eine schwarze Katze* – **un gato blanco** *eine weiße Katze*.

Einige Adjektive stehen allerdings immer *vor* dem Substantiv: A2

medio *(ein) halber*:	**medio litro** *ein halber Liter*
tanto *so viel*:	**tanta gente** *so viele Menschen*
mucho *viel*:	**muchas horas** *viele Stunden*
poco *wenig*:	**pocos días** *wenige Tage*

Mejor *besser* und peor *schlechter* werden meistens vorangestellt:
Ésta es la **mejor** ocasión. *Das ist die beste Gelegenheit.*
Hoy es el **peor** día de mi vida. *Heute ist der schlechteste Tag meines Lebens.*
Dasselbe gilt für **otro** *(ein) anderer/noch einer*:
Es **otra** persona. *Das ist eine andere Person.*
¡**Otra** cerveza! *Noch ein Bier.*
Denken Sie daran, dass vor otro und medio kein unbestimmter Artikel steht (▷ 1.2).

A2 Einige Adjektive werden verkürzt, wenn sie vor einem maskulinen Substantiv stehen:

bueno *gut*:	un **buen** vino *ein guter Wein*
malo *schlecht*:	un **mal** día *ein schlechter Tag*
alguno *irgendein*:	**algún** libro *irgendein Buch*
ninguno *(gar) kein*:	**ningún** problema *kein Problem*
primero *erster*:	el **primer** día *der erste Tag*
tercero *dritter*:	el **tercer** piso *das dritte Stockwerk*

B1 Grande *groß/großartig* wird vor maskulinen *und* femininen Substantiven im Singular zu gran verkürzt:
Miguel es un **gran** músico. *Miguel ist ein großer Musiker.*
Es una **gran** mujer. *Sie ist eine großartige Frau.*

In der Schriftsprache, hauptsächlich in der Dichtung, steht das Adjektiv häufig vor dem Substantiv: la **oscura** noche *die dunkle Nacht*.

4 Das Adverb

A2

Das Adverb wird verwendet, um ein Verb, ein Adjektiv, ein anderes Adverb oder einen ganzen Satz näher zu bestimmen.

Formen

Adverbien haben im Spanischen andere Formen als Adjektive. Neben den ursprünglichen Adverbien gibt es auch jene, die von Adjektiven abgeleitet werden. ⚡ Beide sind unveränderlich.

Die abgeleiteten Adverbien werden gebildet, indem die Endung **-mente** an die feminine Form des Adjektivs angehängt wird:

f. Adjektiv	Adverb	
rápid**a**	rápid**amente**	*schnell*

Carlos trabaja rápidamente. *Carlos arbeitet schnell.*

Bei Adjektiven auf **-e**, **-a** oder auf Konsonant, bei denen die maskuline und die feminine Form identisch sind, wird die Endung **-mente** direkt an den Stamm angehängt:

f. Adjektiv	Adverb	
amable	amable**mente**	*freundlich*

Me ha B1 **saludado amablemente.** *Sie hat mich freundlich gegrüßt.*

Adverbien auf **-mente** werden häufig durch adverbiale Wendungen ersetzt: **Indudablemente tiene razón.** → **Sin duda tiene razón.** *Zweifellos hat er Recht.*

Weitere adverbiale Wendungen:

cortésmente → de manera cortés/con cortesía	*höflich*
frecuentemente → con frecuencia	*häufig*
B1 **inmediatamente → de inmediato**	*sofort*
tranquilamente → con tranquilidad	*ruhig*

Wie im Deutschen gibt es auch im Spanischen Adverbien, die nicht von einem Adjektiv abgeleitet werden. Einige dieser sogenannten ursprünglichen Adverbien sind:

- Lokaladverbien: **aquí** *hier*, **allí** *dort*, **arriba** *oben*, **abajo** *unten*
- Temporaladverbien: **ahora** *jetzt*, **ayer** *gestern*, **antes** *früher*, **mañana** *morgen*, **siempre** *immer*, **nunca** *nie*, **ya** *schon*, **temprano** *früh*, **luego** *später/nachher*, **tarde** *spät*, **más tarde** *später*
- Modaladverbien: **bien** *gut*, **mal** *schlecht*, **despacio** *langsam*, **así** *so*
- Adverbien der Menge: **mucho** *viel*, **poco** *wenig*, **menos** *weniger*, **nada** *nichts*, **casi** *fast*, **bastante** *ziemlich/ziemlich viel*
- Adverbien der Bejahung, Verneinung und Vermutung: **sí** *ja*, **no** *nein*, **tambien** *auch*, **tampoco** *auch nicht*

Gebrauch

Während Adjektive ein Substantiv ergänzen und in Genus und Numerus veränderlich sind, bestimmen Adverbien ein Verb, Adjektiv oder Adverb näher und sind unveränderlich.

⚡ Im Spanischen müssen Sie besonders auf den Unterschied zwischen Adverb und Adjektiv achten, da sie oft unterschiedliche Formen haben, während die Formen im Deutschen identisch sind.

Adverb (*Wie wird etwas getan?*)	**Adjektiv** (*Wie ist etwas?*)
Ella toca **bien**. *Sie spielt **gut**.* Ella toca **mal**. *Sie spielt **schlecht**.*	Este libro es **bueno**. *Dieses Buch ist **gut**.* Este libro es **malo**. *Dieses Buch ist **schlecht**.*

Das spanische Adverb muy *sehr* steht nur vor Adjektiven und Adverbien. Um ein Verb näher zu bestimmen, verwendet man das Adverb mucho *sehr*: A1
Sarah es **muy** guapa. *Sarah ist sehr schön.* Ella me gusta **mucho.** *Sie gefällt mir sehr.*

Mucho wird in der gesprochenen Sprache oft anstelle von muy als kurze Antwort verwendet, um ein Adjektiv nicht wiederholen zu müssen:
¿Te gusta el regalo? Sí, estoy **muy** contenta./Sí, **mucho.**
Gefällt dir das Geschenk? Ja, ich bin sehr zufrieden./Ja, sehr.

Stellung

Das Adverb steht in der Regel nach dem Verb, aber vor dem Adjektiv und vor einem anderen Adverb:
Lola toca **bien** el piano. *Lola spielt gut Klavier.*
El español no me parece **tan difícil.** *Ich finde Spanisch nicht so schwer.*

Adverbien, die Zweifel oder Unsicherheit ausdrücken, stehen vor dem Verb:
Probablemente B1 vengan más tarde. *Wahrscheinlich kommen sie später.* **Quizás** B1 vengan mañana. *Vielleicht kommen sie morgen.*

A2 # 5 Der Vergleich

A2 ## 5.1 Der Komparativ

Formen

- Der Komparativ der Überlegenheit:

más + Adjektiv + **que**	Patricia es **más aplicada que** Carmen. *Patricia ist **fleißiger als** Carmen.*
más + Adverb + **que**	María trabaja **más rápidamente que** yo. *María arbeitet **schneller als** ich.*

- Der Komparativ der Unterlegenheit:

menos + Adjektiv + **que**	Patricia es **menos aplicada que** Carmen. *Patricia ist **weniger fleißig als** Carmen.*
menos + Adverb + **que**	María habla **menos rápidamente que** yo. *María spricht **weniger schnell als** ich.*

- Der Komparativ der Gleichheit:

tan + Adjektiv + **como**	Patricia es **tan aplicada como** Carmen. *Patricia ist **so fleißig wie** Carmen.*
tan + Adverb + **como**	María trabaja **tan rápidamente como** yo. *María arbeitet **so schnell wie** ich.*
tanto/-a/-os/-as + Substantiv + **como**	Ella gasta **tanto dinero como** yo. *Sie gibt **genauso viel Geld** aus **wie** ich.*

⚡ Unregelmäßige Komparativformen:

Adjektiv/Adverb	Komparativ
bueno/bien *gut*	mejor *besser*
malo/mal *schlecht*	peor *schlechter*
grande *groß*	mayor *älter*
pequeño *klein*	menor *jünger*

⚡ In räumlicher Bedeutung gebraucht, werden grande und pequeño regelmäßig gesteigert:
El piso de los Pérez es **más grande que** el nuestro. *Die Wohnung von Herrn und Frau Pérez ist **größer als** unsere.*

5.2 Der Superlativ

A2

💡 Im Spanischen unterscheidet man zwischen dem relativen und dem absoluten Superlativ.

Formen

Der *relative Superlativ* wird mit el/la/los/las más + Adjektiv bzw. mit einem Relativsatz + Adverb gebildet.

- Der Superlativ der Überlegenheit:

best. Artikel + **más** + Adj.	Es **la más pequeña** de todas. *Sie ist die kleinste von allen.*
Relativsatz + **más** + Adv.	Soy **el que trabaja más rápidamente.** *Ich arbeite **am schnellsten**.*

- Der Superlativ der Unterlegenheit:

best. Artikel + **menos** + Adj.	Estos ejercicios son **los menos difíciles.** *Diese Übungen sind **am leichtesten**.*
Relativsatz + **menos** + Adv.	Soy **el que trabaja menos rápidamente.** *Ich arbeite **am langsamsten**.*

B1 Der *absolute Superlativ* wird entweder mit **muy** + Adjektiv/Adverb gebildet oder mit der Endung **-ísimo/-a/-os/-as** bzw. **ísimamente**:

Adjektiv	Adverb
A1 Patricia es **muy aplicada**. *Patricia ist sehr fleißig.* Patricia es **aplicadísima**. *Patricia ist überaus fleißig.*	María trabaja **muy rápidamente**. *María arbeitet sehr schnell.* María trabaja **rapidísimamente**. *María arbeitet furchtbar schnell.*

⚡ Bei Adjektiven, die auf einen Konsonanten enden, wird die Endung **-ísimo, -ísima, -ísimos, -ísimas** an den Singular angehängt:

fácil *einfach* → facil**ísimo/-a/-os/-as** *sehr einfach*
difícil *schwierig* → dificil**ísimo/-a/-os/-as** *sehr schwierig*

Bei Adjektiven, die auf einen Vokal enden, wird dieser durch die Endung **-ísimo, -ísima, -ísimos, -ísimas** ersetzt:

peligroso *gefährlich* → peligros**ísimo/-a/-os/-as** *sehr gefährlich*
grande *groß* → grand**ísimo/-a/-os/-as** *sehr groß*

Unregelmäßige Adjektive bzw. Adverbien:

lejos *weit weg* → lejísimos *sehr weit weg*
pobre *arm* → paupérrimo *sehr arm*
libre *frei* → libérrimo *sehr frei*

Auf einen Blick

Das Adjektiv

Adjektive richten sich in Genus und Numerus nach dem Substantiv, auf das sie sich beziehen.

Genus

Die meisten Adjektive auf -o sind maskulin, die meisten Adjektive auf -a feminin. Die häufigsten Endungen sind -o, -e oder ein Konsonant. Manche Adjektive bleiben in der femininen Form unverändert: un hombre deportista *ein sportlicher Mann*, una chica deportista *ein sportliches Mädchen* etc.

Adjektive auf -or oder Nationalitätsadjektive, die auf einen Konsonanten enden, hängen in der femininen Form ein -a an: un chico alemán *ein deutscher Junge*, una chica alemana *ein deutsches Mädchen*.

Der Plural

Adjektive bilden den Plural durch Anhängen von -s oder -es: un coche pequeño *ein kleines Auto* → coches pequeños *kleine Autos*, un coche alemán *ein deutsches Auto* → coches alemanes *deutsche Autos*.

Die Stellung des Adjektivs

Anders als im Deutschen steht das spanische Adjektiv in der Regel nach dem Substantiv: el vino **blanco** *der Weißwein.*

Adjektive wie mucho *viel*, poco *wenig*, otro *(ein/-e) andere/-r/-s* werden aber vorangestellt: **mucho** dinero *viel Geld*, **otra** cerveza *noch ein Bier*, **poco** tiempo *wenig Zeit.*

Das Adverb

Abgeleitete Adverbien

Das Adverb ist im Spanischen unveränderlich. Manche Adverbien sind aus Adjektiven abgeleitet: rápido → rápida**mente**, amable → amable**mente**.

Ursprüngliche Adverbien

Das Spanische verfügt über Adverbien, die nicht von einem Adjektiv abgeleitet werden, z. B. aquí *hier*, arriba *oben*, ahora *jetzt*, mañana *morgen*, siempre *immer* etc.

Die Stellung des Adverbs

Ein Adverb steht in der Regel nach dem Verb, sonst vor dem Adjektiv oder einem anderen Adverb: Judith habla **bien** el italiano. *Judith spricht* ***gut*** *Italienisch.* Esto no es **tan** fácil. *Das ist nicht* ***so*** *leicht.*

Der Vergleich

Um Ungleichheit oder Gleichheit zum Ausdruck zu bringen, benutzt man más/menos + Adjektiv/Substantiv/Adverb que ... oder tan + Adjektiv/Adverb como:
Carmen es **más** guapa **que** Ana. *Carmen ist* ***hübscher als*** *Ana.* Carmen es **tan** inteligente **como** Pepe. *Carmen ist* ***so intelligent wie*** *Pepe.*
Der relative Superlativ wird mithilfe von el/la/los/las más + Adjektiv (+ de) gebildet:
Carmen es **la más** guapa **de** todas. *Carmen ist* ***die hübscheste*** *von allen.*
Der absolute Superlativ wird, außer bei einigen unregelmäßigen Formen, mit muy vor dem Adjektiv oder durch Anhängen von -ísimo/-a an das Adjektiv gebildet:
Carmen es **muy** guapa oder Carmen es guap**ísima**.
Carmen ist ***sehr*** *hübsch.*

6 Das Pronomen

A1

6.1 Das Personalpronomen

A1

Das Personalpronomen kann verschiedene Funktionen im Satz übernehmen. Im Spanischen gibt es Subjekt-, Objekt- und Reflexivpronomen.

Formen

Subj.-pronomen	dir. Objekt-pronomen	indir. Obj.-pronomen	A2 betonte Formen
yo *ich*	me *mich*	me *mir*	a mí *mich/mir*
tú *du*	te *dich*	te *dir*	a ti *dich/dir*
él *er*	lo/le *ihn/es*	le *ihm*	a él *ihn/es/ihm*
ella *sie*	la *sie/es*	le *ihr*	a ella *sie/ihr*
usted *Sie*	lo/la *Sie*	le *Ihnen*	a usted *Sie/Ihnen*
nosotros/-as *wir*	nos *uns*	nos *uns*	a nosotros/-as *uns*
vosotros/-as *ihr*	os *euch*	os *euch*	a vosotros/-as *euch*
ellos/-as *sie*	los/les/las *sie*	les *ihnen*	a ellos/-as *sie/ihnen*
ustedes *Sie*	los/las *Sie*	les *Ihnen*	a ustedes *Sie/Ihnen*

Reflexivpronomen
me *mich*
te *dich*
se *sich*
nos *uns*
os *euch*
se *sich*

Neben den unbetonten Objektpronomen gibt es auch die betonten Formen, die – mit Ausnahme von **mí** und **ti** – identisch mit den Subjektpronomen sind.

A2

ⓘ Die Form **usted/ustedes** *Sie* ist die Höflichkeitsform im Singular bzw. Plural. In Lateinamerika wird zum Teil **ustedes** anstelle von **vosotros** verwendet, um mehrere Personen anzusprechen. In manchen lateinamerikanischen Ländern wird außerdem **vos** für die 2. Person Singular **tú** verwendet: **Quiero ir al cine con vos.** *Ich möchte mit **dir** ins Kino gehen.* **Es un regalo para vos.** *Es ist ein Geschenk für **dich**.*

Mit der Präposition **con** entstehen zwei besondere Formen:

con + mí → conmigo *mit mir*
con + ti → contigo *mit dir*

Gebrauch

- Die *Subjekt*pronomen

⚡ Im Gegensatz zum Deutschen wird im Spanischen das Subjektpronomen in der Regel weggelassen, weil man an der Endung des Verbs erkennen kann, wer das Subjekt des Satzes ist: **Hoy trabajo.** *Heute arbeite **ich**.*

Das Subjektpronomen wird jedoch verwendet:

- um auf ein neues Subjekt aufmerksam zu machen:
  Yo siempre voy a Francia, pero ellos prefieren Italia.
  ***Ich** fahre immer nach Frankreich, **sie** bevorzugen Italien.*
- um jemanden genau zu identifizieren:
  ¿Es usted el profesor? No, yo no soy el profesor. El profesor es él. *Sind **Sie** der Professor? Nein, **ich** bin nicht der Professor. Der Professor ist **er**.*
- um Verwechslungen – insbesondere wenn die Form des Verbs identisch ist – zu vermeiden:
  Ella no tiene trabajo, pero él trabaja en una fábrica.
  ***Sie** hat keine Arbeit, aber **er** arbeitet in einer Fabrik.*

• Die *Objekt*pronomen

Die unbetonten Formen der Objektpronomen stehen niemals allein, sondern immer beim Verb:
Me gusta el libro. ***Ich** mag das Buch.*

In der Regel bezieht sich lo/los auf Personen und Sachen. In vielen Regionen Spaniens wird jedoch auch le/les als direktes Objektpronomen verwendet, um männliche Personen zu bezeichnen:
¿**Le** has vuelto a ver? *Hast du **ihn** wieder gesehen?*

Stehen zwei Pronomen der 3. Person in einem Satz, so wird das indirekte Objektpronomen le/les zu se: A2

le/les + lo → se lo
le/les + la → se la
le/les + los → se los
le/les + las → se las

¿Le has contado ya la historia? *Hast du **ihr/ihm** die Geschichte schon erzählt?* – Sí, ya **se la** he contado. *Ja, ich habe sie **ihr/ihm** erzählt.*

Die betonten Objektpronomen werden in Verbindung mit einer Präposition verwendet und können im Gegensatz zu den unbetonten Objektpronomen allein stehen: A2
¿Para quién es esta A2 revista? – Para **mí**. *Für wen ist diese Zeitschrift? – Für **mich**.*
In Verbindung mit der Präposition a werden sie zur Verstärkung der unbetonten Objektpronomen verwendet:
A mí me A2 encantan las A2 tartas de chocolate.
***Ich** esse sehr gerne Schokoladentorten.*

Stellung

Bei den einfachen Zeiten (▶ 8) steht das direkte Objektpronomen vor dem konjugierten Verb:

Me ayudan a preparar la fiesta. *Sie helfen **mir**, das Fest vorzubereiten.*

Bei zusammengesetzten Zeiten steht es vor dem Hilfsverb haber:

Carlos no **lo** ha hecho. *Carlos hat **es** nicht getan.*

A2 ⚡ Das direkte Objektpronomen wird an den bejahten Imperativ (▶ 10) angehängt:

¡Hága**lo**! *Machen Sie **es**!*

Bei Modalverben und verbalen Umschreibungen (▶ 7) gibt es zwei Möglichkeiten: Das direkte Objektpronomen kann an den Infinitiv (▶ 11) und das Gerund (▶ 13) angehängt werden oder vor dem konjugierten Verb stehen:

No puedo llamar**te**./No **te** puedo llamar. *Ich kann **dich** nicht anrufen.*

¿Cómo es la B1 novela? Estoy leyéndo**la**./**La** estoy leyendo. *Wie ist der Roman? Ich lese **ihn** gerade.*

A2 ⚡ Stehen zwei unbetonte Objektpronomen in einem Satz, so steht das indirekte immer vor dem direkten:

¿**Os** han B1 devuelto **el libro**? – Sí, **nos lo** han B1 devuelto. *Haben sie **euch das Buch** zurückgegeben? – Ja, sie haben **es uns** zurückgegeben.*

A2 ⚡ Steht das direkte oder das indirekte Objekt zur Betonung am Satzanfang, so muss es durch das entsprechende Pronomen nach dem Bezugswort wieder aufgenommen werden:

Las llaves **las** tiene Carmen. *Die Schlüssel hat Carmen.*

Im Gegensatz zu unbetonten Objektpronomen können betonte Objektpronomen an verschiedenen Stellen stehen:

A mí eso no me gusta. — *Das gefällt mir nicht.*
Eso **a mí** no me gusta.
Eso no me gusta **a mí**.

6.2 Das Possessivpronomen

A1

Formen

Im Spanischen gibt es unbetonte und betonte Possessivpronomen, die adjektivisch verwendet werden. Das bedeutet, dass sie ein Substantiv begleiten.

Die unbetonten Formen lauten wie folgt:

A2

Singular **m./f.**	**Plural** **m./f.**
mi *mein/-e*	mis *meine*
tu *dein/-e*	tus *deine*
su *sein/-e, ihr/-e, Ihr/-e*	sus *seine, ihre, Ihre*
nuestro *unser/-e*	nuestros *unsere*
vuestro *eu(e)r/-e*	vuestras *eure*
su *ihr/-e, Ihr/-e*	sus *ihre, Ihre*

Die betonten Formen lauten wie folgt:

A2

Singular		**Plural**	
m.	**f.**	**m.**	**f.**
mío	mía	míos	mías
tuyo	tuya	tuyos	tuyas
suyo	suya	suyos	suyas
nuestro	nuestra	nuestros	nuestras
vuestro	vuestra	vuestros	vuestras
suyo	suya	suyos	suyas

Im Gegensatz dazu gibt es auch substantivisch gebrauchte Possessivpronomen, die Substantive ersetzen. Sie stimmen in der Form mit den betonten Possessivpronomen überein und werden stets von einem bestimmten Artikel begleitet:

Singular m./f.	**Plural m./f.**
el mío/la mía *meiner/meine/meins* el tuyo/la tuya *deiner/deine/deins* usw.	los míos/las mías *meine* los tuyos/las tuyas *deine* usw.

Gebrauch

Die unbetonten Possessivpronomen stehen vor dem Substantiv:
Mis padres viven en Múnich. *Meine Eltern wohnen in München.*

A2 Die betonten Possessivpronomen stehen nach dem Substantiv, wenn es von einem Artikel, einem Demonstrativpronomen oder einem Zahlwort begleitet wird: Ese vecino **vuestro** es muy amable. *Dieser Nachbar von euch ist sehr nett.*
Sie stimmen in Geschlecht und Zahl mit ihrem Bezugswort überein:
Es una muy buena amiga **mía**. *Es ist eine sehr gute Freundin von mir.*

Die substantivisch gebrauchten Possessivpronomen können allein stehen, um die Wiederholung eines Substantivs zu vermeiden:
¿De quién es el libro? Es el **mío**. *Wem gehört das Buch? Es gehört **mir**.*

6.3 Das Demonstrativpronomen

A1

Formen

Es gibt im Spanischen drei verschiedene Demonstrativpronomen: **este**, **ese** und **aquel**. Sie stehen vor dem Substantiv und richten sich in Numerus und Genus nach diesem.

Maskulinum		Femininum	
Sing.	**Pl.**	**Sing.**	**Pl.**
este perro *dieser Hund*	**estos** perros	**esta** lámpara *diese Lampe*	**estas** lámparas
ese chico *dieser Junge da*	**esos** chicos	**esa** flor *diese Blume da*	**esas** flores
aquel lago *dieser See dort*	**aquellos** lagos	**aquella** casa *dieses Haus dort*	**aquellas** casas

Gebrauch

Die Demonstrativpronomen können genauso wie die Possessivpronomen adjektivisch oder substantivisch gebraucht werden. In beiden Fällen richten sie sich in Genus und Numerus nach dem Substantiv, auf das sie sich beziehen:

adjektivischer Gebrauch: **Esta revista** es mía. *Diese Zeitschrift gehört mir.*
substantivischer Gebrauch: **Esta** es mía. *Diese hier gehört mir.*

Este/-a/-os/-as werden für Personen und Dinge verwendet, die sich in der Nähe des Sprechenden befinden: **Este** teléfono funciona mal. ***Dieses** Telefon funktioniert schlecht.*

💡 Ese/-a/-os/-as werden für Personen und Dinge gebraucht, die sich etwas weiter weg vom Sprechenden befinden:
Esos periódicos son del mes pasado. ***Diese Zeitungen da*** *sind vom vergangenen Monat.*

💡 Aquel/-la/-los/-las wird für Personen und Dinge verwendet, die sich weit entfernt vom Sprechenden befinden:
Aquellas casas son bonitas. ***Diese Häuser dort*** *sind schön.*

⚡ Wenn die Demonstrativpronomen allein stehen und ein Substantiv ersetzen, tragen sie zur Unterscheidung von den anderen Formen einen Akzent:
¿Qué casa te gusta más, **ésta** o **aquélla**? *Welches Haus gefällt dir besser,* ***das hier*** *oder* ***jenes dort****?*

Die neutralen Formen esto *das*, eso *das da* und aquello *das dort* vertreten immer eine Sache oder eine Handlung, die man nicht benennen will oder kann. Sie tragen nie einen Akzent: ¿Qué es **esto**? *Was ist* ***das****?*

A1 6.4 Das Relativpronomen

Formen

que	*der, die, das, welche/-r/-s*
lo que	*das, was*

Gebrauch

💡 Que ist das häufigste Relativpronomen. Es bezieht sich auf Personen und Sachen und ist unveränderlich:
Los alumnos **que** no han A2 aprobado el examen pueden repetirlo. *Die Schüler, die die Prüfung nicht bestanden haben, können sie wiederholen.*

Que kann mit oder ohne Artikel gebraucht werden, wenn es bei einer Präposition steht: B2

- Nach einsilbigen Präpositionen bei Sachen steht **que** meistens ohne Artikel: A2
  La mesa en que trabajo está llena de papeles. *Der Tisch, an dem ich arbeite, ist voll mit Papier.*
- Nach einsilbigen Präpositionen bei Personen steht **que** mit Artikel. Der Artikel stimmt in Genus und Numerus mit dem Bezugswort überein:
  La señora con la que has hablado es mi jefa. *Die Frau, mit der du geredet hast, ist meine Chefin.*
- Nach mehrsilbigen Präpositionen steht **que** mit Artikel:
  La B1 **empresa para la que trabajo es muy grande.** *Die Firma, für die ich arbeite, ist sehr groß.*

Lo que bezieht sich auf den Inhalt eines vorangehenden oder nachfolgenden Satzes: B2
Nunca hace lo que le digo. *Nie tut er, was ich ihm sage.*

6.5 Das Indefinitpronomen B1

Im Spanischen gibt es verbundene Indefinitpronomen, die ein Substantiv begleiten, und unverbundene Indefinitpronomen, die anstelle eines Substantivs stehen.

Formen

Verbundene Indefinitpronomen:

cada	*jede/-r/-s, alle*
B2 **cualquier**	*jede/-r/-s, irgendein/-e*

Die verbundenen Indefinitpronomen werden adjektivisch verwendet. Sie stehen niemals allein.

Unverbundene Indefinitpronomen:

alguien	*jemand*
algo	*etwas*
cualquiera	*jede/-r/-s Beliebige*
A2 nada	*nichts*
A2 nadie	*niemand*
cada uno, cada una	*jede/-r Einzelne*

Gleichzeitig verbundene und unverbundene Formen:

alguno/-a/-os/-as	*irgendein/-e, einige, ein paar*
ninguno/-a	*kein/-e/-er, niemand*
A2 otro/-a/-os/-as	*ein/-e andere/-r/-s, noch ein/-e/-er*
A2 todo/-a/-os/-as	*jede/-r/-s, alle*

Gebrauch

Cada und cualquier werden nur im Singular verwendet und sind im Genus unveränderlich:

Cada día hay algo nuevo. *Jeden Tag gibt es was Neues.*
Cualquier noticia de Chile le interesa. *Jede Nachricht aus Chile interessiert ihn.*

Alguien, algo, cualquiera, nada und nadie sind unveränderlich:

¿Te ha visto **alguien**? *Hat dich jemand gesehen?*
En esta ciudad hay **algo** que ver. *In dieser Stadt gibt es etwas zu sehen.*
Puedes preguntar a **cualquiera.** *Du kannst jeden Beliebigen fragen.*
No comen **nada.** *Sie essen nichts.*
Nadie te puede ayudar. *Niemand kann dir helfen.*

Cada uno hat eine weibliche Form:

En esta familia **cada uno/una** tiene su coche. *In dieser Familie hat jeder sein Auto.*

Einige Indefinitpronomen werden sowohl verbunden als auch unverbunden gebraucht, d. h. sie können ein Substantiv begleiten oder es vertreten:
¿Tienes **alguna** idea? *Hast du irgendeine Idee?*
Algunos no volverán más. *Einige werden nicht wiederkommen.*
Ninguno ha visto nada. *Keiner hat etwas gesehen.*

Alguno wird vor männlichen Substantiven zu algún, ninguno zu ningún:
Algún día lo sabremos. *Wir werden es irgendwann erfahren.*
Ningún viaje me ha costado tanto como éste. *Keine Reise hat mich so viel gekostet wie diese.*

⚡ Todo mit einem Substantiv + Artikel hat im Singular und im Plural unterschiedliche Bedeutungen:
- todo/toda + el/la + Substantiv = *der, die, das Ganze:*
  Se han comido **toda la paella**. *Sie haben die ganze Paella aufgegessen.*
- todos/todas + los/las + Substantiv = *alle, jede:*
  Todos los oyentes se pusieron de pie. *Alle Zuhörer sind aufgestanden.*

6.6 Das Interrogativpronomen A1

Formen

qué	*was, welche/-r/-s, was für ein/-e*
cuál, cuáles	*welche/-r/-s, was für ein/-e*
quién, A2 quiénes	*wer*
cuánto/-a/-os/-as	*wie viel*

🛈 Interrogativpronomen tragen immer einen Akzent.
¿**Qué** quieres? *Was willst du?*
Creo que no es verdad. *Ich glaube, es stimmt nicht.*

Gebrauch

- ⚡ Qué fragt nach Personen oder Sachen und kann allein (*was …*) oder vor einem Substantiv (*welcher … oder was für ein …*) stehen:
  ¿**Qué** crees tú? *Was glaubst du?*
  ¿**Qué** blusa has comprado? *Welche Bluse hast du gekauft?*
  Es kann aber auch nach einer Präposition stehen:
  ¿Por **qué** estudias español? *Warum lernst du Spanisch?*

- Quién/quiénes (*wer?*) fragt nach Personen und steht ohne Substantiv:
  ¿**Quién** me puede dar su dirección? *Wer kann mir seine Adresse geben?*
  Wenn man erwartet, dass es sich um mehrere Personen handelt, verwendet man die Pluralform quiénes:
  ¿**Quiénes** son esos chicos? *Wer sind diese Jungen?*
  Auch quién/-es kann mit Präposition verwendet werden:
  ¿A **quién** le has regalado tu reloj? *Wem hast du deine Uhr geschenkt?*

Auf einen Blick

Das Pronomen

Pronomen vertreten Substantive im Satz.

Das Personalpronomen
Es gibt Subjekt-, Objekt- und Reflexivpronomen.

Subjektpronomen:

Singular		**Plural**	
yo	*ich*	nosotros/nosotras	*wir*
tú	*du*	vosotros/vosotras	*ihr*
él	*er*	ellos	*sie*
ella	*sie*	ellas	*sie*
usted	*Sie*	ustedes	*Sie*

Die Subjektpronomen werden im Spanischen meist weggelassen, da man das Subjekt des Satzes an der Endung des Verbs erkennen kann. In manchen Fällen werden sie jedoch zur Betonung gebraucht:
Vamos a tomar algo. *Wir gehen aus.*
Ella es muy amable, pero **él** es antipático. *Sie ist sehr nett, aber er ist unsympathisch.*

Unbetonte Objektpronomen:

Singular		**Plural**	
me	*mich/mir*	nos	*uns*
te	*dich/dir*	os	*euch*
lo/le	*ihn/ihm*	los/les	*sie/ihnen*
la/le	*sie/ihr*	las/les	*sie/ihnen*
lo/la/le	*Sie/Ihnen*	los/las/les	*Sie/Ihnen*

Die unbetonten Objektpronomen werden nur in Verbindung mit einem Verb gebraucht.

Betonte Objektpronomen:

Singular		**Plural**	
a mí	*mich/mir*	a nosotros	*uns*
a ti	*dich/dir*	a vosotros	*euch*
a él	*ihn/ihm*	a ellos	*sie/ihnen*
a ella	*sie/ihr*	a ellas	*sie/ihnen*
a usted	*Sie/Ihnen*	a ustedes	*Sie/Ihnen*

Betonte Objektpronomen stehen nur nach Präpositionen.
Es gibt zwei besondere Formen:
conmigo *mit mir*, contigo *mit dir*.

Bei der Kombination von le/les + lo/la/los/las wird le/les zu se:
¿Y el paquete? – **Se** lo he enviado por correo. *Und das Paket? – Ich habe es* ***ihm*** *per Post gesendet.*

Das Possessivpronomen
Wie bei den Objektpronomen gibt es auch unbetonte und betonte Possessivpronomen. Sie stimmen in Genus und Numerus mit ihrem Bezugswort überein:
Ella es nuestr**a** herman**a**. *Sie ist unsere Schwester.*
Ellas son nuestr**as** herman**as**. *Sie sind unsere Schwestern.*

Die unbetonten Possessivpronomen stehen vor dem Substantiv, die betonten Formen stehen nach einem Substantiv, wenn dieses von einem Artikel, einem Demonstrativpronomen oder einem Zahlwort begleitet wird.

Unbetonte Possessivpronomen:

Singular		**Plural**	
mi	*mein/-e*	mis	*mein/-e*
tu	*dein/-e*	tus	*dein/-e*
su	*sein/-e, ihr/-e, Ihr/-e*	sus	*sein/-e, ihr/-e, Ihr/-e*
nuestro/-a	*unser/-e*	nuestros/-as	*unsere*
vuestro/-a	*euer/-e*	vuestros/-as	*eure*
su	*sein/-e, ihr/-e, Ihr/-e*	sus	*ihre, Ihre*

Betonte Possessivpronomen:

Singular	**Plural**
mío/-a	míos/-as
tuyo/-a	tuyos/-as
suyo/-a	suyos/-as
nuestro/-a	nuestros/-as
vuestro/-a	vuestros/-as

Demonstrativpronomen

Es gibt drei Demonstrativpronomen, die verschiedene Entfernungen vom Sprecher bezeichnen. Sie stehen vor dem Substantiv und richten sich in Genus und Numerus nach diesem. Sie können aber auch ohne Substantiv stehen und es ersetzen.

nah	*etwas entfernt*	*weit entfernt*
este/-a	ese/-a	aquel/aquella
estos/-as	esos/-as	aquellos/aquellas

Relativpronomen
Que *der*, *die*, *das*, *welche/-r/-s* bezieht sich auf Personen oder Sachen, während quien, quienes *wer* sich nur auf Personen bezieht. Das Relativpronomen lo que *das*, *was* bezieht sich auf den Inhalt eines vorangehenden oder folgenden Satzes.

Indefinitpronomen
Im Spanischen gibt es verbundene Indefinitpronomen, die ein Substantiv begleiten, und unverbundene Indefinitpronomen, die anstelle eines Substantivs stehen:
Cada alumno lo sabe. ***Jeder** Schüler weiß das.*
Cualquiera lo sabe. ***Jeder** weiß das.*

Interrogativpronomen
⚡ Interrogativpronomen tragen immer einen Akzent:
¿Cómo te llamas? *Wie heißt du?*
¿Qué estudias? *Was studierst du?*
¿Cuál es tu hermano? *Welcher ist dein Bruder?*
¿Quién es Cervantes? *Wer ist Cervantes?*

7 Das Verb

A1

Die spanischen Verben werden nach ihrer Infinitivendung in drei Konjugationsgruppen eingeteilt: Die Verben der 1. Konjugationsgruppe enden auf **-ar**, die der 2. Gruppe auf **-er** und die der 3. auf **-ir**. Die meisten Verben gehören der ersten Gruppe an.

7.1 Die Verben „ser", „estar" und „hay"

A1

Die Verben ser und estar entsprechen beide dem deutschen Verb *sein*, wobei ser wesentliche Eigenschaften und estar vorübergehende Merkmale bezeichnet. Hay ist eine unpersönliche Form des Hilfsverbs haber *haben* und bedeutet *es gibt/da ist/da sind*.

Gebrauch

Das Verb ser wird verwendet:

- um Personen oder Sachen zu identifizieren:
  Rocío Hernández **es** mi profesora de español. *Rocío Hernández ist meine Spanischlehrerin.*
- für Zeitangaben:
  Son las cuatro. *Es ist vier Uhr.*
- vor der Präposition de zur Angabe der Herkunft, des Besitzes:
  Estas estudiantes **son** de Italia. *Diese Studentinnen sind aus Italien.*
  El libro **es** de mi padre. *Das Buch gehört meinem Vater.*
- für Preisangaben:
  ¿Cuánto **es**? *Wie viel macht das?*
  (Aber: Bei schwankenden Preisen wird estar + a verwendet:
  En este momento, los mejillones **están a** 4 euros el kilo. *Im Moment kostet das Kilo Muscheln 4 Euro.*)

Das Verb estar wird gebraucht:

- zur Angabe des Ortes mit bestimmtem Artikel:
  Los niños **están** en el colegio. *Die Kinder sind in der Schule.*
- bei Eigennamen:
  Carmen no **está** en casa. *Carmen ist nicht zu Hause.*
- um das persönliche Befinden auszudrücken:
  Hoy no **estoy** muy bien. *Heute geht es mir nicht sehr gut.*

Ser steht vor einem Substantiv mit oder ohne Präposition bzw. vor einem Adverb, estar dagegen vor einem Adverb oder präpositionalem Ausdruck, nie jedoch vor einem Substantiv. Ser und estar können auch in Verbindung mit einem Adjektiv verwendet werden.

- Adjektive, die charakteristische Eigenschaften ausdrücken, werden mit ser verwendet. Hierbei kann es sich auch um allgemeine Feststellungen handeln:
  Rosa **es** muy alegre. *Rosa ist sehr fröhlich.*
- A1 Adjektive, die einen vorübergehenden Zustand oder subjektive Einstellungen bezeichnen, werden mit estar verwendet:
  Felipe **está** muy alegre hoy. *Felipe ist heute sehr fröhlich.*

A2 Einige Adjektive ändern ihre Bedeutung, je nachdem, ob sie mit ser oder estar verwendet werden:

ser + Adjektiv		estar + Adjektiv	
ser rico	*reich sein*	estar rico	*gut schmecken*
ser vivo	*lebhaft sein*	estar vivo	*am Leben sein*
ser joven	*jung sein*	estar joven	*jung aussehen*
ser listo	*schlau sein*	estar listo	*fertig sein*

Die Verbform hay wird verwendet:

- um das Vorhandensein oder die Position eines Gegenstandes bzw. einer Person auszudrücken. Das Subjekt des Satzes steht entweder ohne Artikel oder wird von einem unbestimmten Artikel, einem Indefinitpronomen oder einem Zahlwort begleitet:
  En esta ciudad **hay** universidades muy buenas. *In dieser Stadt gibt es sehr gute Universitäten.*
  En este pueblo **hay** una iglesia muy bonita. *In diesem Dorf gibt es eine sehr schöne Kirche.*

Aber: Wenn vor dem Substantiv der bestimmte Artikel, ein Demonstrativ- oder ein Possessivpronomen steht, wird estar anstelle von hay verwendet:
El banco **está** en la esquina. *Die Bank ist an der Ecke.*

7.2 Das Modal- und Hilfsverb

A1

Modalverben stehen vor dem Infinitiv eines Vollverbs und drücken aus, in welchem Verhältnis das Satzsubjekt zur Satzaussage steht.

- poder *können, dürfen* (Möglichkeit, Erlaubnis): No **puedo** venir mañana. *Morgen **kann** ich nicht kommen.*
- saber *können* (geistige, erlernte Fähigkeit): **¿Sabes** manejar el ordenador? ***Kannst** du mit dem PC umgehen?*
- querer *wollen*: **Quiero** viajar a Cuba. *Ich **will** nach Kuba reisen.*
- tener que *müssen* (objektive Notwendigkeit): **Tengo que** trabajar el fin de semana. *Ich **muss** am Wochenende arbeiten.*
- A2 deber *müssen/sollen* (Forderung, Vorschlag): **Deberías** dormir más. *Du **solltest** mehr schlafen.*

Im Gegensatz zum Deutschen hat das Spanische nur das Hilfsverb **haber** *haben* für die Bildung des Perfekts:
He visto una película muy buena. *Ich habe einen sehr guten Film gesehen.*
Hemos ido al teatro. *Wir sind ins Theater gegangen.*

A1

7.3 Das reflexive Verb

Formen

Reflexive Verben werden mit Reflexivpronomen (▶ 6.1) gebildet.

aburrirse *sich langweilen*	
(yo)	**me** aburro
(tú)	**te** aburres
(él, ella, usted)	**se** aburre
(nosotros/-as)	**nos** aburrimos
(vosotros/-as)	**os** aburrís
(ellos/-as, ustedes)	**se** aburren

Gebrauch

Wie die unbetonten Objektpronomen können Reflexivpronomen entweder an den Infinitiv angehängt werden oder vor der konjugierten Form des Verbs stehen:
Yo **me levanto** temprano. *Ich stehe früh auf.*
Hay que **levantarse.** *Man muss früh aufstehen.*

Einem reflexiven Verb im Spanischen entspricht nicht immer ein reflexives Verb im Deutschen:

llamarse	*heißen*
levantarse	*aufstehen*
acostarse	*zu Bett gehen*
despertarse	*aufwachen*

¿Cómo te llamas? *Wie heißt du?*
Ayer nos levantamos tarde. *Gestern sind wir spät aufgestanden.*
¿Te acuestas ya? *Gehst du schon zu Bett?*
¡Venga, despiértate! *Komm, wach auf!*

ℹ Einige Verben haben verschiedene Bedeutungen, je nachdem, ob sie reflexiv oder nicht-reflexiv gebraucht werden:

nicht-reflexiv	reflexiv
B1 caer *fallen*	B2 caerse *hinfallen*
cambiar *ändern, wechseln*	B2 cambiarse *sich umziehen*
dormir *schlafen*	B2 dormirse *einschlafen*
ir *gehen, fahren, fliegen*	irse *weggehen*
quedar *übrig bleiben*	quedarse *bleiben*
volver *zurückkehren*	B1 volverse *sich umdrehen, wenden*

7.4 Die unpersönlichen Formen A1

Im Spanischen gibt es folgende unpersönliche Verben bzw. Konstruktionen:

- Verben, die das Wetter beschreiben:
  Llueve. *Es regnet.* **Hace frío.** *Es ist kalt.* **Nieva.** *Es schneit.*
- **es** + Adjektiv + Infinitiv:
  Es imposible llegar a tiempo. *Es ist unmöglich, pünktlich zu kommen.*

⚡ Beachten Sie, dass im Spanischen zwischen Adjektiv und Verb keine Präposition steht. Man sagt also nicht **Es bueno de hacer deporte**, sondern: **Es bueno hacer deporte.** *Es ist gut, Sport zu treiben.*

- **hay** *es gibt* (▷ 7.2)
- **hay que** + Infinitiv *man muss*:

  Hay que pagar la cuenta. *Man muss die Rechnung bezahlen.*

⚡ Bei **es** + Adjektiv + Infinitiv und **hay que** + Infinitiv werden die Objektpronomen immer an den Infinitiv angehängt: Hay que proba**rlo**. *Man muss es probieren.*

- **se** + Verb:

  No **se hace** así. *Man macht das nicht so.*

  Se vende piano. *Klavier zu verkaufen.*

  Estos productos no **se venden** bien. *Diese Produkte werden nicht gut verkauft* (▷ 14).

B1
- **uno** + Verb:

  Uno nunca **sabe** lo que le espera. *Man weiß nie, was auf einen zukommt.*

  Si **uno se levanta** muy temprano puede hacer muchas cosas. *Wenn man sehr früh aufsteht, kann man viele Dinge erledigen.*

B1 ⚡ Im Unterschied zu **se** wird **uno/una** immer dann verwendet, wenn der Sprecher sich selbst mit einbezieht. **Uno** ist außerdem obligatorisch, wenn das Verb reflexiv ist: **Uno** se duerme en clase. *Man schläft im Unterricht ein.*

- Verben in der 3. Person Plural (▷ 14):

  Llamaron a tu hermano por teléfono. *Jemand hat deinen Bruder angerufen.*

  Aquí **venden** zapatos. *Hier werden Schuhe verkauft.*

  Aquí **hacen** cerveza. *Hier wird Bier gemacht.*

Auf einen Blick

Das Verb

Die Verben ser, estar und hay

Die Verben ser und estar entsprechen dem deutschen Verb *sein*. Ser bezeichnet wesentliche Eigenschaften, estar vorübergehende Merkmale. Hay *es gibt/da ist/sind* ist eine unpersönliche Form von haber, die gebraucht wird, um auszudrücken, ob etwas überhaupt vorhanden ist oder nicht.

⚡ Einige Adjektive ändern ihre Bedeutung, je nachdem, ob sie mit ser oder estar verwendet werden:
ser rico *reich sein*, estar rico *gut schmecken*.

Das Modal- und Hilfsverb

Das Modalverb steht vor einem Vollverb im Infinitiv und drückt aus, in welchem Verhältnis das Satzsubjekt zur Satzaussage steht.
Die spanischen Modalverben sind:

poder *können, dürfen* (Möglichkeit oder Fähigkeit, Erlaubnis), saber *können* (geistige oder erlernte Fähigkeit), querer *wollen*, tener que *müssen* (objektive Notwendigkeit), deber *müssen/sollen* (Forderung, Vorschlag oder Notwendigkeit)

⚡ Im Gegensatz zum Deutschen gibt es im Spanischen nur ein Hilfsverb, und zwar haber *haben*, um das Perfekt zu bilden:
He visto una peícula muy buena. *Ich **habe** einen sehr guten Film gesehen.* **Hemos** ido al teatro. *Wir **sind** ins Theater gegangen.*

Das reflexive Verb

Reflexive Verben werden mit den Reflexivpronomen me *mich*, te *dich*, se *sich*, nos *uns*, os *euch* und se *sich* gebildet.

levantarse *aufstehen*:
me levanto, te levantas, se levanta,
nos levantamos, os levantáis, se levantan

Reflexivpronomen können entweder an den Infinitiv angehängt werden oder vor der konjugierten Form des Verbs stehen:
Yo **me** levanto temprano. *Ich stehe früh auf.*
Hay que levantar**se** temprano. *Man muss früh aufstehen.*

Einem reflexiven Verb im Spanischen entspricht nicht immer ein reflexives Verb im Deutschen: llamarse *heißen*, levantarse *aufstehen* etc.

Einige Verben haben verschiedene Bedeutungen, je nachdem, ob sie reflexiv oder nicht reflexiv gebraucht werden: dormir *schlafen*, dormirse *einschlafen*.

Die unpersönlichen Formen

Das Spanische verfügt über einige unpersönliche Konstruktionen:

- Sätze ohne Subjekt: Llueve. *Es regnet.* Hace frío. *Es ist kalt.*
- es + Adjektiv + Infinitiv: Es imposible llegar a tiempo. *Es ist unmöglich, pünktlich zu kommen.*
- Hay que + Infinitiv *man muss*: Hay que pagar la cuenta. *Man muss die Rechnung bezahlen.*
- Se + Verb als Übersetzung für passivische Konstruktionen und das deutsche *man*: No **se hace** así. *Man macht das nicht so./Das wird nicht so gemacht.*

8 Der Indikativ

A1

Der Indikativ ist der Modus der Wirklichkeit und der Tatsachen, die in der Gegenwart (Präsens), der Vergangenheit (Perfekt, Indefinido, Imperfekt, Plusquamperfekt) und der Zukunft (Futur I und II) beschrieben werden.

8.1 Das Präsens

A1

Mit dem Präsens werden Vorgänge oder Handlungen in der Gegenwart geschildert.

Formen

Das Präsens der regelmäßigen Verben wird durch Anhängen der entsprechenden Endung an den Verbstamm gebildet.

	1. Konj. **hablar** *sprechen*	**2. Konj.** **beber** *trinken*	**3. Konj.** **vivir** *leben*
(yo)	habl**o**	beb**o**	viv**o**
(tú)	habl**as**	beb**es**	viv**es**
(él, ella, usted)	habl**a**	beb**e**	viv**e**
(nosotros/-as)	habl**amos**	beb**emos**	viv**imos**
(vosotros/-as)	habl**áis**	beb**éis**	viv**ís**
(ellos/-as, ustedes)	habl**an**	beb**en**	viv**en**

Die Höflichkeitsform wird im Singular mit usted und der 3. Person Singular gebildet, im Plural mit ustedes und der 3. Person Plural:

¿Es usted de España? *Sind Sie aus Spanien?*

¿Ustedes hablan español? *Sprechen Sie Spanisch?*

Die Personalpronomen für das Subjekt werden in der Regel nur für eine besondere Betonung gebraucht (▷ 6.1).

◐ Ausnahmen:
Einige Verben haben eine Stammvokalveränderung in den stammbetonten Formen. ℹ Das sind die Formen, deren Silben betont werden. Bei der 1. und 2. Person Plural fällt die Betonung nicht auf den Verbstamm.

e → ie **cerrar** *schließen*	**o → ue** **dormir** *schlafen*	**e → i** A2 **pedir** *bitten*
cierro	duermo	pido
cierras	duermes	pides
cierra	duerme	pide
cerramos	dormimos	pedimos
cerráis	dormís	pedís
cierran	duermen	piden

- wie cerrar (e → ie): empezar *anfangen*, pensar *denken*, perder *verlieren*, querer *wollen*
- wie dormir (o → ue): contar *(er)zählen*, costar *kosten*, encontrar *finden*, B1 mover *bewegen*
- wie pedir (e → i): B1 elegir *auswählen*, repetir *wiederholen*, A2 reírse *lachen*, A2 vestirse *sich anziehen* (◐ aber: Bei dem Verb jugar *spielen* wird der Stammvokal -u- zu -ue-: **juego, juegas, juega** ...)

Bei einer Reihe von Verben ist nur die 1. Person Singular unregelmäßig:

- conocer *kennen*: cono**zco**, conoces, conoce usw. (ebenso: alle Verben, die auf -acer, -ecer und -ucir enden, z. B. B1 agradecer *danken*, conducir *fahren*)
- A2 traer *herbringen*: trai**go**, traes, trae usw. (ebenso: caer *fallen*)
- salir hinausgehen: sal**go**, sales, sale usw. (ebenso: valer *kosten, wert sein*)
- dar *geben*: d**oy**, das, da usw. (ebenso: estar *sich befinden*)

Verben mit Veränderungen bei der Schreibweise: A2

- Bei Verben auf **-uir** wird in den stammbetonten Formen ein **y** eingefügt: B1 **construir** *bauen* → **construyo, contruyes, construye, construimos, construís, construyen**
- Bei Verben auf **-guir** fällt vor der Endung **-o** das **-u** weg: A2 **seguir** *folgen* → **sigo, sigues, sigue, seguimos, seguís, siguen**
- Bei Verben auf **-cer** (nach Konsonant) wird vor der Endung **-o** das **-c-** zu **-z-**: B1 **vencer** *siegen* → **venzo, vences, vence, vencemos, vencéis, vencen**
- Bei Verben auf **-ger** und **-gir** wird vor der Endung **-o** das **-g-** zu **-j-**: **coger** *nehmen* → **cojo, coges, coge, cogemos, cogéis, cogen**
- Bei Verben auf **-iar** und **-uar** trägt das **-i-** bzw. das **-u-** in den stammbetonten Formen einen Akzent: B1 **enviar** *schicken* → **envío, envías, envía, enviamos, enviáis, envían**, B1 **continuar** *fortfahren* → **continúo, continúas, continúa, continuamos, continuáis, continúan**

Gebrauch

ℹ Das Präsens wird wie im Deutschen verwendet und beschreibt Ereignisse und Handlungen in der Gegenwart:
María **está** bastante cansada. *María **ist** ziemlich müde.*

Es beschreibt auch feste Pläne in der Zukunft: A2
Mañana **vamos** al teatro. *Morgen **gehen** wir ins Kino.*

Man verwendet es bei Aufforderungssätzen: B2
Entras a tu habitación y **te pones** a estudiar. *Du **gehst** in dein Zimmer und **fängst an** zu lernen.*

⚡ Im Unterschied zum Deutschen benutzt man es auch in der Frageform:
¿**Pongo** la mesa? *Soll ich den Tisch decken?*

A1 8.2 Die Vergangenheit

A1 8.2.1 Das Perfekt

Mit dem Perfekt beschreibt man Handlungen oder Ereignisse, die zwar abgeschlossen sind, die aber dennoch einen Bezug zur Gegenwart haben.

Formen

Das Perfekt wird mit dem Präsens des Hilfsverbs haber und dem Partizip Perfekt gebildet:

		hablar *sprechen*	**beber** *trinken*	**vivir** *leben*
(yo)	**he**	habl**ado**	beb**ido**	viv**ido**
(tú)	**has**	habl**ado**	beb**ido**	viv**ido**
(él, ella, usted)	**ha**	habl**ado**	beb**ido**	viv**ido**
(nosotros/-as)	**hemos**	habl**ado**	beb**ido**	viv**ido**
(vosotros/-as)	**habéis**	habl**ado**	beb**ido**	viv**ido**
(ellos/-as, ustedes)	**han**	habl**ado**	beb**ido**	viv**ido**

Das Perfekt wird ausschließlich mit haber gebildet:
He ido al cine. *Ich **bin** ins Kino **gegangen**.*

Haber steht immer beim Partizip:
He estado una semana en el hospital. *Ich **bin** eine Woche im Krankenhaus **gewesen**.*

Ausnahmen:
Einige Verben haben ein unregelmäßiges Partizip (▶ 12):

Infinitiv		**Partizip**	
decir	*sagen*	dicho	*gesagt*
escribir	*schreiben*	escrito	*geschrieben*
hacer	*machen*	hecho	*gemacht*
poner	*legen, stellen*	puesto	*gelegt, gestellt*

Gebrauch

Das Perfekt wird für abgeschlossene Handlungen oder Vorgänge verwendet, die innerhalb eines noch nicht beendeten Zeitraums stattgefunden oder noch einen Bezug zur Gegenwart haben.
Das Perfekt wird meist von folgenden Zeitangaben begleitet:

hoy *heute*, esta mañana *heute Morgen*, esta semana *diese Woche*, este año *dieses Jahr*, hasta ahora *bis jetzt*, alguna vez *einmal*, todavía no *noch nicht*, nunca *nie*

Este año **he leído** mucho. *Dieses Jahr **habe** ich viel **gelesen**.*
¿**Has estado** A2 alguna vez en Caracas? ***Bist** du schon mal in Caracas **gewesen**?*

Das Perfekt wird auch gebraucht:
- bei Ereignissen oder Handlungen, die Folgen in der Gegenwart haben, deren Zeitpunkt aber unwichtig ist:
  ¿**Has llamado** a tus padres? ***Hast** du deine Eltern **angerufen**?*
  ¿**Has visto** la última película de Almodovar? ***Hast** du den letzten Film von Almodóvar **gesehen**?*

In vielen Regionen Spaniens und in Lateinamerika wird das Indefinido anstelle des Perfekts verwendet.

8.2.2 Das Indefinido (historische Vergangenheit) A2

Formen

Die regelmäßigen Verben werden gebildet, indem die Endungen des Indefinido an den Verbstamm angehängt werden.

	hablar *sprechen*	**beber** *trinken*	**vivir** *leben*
(yo)	habl**é**	beb**í**	viv**í**
(tú)	habl**aste**	beb**iste**	viv**iste**
(él, ella, usted)	habl**ó**	beb**ió**	viv**ió**
(nosotros/-as)	habl**amos**	beb**imos**	viv**imos**
(vosotros/-as)	habl**asteis**	beb**isteis**	viv**isteis**
(ellos/-as, ustedes)	habl**aron**	beb**ieron**	viv**ieron**

ℹ Die Betonung der regelmäßigen Formen im Indefinido liegt immer auf der Endung und nie auf dem Stamm, z. B.: **cantar → canté**.

⚡ Achten Sie daher vor allem auf die richtige Betonung der 1. und 3. Person Singular, da sonst Missverständnisse entstehen können:

Präsens	
¡**Cant**e!	*Singen Sie!*
canto	*ich singe*

Indefinido	
cant**é**	*ich sang*
cant**ó**	*er/sie sang*

◐ Ausnahmen:

B1 Bei einigen Verben auf **-ir** verändert sich in der 3. Person Singular und Plural der Stammvokal:

e → i **pedir** *bitten*
pedí
pediste
pidió
pedimos
pedisteis
pidieron

o → u **dormir** *schlafen*
dormí
dormiste
durmió
dormimos
dormisteis
durmieron

- wie **pedir** (e → i): **elegir** *auswählen*, **repetir** *wiederholen*, **reírse** *lachen*, **seguir** *fortfahren*, **sentir** *fühlen*
- wie **dormir** (o → u): **morir** *sterben*

Eine Reihe von Verben hat im Indefinido einen neuen Stamm. Unabhängig davon, ob sie zur 1., 2. oder 3. Konjugation gehören, enden sie alle auf **-e, -iste, -o, -imos, -isteis, -ieron**: B1

Infinitiv	Indefinido-Stamm	konjugiertes Verb
estar *sein*	estuv-	estuv**e**, estuv**iste**, estuv**o** …
hacer *machen*	hic-	hic**e**, hic**iste**, hiz**o** …
decir *sagen*	dij-	dij**e**, dij**iste**, dij**o** …
poder *können*	pud-	pud**e**, pud**iste**, pud**o** …
poner *legen, stellen*	pus-	pus**e**, pus**iste**, pus**o** …
querer *wollen*	quis-	quis**e**, quis**iste**, quis**o** …
saber *erfahren*	sup-	sup**e**, sup**iste**, sup**o** …
tener *haben*	tuv-	tuv**e**, tuv**iste**, tuv**o** …
traer *herbringen*	traj-	traj**e**, traj**iste**, traj**o** …
venir *kommen*	vin-	vin**e**, vin**iste**, vin**o** …

ℹ Bei den Verben, die im neuen Stamm ein **j** haben, fällt das **-i-** der Endung bei der 3. Pers. Pl. weg: **decir → dijeron**.

⚡ **Ser** *sein* und **ir** *gehen* haben dieselben Formen im Indefinido: **fui, fuiste, fue, fuimos, fuisteis, fueron**.

Die Formen von **ver** *sehen* und **dar** *geben* werden gebildet, indem man an den Stamm dieselben Endungen wie für **comer** und **vivir** anhängt.

Infinitiv	Indefinido-Stamm	konjugiertes Verb
ver	v-	v**i**, v**iste**, v**io**, v**imos**, v**isteis**, v**ieron**
dar	d-	d**i**, d**iste**, d**io**, d**imos**, d**isteis**, d**ieron**

Die 1. und die 3. Person tragen bei ser, ir, ver und dar keinen Akzent!

B1 Verben mit Veränderungen bei der Schreibweise:

- Bei Verben auf -eer, -uir, -aer und dem Verb oír *hören* wird in der 3. Person Singular und Plural das unbetonte -i- zwischen Vokalen zu -y-:
  leer *lesen* → **leí, leíste, leyó, leímos, leísteis, leyeron**
  caer *fallen* → **caí, caíste, cayó, caímos, caísteis, cayeron**

Es gibt eine Reihe von Verben, bei denen besonders die 1. Person Singular zu beachten ist:

- Bei Verben auf -gar wird vor der Endung -e das -g- zu -gu-: llegar *ankommen* → lle**gué**, llegaste, llegó …
- Bei Verben auf -car wird vor der Endung -é das -c- zu -qu-: buscar *suchen* → bus**qué**, buscaste, buscó …
- Bei Verben auf -zar wird vor der Endung -e das -z- zu -c-: empezar *anfangen* → empe**cé**, empezaste, empezó …
- Bei Verben auf -guar wird vor der Endung -e das -u- zu -ü-: averiguar *herausfinden* → averi**güé**, averiguaste, averiguó …

Gebrauch

Das Indefinido wird für Handlungen oder Vorgänge verwendet, die zu einem bestimmten Zeitpunkt oder innerhalb eines abgeschlossenen Zeitraums in der Vergangenheit stattgefunden haben. Häufige Zeitangaben beim Indefinido sind ayer *gestern*, la semana pasada *vergangene Woche*, el año pasado *letztes Jahr* usw.:

Ayer **traté** de llamarla. *Gestern* ***versuchte*** *ich, sie anzurufen.*

La semana pasada **perdí** el avión. *Vergangene Woche* ***verpasste*** *ich das Flugzeug.*

Mit dem Indefinido beantwortet man die Frage danach, was zu einem bestimmten Zeitpunkt in der Vergangenheit geschehen ist. Wenn der Zeitpunkt jedoch nicht bekannt oder relevant ist, verwendet man das Perfekt:
¿Has visto esta película? ***Hast*** *du diesen Film* ***gesehen****?*

8.2.3 Das Imperfekt

A2

Formen

	hablar *sprechen*	**beber** *trinken*	**vivir** *leben*
(yo)	habl**aba**	beb**ía**	viv**ía**
(tú)	habl**abas**	beb**ías**	viv**ías**
(él, ella, usted)	habl**aba**	beb**ía**	viv**ía**
(nosotros/-as)	habl**ábamos**	beb**íamos**	viv**íamos**
(vosotros/-as)	habl**abais**	beb**íais**	viv**íais**
(ellos/-as, ustedes)	habl**aban**	beb**ían**	viv**ían**

Alle Verbformen im Imperfekt werden nach diesen drei Modellen gebildet. Es gibt nur drei Verben, die von diesem Muster abweichen: ser *sein*, ir *gehen, fahren* und ver *sehen*:

ser *sein*	**ir** *gehen, fahren*	**ver** *sehen*
era	iba	veía
eras	ibas	veías
era	iba	veía
éramos	íbamos	veíamos
erais	ibais	veíais
eran	iban	veían

Gebrauch

Das Imperfekt wird verwendet:

- zur Wiedergabe von Gewohnheiten und sich wiederholenden Vorgängen in der Vergangenheit:
  Cuando era joven **fumaba** mucho. *Als ich jung war, **rauchte** ich viel.*
- zur Beschreibung von Sachen, Personen:
  De niña **se parecía** mucho a su madre. *Als Kind **glich** sie sehr ihrer Mutter.*
- B1 für Handlungen, die in der Vergangenheit gleichzeitig abliefen:
  Mientras ellos **dormían,** yo **preparaba** el desayuno. *Während sie **schliefen, bereitete** ich das Frühstück **vor**.*
- B2 zur Wiedergabe von Handlungen oder Gedanken, die unterbrochen wurden:
  En realidad **pensaba** ir al teatro. *Ich **hatte** eigentlich **vor**, ins Theater zu gehen.*
- B1 um höflich nach etwas zu fragen:
  Buenos días, **quería** unas gafas de sol. *Guten Tag, ich **hätte gerne** eine Sonnenbrille.*

B1 Zum Ausdruck einer noch andauernden Handlung verwendet man im Spanischen das Imperfekt. Mit dem Indefinido oder dem Perfekt schildert man eine neu einsetzende Handlung:

Hace un rato **estábamos** en la cafetería y allí nos **hemos enterado** de que mañana hay huelga.
*Wir **waren** gerade in der Cafeteria, und dort **haben** wir **gehört**, dass morgen Streik ist.*

⚡ Einige Verben ändern ihre Bedeutung, je nachdem, ob sie im Imperfekt oder im Indefinido stehen:

Imperfekt → saber *wissen*: Lo **sabía**. *Ich **wusste** es.*
Indefinido → saber *erfahren*: Lo **supe** ayer. *Ich **habe** es gestern **erfahren**.*
Imperfekt → conocer *kennen*: No lo **conocía**. *Ich **kannte** ihn nicht.*
Indefinido → conocer *kennenlernen*: Lo **conocí** el otro día. *Ich **habe** ihn neulich **kennengelernt**.*
Imperfekt → tener *haben, halten*: La familia **tenía** cinco niños. *Die Familie **hatte** fünf Kinder.*
Indefinido → tener *bekommen*: Anita **tuvo** una niña el fin de semana. *Anita **bekam** am Wochenende ein Mädchen.*

ℹ Diese Verben können auch im Perfekt stehen und dieselbe Bedeutungsänderung wie im Indefinido erfahren: Lo **he sabido** hoy. *Ich **habe** es heute **erfahren**.* Lo **he sabido** toda mi vida. *Ich **habe** es immer **gewusst**.*

8.2.4 Das Plusquamperfekt

B1

Formen

Das Plusquamperfekt wird mit dem Imperfekt des Hilfsverbs haber und dem Partizip Perfekt gebildet:

		hablar *sprechen*	**beber** *trinken*	**vivir** *leben*
(yo)	**había**	habl**ado**	beb**ido**	viv**ido**
(tú)	**habías**	habl**ado**	beb**ido**	viv**ido**
(él, ella, usted)	**había**	habl**ado**	beb**ido**	viv**ido**
(nosotros/-as)	**habíamos**	habl**ado**	beb**ido**	viv**ido**
(vosotros/-as)	**habíais**	habl**ado**	beb**ido**	viv**ido**
(ellos/-as, ustedes)	**habían**	habl**ado**	beb**ido**	viv**ido**

Gebrauch

Das Plusquamperfekt wird für Handlungen oder Ereignisse verwendet, die bereits in der Vergangenheit abgeschlossen waren:

Cuando la encontré, ya **había comprado** el piso. *Als ich sie traf,* ***hatte*** *sie die Wohnung bereits* ***gekauft****.*

B1

8.3 Das Futur

A1

8.3.1 Das Futur I

Formen

Die regelmäßigen Formen des Futur I:

	hablar *sprechen*	**beber** *trinken*	**vivir** *leben*
(yo)	hablar**é**	beber**é**	vivir**é**
(tú)	hablar**ás**	beber**ás**	vivir**ás**
(él, ella, usted)	hablar**á**	beber**á**	vivir**á**
(nosotros/-as)	hablar**emos**	beber**emos**	vivir**emos**
(vosotros/-as)	hablar**éis**	beber**éis**	vivir**éis**
(ellos/-as, ustedes)	hablar**án**	beber**án**	vivir**án**

Manche Verben bekommen im Futur einen neuen Stamm:

Infinitiv	**Futur-Stamm**	**konjugiertes Verb**
decir *sagen*	dir-	dir**é**, dir**ás**, dir**á** …
hacer *machen*	har-	har**é**, har**ás**, har**á** …
poder *können*	podr-	podr**é**, podr**ás**, podr**á** …
querer *wollen*	querr-	querr**é**, querr**ás**, querr**á** …
saber *wissen*	sabr-	sabr**é**, sabr**ás**, sabr**á** …
salir *hinausgehen*	saldr-	saldr**é**, saldr**ás**, saldr**á** …
tener *haben*	tendr-	tendr**é**, tendr**ás**, tendr**á** …
venir *kommen*	vendr-	vendr**é**, vendr**ás**, vendr**á** …

Gebrauch
Das Futur I wird verwendet, um Vorgänge oder Handlungen zu beschreiben, die in der Zukunft liegen:
Me **devolverá** el dinero en marzo. *Er wird mir das Geld im März zurückgeben.* ⚡ Im Deutschen wird meist das Präsens verwendet, um eine zukünftige Handlung auszudrücken:
*Er **gibt mir** das Geld im März **zurück**.*

Das Futur I wird auch verwendet, um eine Vermutung auszudrücken:
Estará enfermo. *Er **wird** wohl **krank sein**.*

Eine zukünftige Handlung kann man auch mit der Umschreibung ir a + Infinitiv ausdrücken:
¿Qué **vas a hacer** mañana? *Was **wirst** du morgen **machen**?*

8.3.2 Das Futur II

B2

Formen
Das Futur II wird mit dem Futur I des Hilfsverbs haber und dem Partizip Perfekt gebildet:

		hablar *sprechen*	**beber** *trinken*	**vivir** *leben*
(yo)	**habré**	habl**ado**	beb**ido**	viv**ido**
(tú)	**habrás**	habl**ado**	beb**ido**	viv**ido**
(él, ella, usted)	**habrá**	habl**ado**	beb**ido**	viv**ido**
(nosotros/-as)	**habremos**	habl**ado**	beb**ido**	viv**ido**
(vosotros/-as)	**habréis**	habl**ado**	beb**ido**	viv**ido**
(ellos/-as, ustedes)	**habrán**	habl**ado**	beb**ido**	viv**ido**

Gebrauch

Das Futur II wird für Handlungen verwendet, die abgeschlossen sein werden, wenn eine andere zukünftige Handlung eintritt:
Cuando volvamos a vernos, ya **habré terminado** la carrera. *Wenn wir uns wiedersehen,* ***werde*** *ich das Studium schon* ***beendet haben.***

Das Futur II kann auch eine Vermutung über etwas ausdrücken, das in der Vergangenheit liegt:
Habrá olvidado la cita. *Sie* ***wird*** *die Verabredung wohl* ***vergessen haben.***

B1
8.4 Der Konditional

A1
8.4.1 Der Konditional I

Formen

Alle Konjugationen haben dieselben Endungen, die direkt an den Infinitiv angehängt werden:
-ía, -ías, -ía, -íamos, -íais, -ían.

	hablar *sprechen*	**beber** *trinken*	**vivir** *leben*
(yo)	hablar**ía**	beber**ía**	vivir**ía**
(tú)	hablar**ías**	beber**ías**	vivir**ías**
(él, ella, usted)	hablar**ía**	beber**ía**	vivir**ía**
(nosotros/-as)	hablar**íamos**	beber**íamos**	vivir**íamos**
(vosotros/-as)	hablar**íais**	beber**íais**	vivir**íais**
(ellos/-as, ustedes)	hablar**ían**	beber**ían**	vivir**ían**

◐ Ausnahmen:
Einige Verben bekommen im Konditional einen neuen Stamm:

Infinitiv	Stamm	konjugiertes Verb
decir *sagen*	dir-	dir**ía**, dir**ías**, dir**ía** …
hacer *machen*	har-	har**ía**, har**ías**, har**ía** …
poder *können*	podr-	podr**ía**, podr**ías**, podr**ía** …
poner *legen, stellen*	pondr-	pondr**ía**, pondr**ías**, pondr**ía** …
querer *wollen*	querr-	querr**ía**, querr**ías**, querr**ía** …
saber *wissen*	sabr-	sabr**ía**, sabr**ías**, sabr**ía** …
salir *hinausgehen*	saldr-	saldr**ía**, saldr**ías**, saldr**ía** …
tener *haben*	tendr-	tendr**ía**, tendr**ías**, tendr**ía** …
venir *kommen*	vendr-	vendr**ía**, vendr**ías**, vendr**ía** …

Gebrauch

Der Konditional I wird gebraucht:

- um eine höfliche Bitte oder einen Wunsch auszudrücken: **¿Podría** cerrar la puerta? ***Könnten** Sie die Tür schließen?* **Querría** un kilo de uvas, por favor. *Ich **hätte gerne** ein Kilo Trauben, bitte.*
- um eine Vermutung in der Vergangenheit auszudrücken: No te **contestaría** porque estaba durmiendo. *Er **hat** dir wahrscheinlich nicht **geantwortet**, weil er schlief.*
- in der indirekten Rede (▶ 19): Juan me preguntó que cuándo **volvería**. *Juan fragte mich, wann ich **zurückkommen würde**.*
- im Hauptsatz eines irrealen Bedingungssatzes. Im Nebensatz steht der Subjuntivo Imperfekt: B2
  Te **prestaría** el dinero si lo tuviera. *Ich **würde** dir das Geld **leihen**, wenn ich es hätte.*

B2

8.4.2 Der Konditional II

Formen

Der Konditional II wird mit dem Konditional des Hilfsverbs haber und dem Partizip Perfekt gebildet:

		hablar *sprechen*	**beber** *trinken*	**vivir** *leben*
(yo)	**habría**	habl**ado**	beb**ido**	viv**ido**
(tú)	**habrías**	habl**ado**	beb**ido**	viv**ido**
(él, ella, usted)	**habría**	habl**ado**	beb**ido**	viv**ido**
(nosotros/-as)	**habríamos**	habl**ado**	beb**ido**	viv**ido**
(vosotros/-as)	**habríais**	habl**ado**	beb**ido**	viv**ido**
(ellos/-as, ustedes)	**habrían**	habl**ado**	beb**ido**	viv**ido**

Gebrauch

Der Konditional II steht im Hauptsatz eines irrealen Bedingungssatzes, wenn eine Handlung nicht verwirklicht werden konnte. Im Hauptsatz kann statt des Konditional II auch der Subjuntivo Plusquamperfekt stehen. Im Nebensatz steht immer der Subjuntivo Plusquamperfekt:

Si hubiera tenido dinero, **habría hecho** (hubiera hecho) el viaje. *Wenn ich Geld gehabt hätte,* ***hätte*** *ich die Reise* ***gemacht****.*

Auf einen Blick

Der Indikativ

Der Indikativ ist der Modus der Wirklichkeit. Mit ihm werden Tatsachen in der Gegenwart (Präsens), der Vergangenheit (Perfekt, Indefinido, Imperfekt, Plusquamperfekt) und der Zukunft (Futur I und II) beschrieben.

Das Präsens

Im Präsens schildert man Vorgänge oder Handlungen in der Gegenwart und feste Pläne für die Zukunft.
Bei den regelmäßigen Verben werden die entsprechenden Endungen an den Verbstamm angehängt:

hablar *sprechen*:	habl-**o**, **-as**, **-a**, **-amos**, **-áis**, **-an**
beber *trinken*:	beb-**o**, **-es**, **-e**, **-emos**, **-éis**, **-en**
vivir *leben*:	viv-**o**, **-es**, **-e**, **-imos**, **-ís**, **-en**

Ausnahmen: Bei einigen Verben gibt es eine Stammvokalveränderung in den stammbetonten Formen, z. B.
cerrar *schließen* (e → ie):
cierro, cierras, cierra, cerramos, cerráis, cierran.
Ebenso: empezar *beginnen* (e → ie), jugar *spielen* (o → ue), elegir *wählen* (e → i)

Bei einer Reihe von Verben ist nur die 1. Person Singular unregelmäßig:
conocer *kennen* → conozco, traer *bringen* → traigo

Das Perfekt

Mit dem Perfekt beschreibt man Handlungen oder Ereignisse, die einen Bezug zur Gegenwart haben, aber abgeschlossen sind. Das Perfekt wird mit dem Präsens des Hilfsverbs haber (he, has, ha, hemos, habéis, han) und dem Partizip Perfekt hablado, bebido, vivido gebildet: he hablado *ich habe gesprochen*, he bebido *ich habe getrunken*, he vivido *ich habe gelebt.*

⚡ Das Perfekt wird ausschließlich mit haber gebildet:
He trabajado mucho. *Ich habe viel gearbeitet.*
He ido al cine. *Ich **bin** ins Kino **gegangen.***

◐ Einige unregelmäßige Partizipien sind z. B. dicho (decir *sagen*), hecho (hacer *machen*) etc.

Das Indefinido (historische Vergangenheit)
Das Indefinido wird für Handlungen oder Vorgänge verwendet, die zu einem ganz bestimmten Zeitpunkt in der Vergangenheit oder aber innerhalb eines abgeschlossenen Zeitraums stattgefunden haben.

Bei den regelmäßigen Verben werden die Indefinido-Endungen an den Verbstamm angehängt:
hablar: habl-é, -aste, -ó, -amos, -asteis, -aron
comer und vivir: com-í, -iste, -ió, -imos, -isteis, -ieron

Bei einer Reihe von Verben ändert sich im Indefinido der Stamm. Sie haben alle die gleichen Endungen, unabhängig davon, zu welcher Konjugation (1., 2. oder 3.) sie gehören, z. B.: estar → estuve, tener → tuve etc.

Das Imperfekt
Das Imperfekt wird zur Beschreibung eines Zustands oder einer Gewohnheit und für noch nicht abgeschlossene Handlungen in der Vergangenheit verwendet.
Für die Verben auf -ar werden die Endungen -aba, -abas, -aba, -ábamos, -abais, -aban an den Verbstamm angehängt und für die Verben auf -er oder -ir die Endungen -ía, -ías, -ía, -íamos, -íais, -ían. Alle Verbformen im Imperfekt werden nach diesen drei Modellen gebildet.

Unregelmäßig sind nur drei Verben: ser *sein*, ir *gehen, fahren* und ver *sehen*.

Plusquamperfekt

Das Plusquamperfekt wird mit dem Imperfekt von haber und dem Partizip Perfekt gebildet:
Habíamos hablado. *Wir hatten gesprochen.*
Das Plusquamperfekt wird im Spanischen ähnlich wie im Deutschen verwendet.

Das Futur

Mit dem **Futur I** beschreibt man Vorgänge oder Handlungen, die in der Zukunft liegen.
Die regelmäßigen Formen des Futur I werden durch Anhängen der Endungen -é, -ás, -á, -emos, -éis, -án an den Infinitiv gebildet:
Hablar**emos** mañana. *Wir werden morgen sprechen.*

Manche Verben haben im Futur einen neuen Stamm. Die Endungen sind jedoch regelmäßig: decir *sagen* → diré, poder *können* → podré, venir *kommen* → vendré.

Das **Futur II** wird mit dem Futur I von haber und dem Partizip Perfekt gebildet. Es beschreibt Handlungen, die abgeschlossen sein werden, wenn eine andere zukünftige Handlung eintritt:
Cuando volvamos a vernos, ya **habré terminado** la carrera. *Wenn wir uns wiedersehen werden,* ***werde*** *ich das Studium schon* ***beendet haben****.*

Das Futur II kann auch eine Vermutung in der Vergangenheit ausdrücken:
Habrá olvidado la cita. *Sie* ***wird*** *die Verabredung wohl* ***vergessen haben****.*

Der Konditional

Der **Konditional I** wird durch Anhängen der Endungen -ía, -ías, -ía, -íamos, -íais, -ían an den Infinitiv gebildet.

Genau wie beim Futur I haben einige Verben im Konditional einen neuen Stamm:
decir → diría, hacer → haría etc.
Der Konditional I wird gebraucht, um eine höfliche Bitte, einen Wunsch oder eine Vermutung in der Vergangenheit auszudrücken. Er wird ebenfalls verwendet in der indirekten Rede und im Hauptsatz eines irrealen Bedingungssatzes:
Te **prestaría** el dinero si lo tuviera. *Ich **würde** dir das Geld **leihen**, wenn ich es hätte.*

Der **Konditional II** wird mit dem Konditional des Hilfsverbs haber und dem Partizip Perfekt gebildet.

Der Konditional II steht im Hauptsatz eines irrealen Bedingungssatzes, wenn die entsprechende Handlung nicht verwirklicht werden konnte:
Si hubiera tenido dinero, **habría hecho** el viaje. *Wenn ich Geld gehabt hätte, **hätte** ich die Reise **gemacht**.*

9 Der Subjuntivo

B1

9.1 Der Subjuntivo Präsens

B1

Formen

Ausgangsform für den Subjuntivo Präsens ist die 1. Person Singular des Indikativ Präsens: **hablo, bebo, vivo**.

	hablar *sprechen*	**beber** *trinken*	**vivir** *leben*
(yo)	habl**e**	beb**a**	viv**a**
(tú)	habl**es**	beb**as**	viv**as**
(él, ella, usted)	habl**e**	beb**a**	viv**a**
(nosotros/-as)	habl**emos**	beb**amos**	viv**amos**
(vosotros/-as)	habl**éis**	beb**áis**	viv**áis**
(ellos/-as, ustedes)	habl**en**	beb**an**	viv**an**

Ausnahmen:
Im Subjuntivo gibt es die gleichen Stammvokalveränderungen wie im Indikativ (▷ 8): e → i, o → ue, u → ue.

Bei den Verben auf -ir ist allerdings zu beachten, dass in der 1. und 2. Person Plural zusätzlich -e- zu -i- bzw. -o- zu -u- wird:

pedir *bitten*	**sentir** *fühlen, bedauern*	**dormir** *schlafen*
pida	sienta	duerma
pidas	sientas	duermas
pida	sienta	duerma
pidamos	sintamos	durmamos
pidáis	sintáis	durmáis
pidan	sientan	duerman

Verben, die im Indikativ Präsens eine unregelmäßige 1. Person Singular haben, behalten die Unregelmäßigkeit in allen Personen des Subjuntivo Präsens bei (▷ 8.1).

B2 9.2 Der Subjuntivo der Vergangenheit

B2 9.2.1 Der Subjuntivo Imperfekt

Formen

Der Subjuntivo Imperfekt wird von der 3. Person Plural des Indefinido abgeleitet: **habla**ron, **bebie**ron, **vivie**ron. An diesen Stamm werden die entsprechenden Endungen angehängt. Die Endungen auf -ra und -se können alternativ gebraucht werden.

	hablar *sprechen*	**beber** *trinken*	**vivir** *leben*
(yo)	habla**ra/-se**	bebie**ra/-se**	vivie**ra/-se**
(tú)	habla**ras/-ses**	bebie**ras/-ses**	vivie**ras/-ses**
(él, ella, usted)	habla**ra/-se**	bebie**ra/-se**	vivie**ra/-se**
(nosotros/-as)	hablá**ramos/ -semos**	bebié**ramos/ -semos**	vivié**ramos/ -semos**
(vosotros/-as)	habla**rais/-seis**	bebie**rais/-seis**	vivie**rais/-seis**
(ellos/-as, ustedes)	habla**ran/-sen**	bebie**ran/-sen**	vivie**ran/-sen**

B2 9.2.2 Der Subjuntivo Perfekt

Formen

Der Subjuntivo Perfekt wird mit dem Subjuntivo Präsens von haber und dem Partizip Perfekt gebildet.

		hablar *sprechen*	**beber** *trinken*	**vivir** *leben*
(yo)	**haya**	hab**lado**	beb**ido**	viv**ido**
(tú)	**hayas**	hab**lado**	beb**ido**	viv**ido**
(él, ella, usted)	**haya**	hab**lado**	beb**ido**	viv**ido**
(nosotros/-as)	**hayamos**	hab**lado**	beb**ido**	viv**ido**
(vosotros/-as)	**hayáis**	hab**lado**	beb**ido**	viv**ido**
(ellos/-as, ustedes)	**hayan**	hab**lado**	beb**ido**	viv**ido**

9.2.3 Der Subjuntivo Plusquamperfekt

B2

Formen

Der Subjuntivo Plusquamperfekt wird mit dem Subjuntivo Imperfekt von haber und dem Partizip Perfekt gebildet:

		hablar *sprechen*	**beber** *trinken*	**vivir** *leben*
(yo)	**hubiera/-se**	hab**lado**	beb**ido**	viv**ido**
(tú)	**hubieras/-ses**	hab**lado**	beb**ido**	viv**ido**
(él, ella, usted)	**hubiera/-se**	hab**lado**	beb**ido**	viv**ido**
(nosotros/-as)	**hubiéramos/ -semos**	hab**lado**	beb**ido**	viv**ido**
(vosotros/-as)	**hubierais/-seis**	hab**lado**	beb**ido**	viv**ido**
(ellos/-as, ustedes)	**hubieran/-sen**	hab**lado**	beb**ido**	viv**ido**

9.3 Der Gebrauch des Subjuntivo

B1

Während der Indikativ Handlungen oder Zustände als objektive Tatsachen darstellt, drückt der Subjuntivo subjektive Einstellungen aus. Aussagen im Subjuntivo verweisen auf die persönliche Einstellung des Sprechenden.

Der Subjuntivo kann in Hauptsätzen zum Ausdruck von Vermutungen gebraucht werden.

Quizás **tengas** razón. *Vielleicht hast du recht.*
Quizás **esté** enfermo. *Vielleicht ist er krank.*
Posiblemente no **haya pasado** el examen.
Möglicherweise hat er die Prüfung nicht bestanden.

ℹ Quizás kann auch – je nach Wahrscheinlichkeitsgrad – im Indikativ stehen:
Quizás **tienes** razón. *Vielleicht hast du recht.*

B2 Der Subjuntivo wird auch in unabhängigen Sätzen verwendet, um Wünsche oder Hoffnungen auszudrücken:

¡Que te mejores!	*Gute Besserung!*
¡Que aproveche!	*Guten Appetit!*
¡Que te diviertas!	*Viel Vergnügen!*
¡Ojalá que nos veamos pronto!	*Hoffentlich sehen wir uns bald!*

Sonst wird der Subjuntivo fast nur in Nebensätzen verwendet und steht nach der Konjunktion que:

- nach Verben der Willensäußerung (z. B. Wunsch, Befehl, Vorschlag, Verbot usw.):
  Queremos que nos **ayuden**. *Wir wollen, dass sie uns helfen.*
  Te propongo que **hagamos** el trabajo juntos. *Ich schlage dir vor, dass wir die Arbeit gemeinsam machen.*
- nach Verben der Gefühlsäußerung (z. B. Freude, Angst, Bedauern usw.):
  Siento mucho que no **puedas** acompañarme. *Ich bedaure sehr, dass du mich nicht begleiten kannst.*
  Sus padres se alegran de que no **se vaya** al extranjero. *Seine Eltern freuen sich, dass er nicht ins Ausland geht.*
- nach einer verneinten persönlichen Stellungnahme (z. B. Verben des Sagens, Denkens, Glaubens usw.):

No digo que **tengas** razón. *Ich sage nicht, dass du recht hast.*
No creemos que **sea** capaz de hacerlo. *Wir glauben nicht, dass er imstande ist, es zu tun.*

- nach bestimmten unpersönlichen Ausdrücken, die eine persönliche Stellungnahme beinhalten:
  Es importante que **habléis** con ellos. *Es ist wichtig, dass ihr mit ihnen redet.*
  Es posible que no **estén** en casa. *Es ist möglich, dass sie nicht zu Hause sind.*

Bestimmte Konjunktionen erfordern den Subjuntivo:

para que *damit*
B2 sin que *ohne, dass*
B2 en caso de que *falls*
B1 mientras *solange*
B2 antes de que *bevor*
B2 a no ser que *es sei denn, dass*
B2 con tal (de) que *vorausgesetzt, dass*

Te lo digo para que **estés preparada**. *Ich sage es dir, damit du vorbereitet bist.*
Antes de que **venga** tenemos que arreglar su habitación. *Bevor er kommt, müssen wir sein Zimmer in Ordnung bringen.*

Nach cuando *wenn, als,* después de que *nachdem,* aunque *obwohl, selbst wenn* und hasta que *bis* kann der Subjuntivo oder der Indikativ stehen. Hat eine Handlung bereits stattgefunden oder ist sie eine Gewohnheit, verwendet man den Indikativ. Wird ein – ungewisser – Zeitpunkt in der Zukunft ausgedrückt, steht der Subjuntivo: B2
Cuando llegó **fui** a buscarla. *Als sie ankam, ging ich sie abholen.*
Cuando llegue **iré** a buscarla. *Wenn sie ankommt, werde ich sie abholen gehen.*

B2 Der Subjuntivo steht bei Bedingungssätzen im Nebensatz, wenn die Bedingung nicht erfüllt wurde. Bezieht sich der Bedingungssatz auf die Gegenwart oder die Zukunft, wird der Subjuntivo Imperfekt verwendet; bezieht er sich auf die Vergangenheit, steht der Subjuntivo Plusquamperfekt:
Si no **lloviera**, daríamos un paseo. *Wenn es nicht regnen würde, würden wir einen Spaziergang machen.*
Si no **hubiera llovido**, habríamos dado un paseo. *Wenn es nicht geregnet hätte, hätten wir einen Spaziergang gemacht.*

B2 Der Subjuntivo steht in Relativsätzen, die eine Bedingung oder einen Wunsch enthalten:
Quiero hacer un viaje que no **dure** más de dos semanas. *Ich möchte eine Reise machen, die nicht länger als zwei Wochen dauert.*
Buscamos un hotel que **esté** en el centro. *Wir suchen ein Hotel, das im Zentrum ist.*

Auf einen Blick

Der Subjuntivo

Der Subjuntivo drückt im Gegensatz zum Indikativ eine subjektive Einstellung des Sprechers aus:
No creo que **tengas** razón. *Ich glaube nicht, dass du recht hast.*

Der Subjuntivo kommt hauptsächlich in Nebensätzen vor und nach bestimmten Ausdrücken wie z. B. quizás *vielleicht*, ojalá *hoffentlich* etc. sowie nach der Konjunktion que *dass* in Wunsch-Sätzen und unpersönlichen Ausdrücken:
Quizá **vengan** los chicos. *Vielleicht kommen die Jungs.*
¡Que te **mejores**! *Gute Besserung!*
Es imposible que **llegues** a tiempo. *Es ist unmöglich, dass du rechtzeitig ankommst.*

Der Subjuntivo Präsens

Die Formen des Subjuntivo Präsens werden von der 1. Person Singular des Indikativ Präsens abgeleitet. Regelmäßige und unregelmäßige Verben auf -ar erhalten die Endungen -e, -es, -e, -emos, -éis, -en, die Verben auf -er und -ir die Endungen -a, -as, -a, -amos, -áis, -an.

hablar	→	habl	-e/-es/-e/-emos/-éis/-en
comer	→	com	-a/-as/-a/-amos/-áis/-an
vivir	→	viv	-a/-as/-a/-amos/-áis/-an
cerrar	→	cierr	-e/-es/-e/-emos/-éis/-en
venir	→	veng	-a/-as/-a/-amos/-áis/-an

Bei den Verben auf -ar und -er sind die Veränderungen des Stammvokals im Subjuntivo die gleichen wie im Indikativ.

Der Subjuntivo Imperfekt
Der Subjuntivo Imperfekt aller Verben wird von der 3. Person Plural des Indefinido abgeleitet. An diesen Stamm werden die entsprechenden Endungen angehängt:
tuvieron → tuvier**a**, tuvier**as**, tuvier**a**, tuviér**amos**, tuvier**ais**, tuvier**a**.

Subjuntivo Perfekt
Der Subjuntivo Perfekt wird mit dem Subjuntivo Präsens von haber *haben* (haya, hayas, haya, hayamos, hayáis, hayan) und dem Partizip Perfekt gebildet:
Quizá **haya hablado.** *Vielleicht hat er gesprochen.*

Subjuntivo Plusquamperfekt
Der Subjuntivo Plusquamperfekt wird mit dem Subjuntivo Imperfekt von haber (hubiera, hubieras, hubiera, hubiéramos, hubierais, hubieran) und dem Partizip Perfekt gebildet:
Yo no **hubiera ido.** *Ich wäre nicht gegangen.*

Der Subjuntivo in Bedingungssätzen
Der Subjuntivo steht bei Bedingungssätzen im Nebensatz:
Si **tuviera** dinero, haría un viaje. *Wenn ich Geld hätte, würde ich eine Reise machen.*
Si **hubiera tenido tiempo**, habría hecho un viaje. *Wenn ich Zeit gehabt hätte, hätte ich eine Reise gemacht.*

Der Subjuntivo steht auch in Relativsätzen, die eine Bedingung oder einen Wunsch ausdrücken:
Buscamos **un hotel que esté** en el centro. *Wir suchen ein Hotel, das im Zentrum ist (liegen muss).*

10 Der Imperativ

A2

Formen

Die regelmäßigen Formen des Imperativs werden wie folgt gebildet:

	hablar *sprechen*	**beber** *trinken*	**escribir** *schreiben*
(tú)	¡habl**a**!	¡beb**e**!	¡escrib**e**!
(usted)	¡habl**e**!	¡beb**a**!	¡escrib**a**!
(nosotros/-as)	¡habl**emos**!	¡beb**amos**!	¡escrib**amos**!
(vosotros/-as)	¡habl**ad**!	¡beb**ed**!	¡escrib**id**!
(ustedes)	¡habl**en**!	¡beb**an**!	¡escrib**an**!

Nur die 2. Person Singular und Plural haben eine eigene Imperativform. Für die anderen Personen werden die entsprechenden Formen des Subjuntivo Präsens verwendet. Dies gilt auch für alle Personen des verneinten Imperativs: B1
¡no habl**es**!, ¡no habl**e**!, ¡no habl**emos**!, ¡no habl**éis**!, ¡no habl**en**! (▶ 9).

Die Verben, die im Präsens Stammvokalveränderungen haben, behalten diese im Imperativ bei:

pensar *denken* → ¡p**ie**nsa!, ¡p**ie**nse!, ¡pensemos!, ¡pensad!, ¡p**ie**nsen!
volver *zurückkehren* → ¡v**ue**lve!, ¡v**ue**lva!, ¡volvamos!, ¡volved!, ¡v**ue**lvan!

Folgende Verben haben eine unregelmäßige 2. Person Singular:

decir	*sagen*	→	¡di!
hacer	*machen*	→	¡haz!
ir	*gehen, fahren, fliegen*	→	¡ve!
poner	*legen, stellen*	→	¡pon!

salir	*hinausgehen*	→	¡sal!
ser	*sein*	→	¡sé!
tener	*haben*	→	¡ten!
venir	*kommen*	→	¡ven!

Die unregelmäßigen Höflichkeitsformen sowie die Formen der 1. Person Plural sind durch die Unregelmäßigkeiten des Subjuntivo bedingt:

	decir *sagen*	**hacer** *machen*
(tú)	¡di!	¡haz!
(usted)	¡diga!	¡haga!
(nosotros/-as)	¡digamos!	¡hagamos!
(vosotros/-as)	¡decid!	¡haced!
(ustedes)	¡digan!	¡hagan!

Gebrauch

Der Imperativ wird hauptsächlich für Aufforderungen, Ratschläge und Einladungen gebraucht.

B1 Die Reflexivpronomen werden beim bejahten Imperativ an das Verb angehängt (▶ 6). Dabei entfällt in der 1. Person Plural das -s der Endung und in der 2. Person Plural das -d:

Sentemos + nos → ¡Sentémo**nos**! *Setzen wir uns!*

Esconded + os → ¡Esconde**os**! *Versteckt euch!*

Im Spanischen wird selten auch der Infinitiv als Imperativ verwendet: ¡Levantaos! *Aufstehen!* In der familiären Umgangssprache wird jedoch der Infinitiv manchmal mit einem vorangestellten a verwendet:

Por favor, **¡a comer!** *Bitte zu Tisch!*

11 Der Infinitiv

B1

Der Infinitiv ist die Grundform des Verbs und in Person und Numerus unveränderlich: **hablar** *sprechen*, **beber** *trinken*, **vivir** *wohnen, leben*.

Gebrauch

Der Infinitiv kommt im Spanischen häufig in verbalen Umschreibungen vor und kann auch Nebensätze verkürzen.

Die meisten verbalen Umschreibungen drücken den Beginn oder das Ende einer Handlung aus:

A1	ir a	+ Infinitiv	*etwas tun werden*
A1	acabar de	+ Infinitiv	*gerade etwas getan haben*
B2	acabar por	+ Infinitiv	*schließlich etwas tun*
	ponerse a	+ Infinitiv	*anfangen, etwas zu tun*
B2	no tardar en	+ Infinitiv	*bald etwas tun*
B2	llegar a	+ Infinitiv	*schließlich etwas erreichen*

Der Infinitiv kann verschiedene Arten von Nebensätzen verkürzen:

- al + Infinitiv dient der Verkürzung eines Temporalsatzes der Gleichzeitigkeit:
  Al bajar la escalera, me caí. *Als ich die Treppe hinunterging, fiel ich hin.*
- antes de, después + Infinitiv dient ebenfalls zur Verkürzung eines Temporalsatzes: A2
  Antes de ir al trabajo, Javier lee siempre el periódico. *Bevor er zur Arbeit geht, liest Javier immer die Zeitung.*
- mit por + Infinitiv wird ein Kausalsatz verkürzt: B2
  Por hablar tan alto has despertado a todo el mundo. *Weil du so laut geredet hast, hast du alle aufgeweckt.*

A2

12 Das Partizip

Das Partizip Präsens wird im Spanischen nur selten verwendet. Gebräuchlicher ist das Partizip Perfekt.

Formen

hablar *sprechen*	**beber** *trinken*	**vivir** *leben*
habl**ado**	beb**ido**	viv**ido**

Einige Verben haben ein unregelmäßiges Partizip:

abrir	*öffnen*	→	abierto	*geöffnet*
decir	*sagen*	→	dicho	*gesagt*
escribir	*schreiben*	→	escrito	*geschrieben*
hacer	*machen*	→	hecho	*gemacht*
poner	*legen, stellen*	→	puesto	*gelegt, gestellt*
ver	*sehen*	→	visto	*gesehen*
volver	*zurückkommen*	→	vuelto	*zurückgekommen*

Gebrauch

Das Partizip Perfekt wird in folgenden Fällen verwendet:

- mit dem Hilfsverb haber zur Bildung der zusammengesetzten Zeiten. Das Partizip ist unveränderlich:
  Hemos **trabajado** todo el día. *Wir haben den ganzen Tag gearbeitet.*
- mit dem Hilfsverb ser zur Bildung des Passivs. Das Partizip ist veränderlich:
  La ciudad fue **fundada** hace 200 años. *Die Stadt wurde vor 200 Jahren gegründet.*
- mit dem Hilfsverb estar zur Bildung des Zustandspassivs. Das Partizip ist veränderlich:
  La puerta está **cerrada**. *Die Tür ist geschlossen.*
  El banco está **cerrado**. *Die Bank ist geschlossen.*

13 Das Gerund

B1

Das spanische Gerund ist eine unveränderliche Form des Verbs, für die es im Deutschen keine direkte Entsprechung gibt.

Formen

hablar *sprechen*	**beber** *trinken*	**vivir** *leben*
habl**ando**	beb**iendo**	viv**iendo**

Ausnahmen:
Bei allen Verben auf -ir, bei denen sich im Präsens der Stammvokal -e- in -ie- oder -i- verwandelt, wird im Gerund ebenfalls das -e- zu -i-:

pedir *bitten*	→	**pidiendo**
sentir *fühlen*	→	**sintiendo**

Die Verben poder, dormir und morir haben im Gerund ein -u- im Stamm:

poder *können*	→	**pudiendo**
dormir *schlafen*	→	**durmiendo**
morir *sterben*	→	**muriendo**

Bei den Verben auf -er und -ir, die im Infinitiv zwei aufeinanderfolgende Vokale haben, wird das -i- der Endung durch ein -y- ersetzt:

construir *bauen*	→	constru**y**endo
creer *glauben*	→	cre**y**endo

Gebrauch

Wie der Infinitiv tritt auch das Gerund in verbalen Umschreibungen auf, um den Verlauf einer Handlung bzw. deren Anfang oder Ende auszudrücken.

estar	+ Gerund	*gerade etwas tun*
seguir	+ Gerund	*fortfahren, etwas zu tun*
llevar	+ Gerund	*seit einer gewissen Zeit etwas tun*
empezar	+ Gerund	*anfangen, etwas zu tun*
acabar	+ Gerund	*schließlich etwas tun*

Cuando llegamos estaban **desayunando.** *Als wir ankamen, frühstückten sie gerade.*
Teresa lleva ya ocho años **viviendo** en el Perú. *Teresa lebt schon seit acht Jahren in Peru.*
Acabaron **aceptando** la nueva situación. *Sie haben die neue Situation schließlich akzeptiert.*

Das Gerund dient auch der Verkürzung von Nebensätzen. Es verkürzt

B2 • einen Modalsatz:
Cogiendo su bolso, se marchó. *Sie nahm ihre Tasche und ging.*

B2 • einen Temporalsatz:
Saliendo de la estación, encontré a tu hermano. *Als ich aus dem Bahnhof kam, traf ich deinen Bruder.*

B2 • einen Bedingungssatz:
Llegando un poco antes, podrás cenar con nosotros. *Wenn du ein bisschen früher kommst, kannst du mit uns zu Abend essen.*

B2 • einen Konzessivsatz mit der Konjunktion aun:
Aun **creyendo** su historia, no podría hacer nada por él. *Auch wenn ich seine Geschichte glauben würde, könnte ich nichts für ihn tun.*

14 Das Passiv

B2

Das Passiv wird im Spanischen hauptsächlich in der gehobenen Schriftsprache verwendet. Es dient dazu, das Objekt einer Handlung zu betonen.

Formen

Beim Passiv wird zwischen Vorgang und Zustand unterschieden:

Vorgangspassiv **Präsens von invitar** *ich werde eingeladen*	**Zustandspassiv** **Präsens von invitar** *ich bin eingeladen*
soy invitado/-a	estoy invitado/-a
eres invitado/-a	estás invitado/-a
es invitado/-a	está invitado/-a
somos invitados/-as	estamos invitados/-as
sois invitados/-as	estáis invitados/-as
son invitados/-as	están invitados/-as

Das Passiv wird mit ser bzw. estar und dem Partizip Perfekt gebildet. Es richtet sich in Genus und Numerus nach dem Subjekt des Satzes:

La casa **fue construida** por mi abuelo. *Das Haus wurde von meinem Großvater gebaut.*

Gebrauch

Beim Passiv tritt der Urheber einer Handlung in den Hintergrund und das Objekt in den Vordergrund:

El libro será publicado en diciembre. ***Das Buch** wird im Dezember veröffentlicht.*

Wenn der Urheber der Handlung erwähnt werden soll, verwendet man im Spanischen die Präposition por:

El libro será publicado **por una gran editorial**. *Das Buch wird **von einem großen Verlag** veröffentlicht.*

ϟ Das Passiv kommt in der spanischen Umgangssprache selten vor. Es wird häufig durch eine reflexive Verbform in der 3. Person Singular oder Plural oder auch durch unpersönliche Konstruktionen ersetzt (▷ 7.4):
Las patatas **se cortan** en rodajas finas. *Die Kartoffeln* ***werden*** *in dünne Scheiben* ***geschnitten.***
El coche no **se ha vendido** todavía. *Das Auto ist noch nicht* ***verkauft worden.***
Robaron a los turistas. *Die Touristen sind* ***ausgeraubt worden.***

ϟ Im letzten Beispiel wird das Subjekt des deutschen Satzes zum direkten Objekt des spanischen Satzes. Beachten Sie die Wortstellung der Pronomen!

Spanisch	Deutsch
Verb + Objekt:	Subjekt + Verb:
Operan a **José.**	***Jose*** *wird operiert.*
Objektpronomen + Verb:	Subjektpronomen + Verb:
Lo operan.	***Er*** *wird operiert.*

Auf einen Blick

Der Imperativ

Für den Imperativ werden die entsprechenden Formen des Subjuntivo Präsens verwendet. Ausnahmen sind die positiven Imperativformen der 2. Person Singular und Plural. Die Du-Form ist die gleiche wie die 3. Person des Indikativ Präsens: él habl**a** *er spricht* → ¡Habl**a**! *Sprich!*
Die Form der 2. Person Plural wird gebildet, indem man das -r der Infinitivform durch -d ersetzt: habla**r** *sprechen* → ¡Habla**d**! *Sprecht!*
Einige Verben haben eine unregelmäßige 2. Person Singular: decir *sagen* → ¡di!, poner *stellen* → ¡pon!

Der Infinitiv

Der Infinitiv ist die Grundform des Verbs und kommt im Spanischen häufig in verbalen Umschreibungen und als Verkürzung von Nebensätzen vor:

- Voy a **comer.** *Ich werde essen.*
- Empezó a trabajar después de **terminar** el estudio. *Er begann zu arbeiten, nachdem er das Studium abgeschlossen hatte.*

Das Partizip Perfekt

Es gibt folgende regelmäßige Partizip-Formen:
hablar → hablado *gesprochen*, comer → comido *gegessen*, vivir → vivido *gelebt*.
Unregelmäßige Formen sind:
decir → dicho *gesagt*, volver → vuelto *zurückgekommen*.
Das Partizip Perfekt wird zusammen mit dem Hilfsverb haber zur Bildung zusammengesetzter Zeiten gebraucht:

He hablado con ella. *Ich habe mit ihr gesprochen.*
Zusammen mit dem Verb estar wird das Partizip verwendet, um Zustände zu beschreiben:
La casa está vendida. *Das Haus ist verkauft (worden).*

Das Gerund

Die regelmäßigen Formen werden gebildet, indem die Endung -ando oder -iendo an den Verbstamm angehängt wird:
habl**ar** → habl**ando**, beb**er** → beb**iendo**.

ⓘ Es gibt im Deutschen keine direkte Entsprechung für das Gerund.
Das spanische gerundio wird in verbalen Umschreibungen verwendet und, wie der Infinitiv, um Nebensätze zu verkürzen:

- ¡Espera! Estoy telefoneando. *Warte! Ich telefoniere gerade.*
- Yo he aprendido alemán hablando con amigos. *Ich habe Deutsch gelernt, indem (weil) ich mit Freunden gesprochen habe.*

Das Passiv

Das Passiv kommt in der spanischen Umgangssprache selten vor. Es wird häufig durch eine reflexive Verbform in der 3. Person Singular oder Plural ersetzt:
Los libros **son vendidos.** → Estos libros **se venden** bien. *Diese Bücher werden gut verkauft.*
Wenn man den Urheber einer Handlung nicht nennen will, benutzt man oft die 3. Person Plural:
Me **han** robado la cartera. *Man hat mir die Tasche gestohlen./Meine Tasche ist gestohlen worden.*

15 Die Präposition

A1

Präpositionen sind unveränderlich. Sie bezeichnen z. B. zeitliche oder örtliche Beziehungen zwischen Personen und Gegenständen.

Die häufigsten Präpositionen im Spanischen sind:

a *nach, um, zu*
con *mit, bei*
de *von, aus*
desde *seit, von … aus*
en *in, an, auf*
entre *zwischen*
hace *vor*
hasta *bis, sogar*
para *für, um … zu*
por *wegen, durch, von*
sin *ohne*
sobre *über, auf*

Formen und Gebrauch

Die Präposition **a** *nach, zu, in, an, auf*:

- Richtung: **Este año vamos a ir a España.** *Dieses Jahr werden wir nach Spanien fahren.*
- Entfernung: **El hotel está a 500 metros de la estación.** *Das Hotel ist 500 Meter vom Bahnhof entfernt.*
- Uhrzeit: **La clase termina a las tres y media.** *Der Unterricht endet um halb vier.*
- Häufigkeit: **Tenemos clases dos veces a la semana.** *Wir haben zwei Mal pro Woche Unterricht.*
- vor dem indirekten Objekt: **Voy a regalarle el cuadro a mi hermana.** *Ich werde das Bild meiner Schwester schenken.*
- vor dem direkten Objekt, wenn es sich um eine Person handelt: **He visto a Juan.** *Ich habe Juan gesehen.*

Im Deutschen wird die Präposition *in* sowohl für eine Position als auch für das Ziel einer Bewegung verwendet.

Im Spanischen steht entweder a oder en:

- lokal, nicht zielgerichtet: Estamos **en** la ciudad. *Wir sind **in** der Stadt.*
- zielgerichtet: Vamos **a** la ciudad. *Wir gehen **in** die Stadt.*

Die Präposition de *von, aus*:

- Herkunft: El tren viene **de** Barcelona. *Der Zug kommt aus Barcelona.* Mi marido es **de** Grecia. *Mein Mann ist aus Griechenland.*
- Besitz: Este coche es **de** mi vecina. *Dieses Auto gehört meiner Nachbarin.*
- Stoff, Material: Mi hermano sólo lleva camisas **de** seda. *Mein Bruder trägt nur Seidenhemden.*
- Menge, Maß oder Anzahl: Para este plato necesitas un kilo **de** tomates. *Für dieses Gericht brauchst du ein Kilo Tomaten.*
- Zeitraum (de ... a *von ... bis*): Trabajo **de** lunes a jueves. *Ich arbeite von Montag bis Donnerstag.*

ⓘ Mit der Präposition de können auch verschiedene Ausdrücke zu einem Begriff zusammengefasst werden: La **clase de francés** es siempre muy interesante. *Der **Französischunterricht** ist immer sehr interessant.*

Die Präposition con *mit*:

- Begleitung oder Begleitumstände: Voy a hacer un viaje **con** mi hija. *Ich werde mit meiner Tochter verreisen.* **Con** este tiempo es mejor quedarse en casa. *Bei diesem Wetter bleibt man besser zu Hause.*
- A2 Mittel oder Art und Weise: Lo ha hecho **con** mucho amor. *Er hat es mit viel Liebe gemacht.*

Die Präposition **desde** *von … aus, ab, seit*:

- Ort: **Desde mi ventana puedo ver toda la ciudad.** *Von meinem Fenster aus kann ich die ganze Stadt sehen.*
- Zeit: **Desde las once de la mañana no he comido nada.** *Seit 11 Uhr habe ich nichts mehr gegessen.*

Desde bezeichnet einen konkreten Zeitpunkt, während man mit **desde hace** den vergangenen Zeitraum angibt. Nach **desde hace** steht immer ein Zahlwort oder ein Indefinitpronomen:

- Zeitpunkt: **Desde marzo no he vuelto a hablar con ellos.** *Seit März habe ich nicht mehr mit ihnen geredet.*
- Zeitspanne: **Belén estudia inglés desde hace tres años.** *Belén lernt seit drei Jahren Englisch.*

Die Präposition **en** *in, auf, an*:

- Ort: **En esta ciudad hay cuatro museos.** *In dieser Stadt gibt es vier Museen.*
- Zeitangabe: **En octubre empiezo con mi nuevo trabajo.** *Im Oktober fange ich mit meiner neuen Arbeit an.*
- Verkehrsmittel: **Ir en tren es muy cómodo.** *Mit dem Zug zu fahren, ist sehr bequem.*
- Ebenso: **en coche** *mit dem Auto*, **en avión** *mit dem Flugzeug*, **en bicicleta** *mit dem Fahrrad* (aber: **a pie** *zu Fuß* , **a** B1 **caballo** *mit dem Pferd*)

Die Präposition **entre** *zwischen*:

- zeitliche Bedeutung: **Entre la una y las cuatro está todo cerrado.** *Zwischen 13.00 und 14.00 Uhr ist alles geschlossen.*
- räumliche Bedeutung: **El banco está entre el teatro y el museo.** *Die Bank ist zwischen dem Theater und dem Museum.*

A2 Die Präposition **hace** *vor*:

Mit der Präposition **hace** *vor* bezieht man sich auf die Zeit, die seit einem bestimmten Zeitpunkt bis zur Gegenwart vergangen ist:
Hace tres años lo vi por última vez. *Vor drei Jahren sah ich ihn zum letzten Mal.*

Die Präposition **hasta** *bis*:

- räumliche Bedeutung: **Hasta Madrid son 400 kilómetros.** *Bis Madrid sind es 400 Kilometer.*
- zeitliche Bedeutung: **Julio trabaja hasta las seis y media.** *Julio arbeitet bis halb sieben.*

Die Präposition **para** *für, um …zu, nach*:

- Bestimmung oder Zweck: **Estos libros son para mi cuñado.** *Diese Bücher sind für meinen Schwager.*
- Zielrichtung: **El tren para Bilbao tiene veinte minutos de retraso.** *Der Zug nach Bilbao hat zwanzig Minuten Verspätung.*
- genauer Zeitpunkt in der Zukunft, Termin, Frist: **Hemos** B1 **pospuesto la reunión para mañana.** *Wir haben die Besprechung auf morgen verschoben.* **Hemos** A2 **quedado para el viernes.** *Wir haben uns auf Freitag geeinigt.*
- in einem Infinitivsatz, um eine Absicht auszudrücken: **Estoy** A2 **aprendiendo español para estudiar en España.** *Ich lerne Spanisch, um in Spanien zu studieren.*

Die Präposition por *für, wegen, durch*:

- Ursache, Grund: Todo esto lo ha hecho **por** ella. *Das alles hat er für sie getan.*
- Preis, Gegenwert: Han pagado demasiado **por** esta casa. *Sie haben zu viel für dieses Haus bezahlt.*
- ungenaue Ortsangabe: No hay ningún restaurante **por** aquí. *In dieser Gegend gibt es kein Restaurant.*
- allgemeine Zeitangabe, Tageszeiten: **por** la mañana *morgens*, **por** la tarde *nachmittags*, **por** la noche *abends, nachts*
- B2 Urheber beim Passiv: "Cien años de soledad" fue escrita **por** García Márquez. *„Hundert Jahre Einsamkeit" wurde von García Márquez geschrieben.*
- feste Redewendungen: Gracias **por** su ayuda. *Danke für Ihre Hilfe.* Lo felicito **por** su trabajo. *Ich gratuliere Ihnen zu Ihrer Arbeit.*

Für kann mit por oder para übersetzt werden. Beachten Sie den Unterschied: por bezeichnet die Ursache oder den Grund, para die Bestimmung oder den Zweck: Ella lo hace solo **por** dinero. *Sie tut es nur des Geldes wegen.* Ella lo hace **para** sus hermanos. *Sie tut es für ihre Geschwister.*

Weitere Präpositionen:

Örtliche Beziehungen:

a la derecha (de) *rechts (von)*	lejos (de) *weit (von)*
a la izquierda (de) *links (von)*	delante (de) *vor*
al lado (de) *neben*	detrás (de) *hinter*
enfrente (de) *gegenüber (von)*	debajo (de) *unter*
cerca (de) *nah (bei)* *(von)*	al final (de) *am Ende*

A1

16 Die Konjunktion

Konjunktionen sind unveränderlich. Sie verbinden Teile eines Satzes oder ganze Sätze miteinander. Man unterscheidet zwischen den nebenordnenden und den unterordnenden Konjunktionen.

A1

16.1 Die nebenordnende Konjunktion

Die nebenordnenden Konjunktionen verbinden gleichrangige Sätze oder Satzteile.
Die wichtigsten Formen lauten:

y	*und*
sino	*sondern*
B1 ni	*und nicht, auch nicht, noch*
(ni) … ni	*weder … noch*
o	*oder*
pero	*aber*
(o) … o	*entweder … oder*
A2 aunque	*obwohl*

No hay **ni** piscina **ni** restaurante. *Hier gibt es weder ein Schwimmbad noch ein Restaurant.*
Estamos invitados a la fiesta **pero** no vamos a ir.
Wir sind zu dem Fest eingeladen, aber wir werden nicht hingehen.
Vamos a Grecia **o** nos quedamos en casa. *Wir fahren nach Griechenland oder bleiben zu Hause.*

A1

16.2 Die unterordnende Konjunktion

Die unterordnenden Konjunktionen leiten Nebensätze ein. Nach einigen Konjunktionen muss der Subjuntivo (▶ 9.3) stehen.

Die Konjunktion **que** *dass* ist eine der häufigsten unterordnenden Konjunktionen. Sie leitet einen Nebensatz ein, der das Subjekt, das direkte Objekt oder eine präpositionale Ergänzung des Hauptsatzes sein kann:
Creo **que** va a llover. *Ich glaube, dass es regnen wird.*
Es probable **que** Rosa consiga el trabajo. *Es ist wahrscheinlich, dass Rosa den Job bekommt.*
Madrid es una ciudad en la **que** hay mucha vida nocturna. *Madrid ist eine Stadt, in der es viel Nachtleben gibt.*

16.3 Weitere Konjunktionen

A2

Manche Konjunktionen erfordern den Indikativ, andere den Subjuntivo.

- temporale (zeitliche) Konjunktionen:

cuando	*wenn, als*
antes de que	*bevor*
después de que	*nachdem*
hasta que	*bis*
mientras	*während*

Cuando llegó ya habíamos terminado la cena. *Als er kam, waren wir schon mit dem Abendessen fertig.*
Cuando me levanto pongo la radio. *(Immer) wenn ich aufstehe, mache ich das Radio an.*
B1 Cierra las ventanas **antes de que** te vayas. *Schließ die Fenster, bevor du gehst.*
B1 Voy a esperar **hasta que** sepa algo concreto. *Ich werde warten, bis ich etwas Konkretes weiß.*

- kausale (begründende) Konjunktionen:

A1 porque	*da, weil, denn*
B1 como	*da, weil*
B1 pues	*denn*
B2 puesto que	*da, weil, denn*

No puedo ir contigo **porque** no tengo tiempo. *Ich kann nicht mitkommen, weil ich keine Zeit habe.*
Carlos no va a quedarse mucho tiempo **pues** tiene que levantarse temprano. *Carlos wird nicht lange bleiben, denn er muss früh aufstehen.*

B2
- konsekutive (folgernde) Konjunktionen:

de modo que	*sodass, weshalb, damit*
de manera que	*sodass, weshalb, damit*

El pone siempre su reloj a las seis, **de manera que** tiene tiempo para desayunar. *Er stellt seinen Wecker immer um sechs, sodass er genug Zeit zum Frühstücken hat.*
⚡ In der Bedeutung von *damit* verlangen diese Konjunktionen den Subjuntivo:
Ven a las siete **de manera que** podamos empezar temprano. *Komm um sieben Uhr, damit wir früh anfangen können.*

B2
- finale (bezweckende) Konjunktionen:

para que	*damit*
a fin de que	*damit*

Ponte el impermeable **para que** no te mojes. *Zieh den Regenmantel an, damit du nicht nass wirst.*
⚡ Finalsätze erfordern immer den Subjuntivo.

• konzessive (einräumende) Konjunktionen:

aunque	*obwohl, selbst wenn*
B1 a pesar de que	*obwohl*

Vamos a comprar la casa aunque es bastante cara. *Wir werden das Haus kaufen, obwohl es sehr teuer ist.*

⚡ **Aunque** steht je nach Bedeutung mit dem Indikativ (*obwohl*) oder dem Subjuntivo (*selbst wenn*). B1

Aunque estudie no pasaré el examen. *Selbst wenn ich viel lerne, werde ich die Prüfung nicht bestehen.*

• konditionale (bedingende) Konjunktionen:

si	*wenn*
en caso (de) que	*falls*
a condición de que	*unter der Bedingung, dass*

Si no puedes traerme el libro, yo iré a buscarlo. *Wenn du mir das Buch nicht bringen kannst, werde ich es abholen.*

⚡ **En caso (de) que** und **a condición de que** erfordern den Subjuntivo.

⚡ Bei **si**-Sätzen steht nach **si** der Subjuntivo Imperfekt oder der Subjuntivo Plusquamperfekt (▶ 9.2).

• modale Konjunktionen B2

como	*wie*
como si	*als ob*

Lo hicimos como habíamos acordado. *Wir haben es so gemacht, wie wir es abgesprochen hatten.*

⚡ Nach **como si** steht der Subjuntivo Imperfekt oder der Subjuntivo Plusquamperfekt.

A1

17 Die Wortstellung im Satz

Das Spanische hat im Gegensatz zum Deutschen eine sehr freie Wortstellung. In der Regel ist die Wortfolge jedoch Subjekt – Verb – Objekt (S-V-O).

A1

17.1 Der Aussagesatz

Einige Variationen von S-V-O sind:

- Sätze ohne Objekt (bei intransitiven Verben):

Subjekt	+	Verb	+	Ergänzungen
Daniela		vive		en Quito.
Daniela		*wohnt*		*in Quito.*

- Sätze mit einem oder zwei Objekten (bei transitiven Verben):
(Das Objekt steht entweder hinter oder vor dem Verb.)

Subjekt	+	Verb	+	dir. Obj.
Carmen		compra		**el vino**
Carmen		*kauft*		*den Wein.*

dir. Obj.	+	Objektpron.	+	Verb	+	Subjekt
El vino		**lo**		compra		Carmen.
Den Wein				*kauft*		*Carmen.*

Subjekt	+	Objektpron.	+	Verb	+	dir. Obj.	+	indir. Obj.
La cangura		**le**		da		**el desayuno**		a la niña.
Das Au-pair-Mädchen				*gibt*		*dem Kind*		*das Frühstück.*

Achten Sie bei diesen Satzmustern auf die Verdoppelung des Objekts durch das Pronomen (▷ 6)!

• Sätze ohne Subjekt:
Wetterverben und unpersönliche Konstruktionen haben im Spanischen kein Subjekt (▶ 7.4):
Hace sol. *Die Sonne scheint.*

Oft steht im Spanischen die Information, die betont werden soll, am Ende des Satzes:

Zeitangabe +	Verb +	Subjekt
En 1945	acabó	**la II Guerra Mundial.**
1945	*endete*	*der Zweite Weltkrieg.*

17.2 Der Fragesatz

A1

Im Spanischen beginnt die Frage mit einem Fragezeichen, das auf dem Kopf steht: **¿Hablas español?** *Sprichst du Spanisch?* Da das spanische Subjekt oft weggelassen wird, kann man eine Frage in der Regel nur an der steigenden Intonation erkennen.

17.2.1 Die Gesamtfrage

A1

Die Gesamtfrage wird ohne Fragewort gebildet. Man verwendet sie in der Regel, um in Erfahrung zu bringen, ob etwas zutrifft oder nicht. Sie wird mit **sí** *ja* oder **no** *nein* beantwortet. Das Verb steht bei der Inversionsfrage vor dem Subjekt, allerdings kann auch die Wortstellung des Aussagesatzes beibehalten werden (Subjekt *vor* Verb). Häufig wird das Subjekt ganz weggelassen.

- Verb + Subjekt (Inversionsfrage):
  ¿Ha llegado el profesor? *Ist der Lehrer gekommen?*
- Subjekt + Verb (Intonationsfrage mit Subjekt am Anfang):
  ¿El profesor ha llegado? *Der Lehrer ist gekommen?*
- Verb (Intonationsfrage ohne Subjekt):
  ¿Ha llegado? *Ist er gekommen?*

17.2.2 Die Teilfrage

Die Teilfrage bezieht sich nur auf einen Teil des Satzes und enthält immer ein Fragewort. Das Verb steht im Gegensatz zu der Gesamtfrage in der Regel vor dem Subjekt:

Fragewort + Verb + Subjekt:
¿Cuánto cuesta el kilo? *Wie viel kostet das Kilo?*

In manchen lateinamerikanischen Ländern steht das Subjekt bei der Teilfrage vor dem Verb:
¿De dónde **tú** eres? *Wo kommst du her?*

Bei indirekten Fragen steht das Subjekt des Nebensatzes meist nach dem Verb:
José pregunta que dónde está **María**. *José fragt, wo María ist.*

Einige wichtige Fragewörter:

qué	*was, welche/-r/-s, was für ein/-e*
A2 quíen/-es	*wer*
cuál/-es	*was, welche/-r/-s*
dónde	*wo*
cuándo	*wann*
cómo	*wie*

Auf einen Blick

Die Präposition

Präpositionen sind in ihrer Form unveränderlich. Sie können zeitliche oder örtliche Beziehungen zwischen Personen und Gegenständen beschreiben.

Achten Sie besonders auf die Präpositionen por, para, a und en:

- Grund: El presidente no vendrá **por** su enfermedad. *Der Präsident kommt nicht **wegen** seiner Krankheit.*
- Zweck: Ella ha traído cosas **para** los niños. *Sie hat Sachen **für** die Kinder gebracht.*
- Richtung: Vamos **a** la ciudad. *Wir fahren **in** die Stadt.*
- Ort: Estamos **en** la ciudad. *Wir sind **in** der Stadt.*

Die Konjunktion

Auch Konjunktionen sind unveränderlich. Sie verbinden Teile eines Satzes oder ganze Sätze miteinander.
Die **nebenordnenden Konjunktionen** verbinden gleichrangige Sätze oder Satzteile:
Estoy invitado **pero** no voy a ir. *Ich bin eingeladen worden, **aber** ich werde nicht hingehen.*
Die **unterordnenden Konjunktionen** leiten Nebensätze ein:
Creo **que** va a llover. *Ich glaube, **dass** es regnen wird.*

Weitere Konjunktionen:

- temporale Konjunktionen:
  Cuando vienes, me alegro mucho. *Wenn du kommst, freue ich mich.*

- kausale Konjunktionen:
  No puedo asistir **porque** no tengo tiempo. *Ich kann nicht daran teilnehmen, weil ich keine Zeit habe.*
- finale Konjunktionen:
  Toma esto **para que** te protejas. *Nimm das, damit du dich schützen kannst.*
- konzessive Konjunktionen:
  Aunque estudie mucho no pasaré el examen. *Selbst wenn ich viel lerne, werde ich die Prüfung nicht bestehen.*
- konditionale Konjunktionen:
  Si vienes, te muestro mi casa. *Wenn du kommst, zeige ich dir mein Haus.*

Die Wortstellung im Satz

In der Regel ist die Wortfolge im Satz Subjekt-Verb-Objekt (S-V-O):
Salomé estudia alemán. *Salomé lernt Deutsch.*

Der Fragesatz

Im Spanischen beginnt die Frage mit einem umgekehrten Fragezeichen: ¿Hablas español? *Sprichst du Spanisch?* Die **Gesamtfrage** enthält kein Fragewort und wird mit sí *ja* oder no *nein* beantwortet.

- Inversionsfrage:
  ¿Ha llegado el profesor? *Ist der Lehrer gekommen?*
- Intonationsfrage:
  ¿El profesor ha llegado? *Der Lehrer ist gekommen?*
- Intonationsfrage ohne Subjekt:
  ¿Ha llegado? *Ist er gekommen?*

Die **Teilfrage** enthält immer ein Fragewort: ¿Cuánto cuesta la botella? *Wie viel kostet die Flasche?*

18 Die Verneinung

A1

18.1 Die einfache Verneinung

A1

Die einfache Verneinung wird mit no *nein* gebildet.
¿Vas a ir a la fiesta? – **No**, ya tengo otra invitación. *Wirst du zu dem Fest gehen? –* ***Nein****, ich habe schon eine andere Einladung.*
No kann allerdings auch in der Bedeutung von *nicht* bzw. *kein/-e* verwendet werden:
No puedo ayudarte. *Ich kann dir* ***nicht*** *helfen.*
Pedro **no** tiene ganas de ir al cine. *Pedro hat* ***keine*** *Lust, ins Kino zu gehen.*

No in der Bedeutung von *nicht, kein/-e* steht immer vor dem konjugierten Verb bzw. vor dem Hilfsverb bei den zusammengesetzten Zeiten:
No he podido visitar a Luis en el hospital. *Ich habe Luis im Krankenhaus nicht besuchen können.*

Es steht ebenfalls vor unbetonten Akkusativpronomen:
Perdone usted. **No** lo había visto. *Verzeihen Sie. Ich hatte Sie nicht gesehen.*
No bedeutet auch *kein*, wenn es vor einem Substantiv ohne bestimmten Artikel steht:
No tenemos hambre. *Wir haben keinen Hunger.*

18.2 Die doppelte Verneinung

A1

Neben no gibt es im Spanischen noch einige andere Wörter, mit denen man eine Aussage verneinen kann.
Der Gebrauch dieser verneinenden Adverbien, Konjunktionen und Indefinitpronomen erfordert normalerweise eine doppelte Verneinung.

ni	*nicht einmal*	ni siquiera	*nicht einmal*
ni … ni	*weder … noch*	nadie	*niemand*
nunca	*nie*	ningún,	*keiner,*
no … todavía	*noch nicht*	ninguno/-a	*niemand*
nada	*nichts*	tampoco	*auch nicht*

Wenn ein Wort, das eine Aussage verneint, auf ein Verb folgt, steht vor dem Verb ein zusätzliches no:
No he hablado **nunca** con ellos. *Ich habe nie mit ihnen geredet.*
No ha venido **ninguno** de ellos. *Es ist keiner von ihnen gekommen.*

Steht das verneinende Wort am Satzanfang, muss vor dem Verb kein no stehen:
Nunca he hablado con ellos. *Nie habe ich mit ihnen geredet.*
Ninguno de ellos ha venido. *Keiner von ihnen ist gekommen.*

19 Die indirekte Rede

B1

Die indirekte Rede wird in der Regel als **que**-Satz gebildet, der durch Verben wie **decir** *sagen*, **responder** *erwidern* etc. eingeleitet wird.

Im Spanischen verwendet man in der indirekten Rede nicht den Subjuntivo, sondern den Indikativ:

direkte Rede	indirekte Rede
Manuel dice: "Quiero estudiar Matemáticas." *Manuel sagt: „Ich will Mathematik studieren."*	Manuel dice que quiere estudiar Matemáticas. *Manuel sagt, dass er Mathematik studieren will.*

Das **que** kann nicht weggelassen werden.

Die Zeitenfolge in der indirekten Rede

Bei der indirekten Rede bestimmt das Verb im Hauptsatz die Zeitenfolge. Steht das Verb des Hauptsatzes im Präsens, Perfekt, Futur I oder Konditional, so bleibt die Zeit des ursprünglichen Satzes im Nebensatz erhalten:

direkte Rede		indirekte Rede
Manuel dice/ha dicho/dirá/diría:		Manuel dice/ha dicho/dirá/diría
"Viajo mucho."	→	que viaja mucho.
"He viajado mucho."	→	que ha viajado mucho.
"Viajaba mucho."	→	que viajaba mucho.
"Viajé mucho."	→	que viajó mucho.
"Viajaré mucho."	→	que viajará mucho.
"Viajaría mucho."	→	que viajaría mucho

💡 Steht im Hauptsatz das Verb im Imperfekt, Indefinido oder Plusquamperfekt, so bleiben im Nebensatz das Imperfekt, Indefinido, Konditional und Plusquamperfekt erhalten. Die anderen Zeiten verändern sich wie folgt:

Präsens	→	Imperfekt
Perfekt	→	Plusquamperfekt
Indefinido	→	Indefinido/Plusquamperfekt
Futur I	→	Konditional

direkte Rede		**indirekte Rede**
Manuel decía/dijo/había dicho:		Manuel decía/dijo/había dicho
"Viajo mucho."	→	que viajaba mucho.
"He viajado mucho."	→	que había viajado mucho.
"Viajaba mucho."	→	que viajaba mucho.
"Viajé mucho."	→	que viajó/había viajado mucho.
"Viajaré mucho."	→	que viajaría mucho.
"Viajaría mucho."	→	que viajaría mucho.

⚡ Bei indirekten Befehlen ist zu beachten, dass die Befehlsformen in der indirekten Rede im *Subjuntivo* stehen:

direkte Rede		**indirekte Rede**
"¡Friega los vasos!"	→	Dice que friegue los vasos.
„Spül die Gläser!"		*Sie sagt, ich soll die Gläser spülen.*

💡 Steht im Hauptsatz der indirekten Rede das Verb im Indefinido, Imperfekt oder Plusquamperfekt, so wird der *Subjuntivo* Imperfekt als Befehlsform verwendet:

direkte Rede		**indirekte Rede**
"¡Cerrad la puerta!"	→	Dijo que cerráramos la puerta.
„Schließt die Tür!"		*Er sagte, wir sollen die Tür schließen.*

Tests

1 Der Artikel

A1

Setzen Sie den richtigen Artikel ein: los (3x), la (3x), el (2x), las

a. .... señor Pérez no está en .... oficina.

b. .... gente de América Latina es más alegre.

c. .... chica alemana tiene .... ojos azules.

d. .... problema es que no tengo dinero.

e. No me gustan mucho .... calamares, prefiero .... gambas.

f. No me interesan .... coches.

2 Das Substantiv

A1

Wie lauten die Plural- bzw. Singularformen folgender Substantive? Achten Sie auf die Akzente!

a. la plaza ....

b. la canción ....

c. la ciudad ....

d. el color ....

e. las bicicletas ....

f. las veces ....

g. los días ....

h. las acciones ....

A1 **3 Das Adjektiv**
Ergänzen Sie die richtige Form der Adjektive.

a. ¿Dónde has puesto mi blusa (negro) .... y mis zapatillas (blanco) ....?

b. Estas revistas (alemán) .... tienen (bueno) .... artículos.

c. Estas vacaciones son muy (agradable) ....

B1 d. Esta es la (mejor) .... noticia que he escuchado en los (último) .... días.

B1 e. Me parecen (aburrido) .... las clases de español.

A2 **4 Das Adverb**
Wählen Sie zwischen Adverb und Adjektiv.

a. A mi Papá le gustan .... las gambas. (muy/mucho)

b. Carlos, ¿estás contento con el hotel?

Sí, ... (muy/mucho)

c. Es un hotel .... bueno. (mucho/muy)

d. Tengo .... películas buenas en casa. (mucho/muchas/muy)

e. Carlos canta muy .... (bueno/bien/buen)

f. Es un .... músico. (bueno/buen/bien)

g. Mi novia trabaja está .... cerca de aquí. (muy/ mucho/mucha)

h. ¿Y tú? ¿Cómo te sientes? – Me siento .... bien. (mucho/bastante/muy)

i. Pues no .... bien. Estoy enfermo. (mucho/muy)

5 Der Vergleich B1

Vervollständigen Sie die Sätze mit folgenden Wörtern, indem Sie einen Vergleich bilden: muy – la más – más – dificilísimo – que – la que – rapidísimamente – amablemente

a. La historia es una asignatura .... importante.

b. Este coche gasta .... gasolina que el tuyo.

c. Estos mangos están mejores .... aquellos.

d. Ella no me respondió ....

e. Este ejercicio es ....

f. José habla .... No le entiendo nada.

g. Carmen es .... guapa de la clase.

h. Juana es .... más sabe de informática.

6 Das Pronomen A2

Setzen Sie die richtigen Pronomen ein: la (2x), yo, ella, tú, te (5x), le, se (2x), usted, los, lo (2x)

a. .... es una chica muy inteligente. ¿........... conoces?

b. .... soy español, y ...., ¿de dónde eres?

c. Buenos días, Sra. Martínez, ¿cómo está ....?

d. El vino .... hemos comprado en la bodega.
¿Quieres probar...........?

e. ¿Ya .... has dado los regalos a los niños?

f. Sí, ya .... he dado. .... han alegrado mucho.

g. ¿Quieres ir........... ya? ¡No .... vayas todavía!
Es que quiero decir........... algo.

h. Oye, la falda está preciosa. .... queda estupenda.
¡Cómpra...................... !

A1 7 **Das Verb**
Ergänzen Sie die Sätze mit der richtigen Verbform.

a. Ella **(hablar)** .... italiano y también **(entender)** .... francés.

b. Yo no **(tener)** .... que trabajar hoy.

c. Yo no **(saber)** .... jugar al tenis, pero mi novio **(jugar)** .... muy bien.

d. ¿Adónde **(ir)** .... a ir esta noche?

e. Tú **(estudiar)** .... inglés, ¿verdad?

f. Y ustedes ¿cuándo **(volver)** ....?

g. Nosotros **(volver)** .... en agosto.

h. Oye, ¿tú **(saber)** .... cuándo **(empezar)** .... la clase?

8 Der Indikativ

A1

Setzen Sie die richtigen Verbformen des Indikativs unter Berücksichtigung der passenden Zeit ein.

a. ¿A qué hora **(terminar)** .... la película? *(Präsens)*

b. Hoy **(empezar)** .... con la primera lección. *(Perfekt)*

c. Aún no **(volver)** .... los chicos. *(Perfekt)*

d. El otro día me **(encontrarse)** .... con Juán en la calle. *(Indefinido)*

e. Mi abuelo **(ser)** .... muy trabajador y siempre **(hacer)** .... algo. *(Imperfekt)* A2

f. Oye, ¿**(escuchar)** .... lo que **(decir)** .... él? *(Indefinido)* A2

g. Mañana **(ir)** .... a ver a mi tía. ¿Me prometes que no **(decir)** .... nada? *(Futur I)* B1

9 Der Subjuntivo

B1

Übersetzen Sie den Ausdruck in der Klammer mit dem Subjuntivo oder dem Indikativ.

a. El profesor cree que *(ich aus Mexiko bin)* ....
....

b. Ella quiere que *(wir mit ihr gehen)* ....
....

B1 c. Me alegro de que *(du gekommen bist)* ....

....

d. Creo que *(du nichts verstehst)* ....

....

e. Es posible que *(wir heute ausgehen)* ....

....

f. Necesito urgentemente una secretaria que *(Englisch kann)* ....

....

B2 g. Me alegraría mucho si *(du kommen könntest)* ....

....

B2 h. Carmen no quería que *(wir nichts sagen)* ....

....

A2 **10 Der Imperativ**

Setzen Sie die Infinitivformen in den Imperativ für die 2. und 3. Person Singular.

	tú	usted
a. tomar mucha agua	....	....
b. dormir mucho	....	....
c. abrir la ventana	....	....
d. hablar despacio	....	....
e. poner la radio	....	....

f. venir mañana ....

g. hacer deporte ....

h. ir de vacaciones ....

11 Der Infinitiv A1

Wie lautet der Infinitiv der hervorgehobenen Verbformen?

a. Me **voy** a casa. ....

b. ¿A qué hora **sales** de la oficina? ....

c. ¿Cuándo **vuelven** los niños? ....

d. **Póngame** un kilo de tomates, por favor. ....

e. **Dame** tu número de teléfono, por favor. ....

f. No **sé** de dónde es ella. ....

g. ¿**Vienes** a la fiesta? ....

h. ¿Has **hecho** los deberes? ....

12 Das Partizip A2

Setzen Sie die folgenden Infinitivformen ins Partizip Perfekt.

a. Han **(cerrar)** .... la puerta.

b. Las ventanas están **(abrir)** ....

c. Perdona, yo he **(romper)** .... el vaso.

d. Las dos bicis están **(romper)** ....

e. Ya hemos **(hacer)** .... el trabajo.

f. ¿Todavía no has **(ver)** .... esa película?

g. ¡A comer! La mesa está **(poner)** ....

h. A ver, ¿dónde has **(poner)** .... mis cosas?

B1 **13 Das Gerund**
Ergänzen Sie die Sätze mit dem Gerund der Verben in Klammern.

a. Los chicos están **(jugar)** .... en la playa.

b. ¿Todavía sigues **(aprender)** .... español?

c. ¿Qué estáis **(hacer)** ....?

d. Llevamos dos años **(construir)** .... esta casa.

B2 **14 Das Passiv**
Finden Sie die Fehler und schreiben Sie die Sätze neu.

a. La casa no ha se vendido todavía.

....

b. El libro fue escrito de Cervantes.

....

c. Los regalos sido envueltos por la señorita.

....

d. Esta película ha sido visto por mucha gente.

....

e. Han agotado las entradas.

....

f. La paella es preparado con arroz.

....

g. Esas bebidas se vende muy bien.

....

15 Die Präposition
Ergänzen Sie die Sätze mit der richtigen Präposition. A1

a. ¿Has estado alguna vez .... Caracas? (en/a)

b. Este fin de semana vamos .... teatro. (al/en el)

c. Yo voy al trabajo .... coche. (con/en)

d. Yo vivo .... Madrid. (a/en)

e. Gracias .... el café. (para/por)

f. Estos libros son .... profesor. (del/de el)

g. Ellos aprenden español .... dos años. (desde/hace/desde hace) A2

h. Él trabaja solo .... dinero. (para/por) A2

16 Die Konjunktion
Verbinden Sie die passenden Satzteile mit Linien. A1

a. ¿Quieres una cerveza	pero es muy cara.
b. Me gustaría ir a la ópera	o prefieres vino?
c. A mí me gustan los gatos,	porque hace frío.
d. No vamos a España	e inglés?
e. No hemos ido al parque	pero no los perros.
f. ¿Tú hablas alemán	sino a Cuba.

A1 17 **Die Wortstellung im Satz**
Bringen Sie die Wörter in die richtige Reihenfolge.

a. ¿Cómo él se llama?

....

b. Ella alemana es y estudia ella español aquí porque ella viaja mucho a España.

....

c. ¿Me puede decir cuánto el plato cuesta?

....

d. Perdone, ¿ usted sabe cómo esto funciona?

....

e. Las bebidas compro las yo y tú compras el pan.

....

A1 18 **Die Verneinung**
Ordnen Sie die Wörter zu einem Satz.

a. he / Yo / viajado / no / este año

....

b. En / nunca / casi / Alemania / sol / hace

....

c. ¿Venezuela / Has y / estado / nunca / en?

....

d. he / nada / No / dormido

....

e. No / ningún / tocar / sé / instrumento

....

f. ¿Por qué / tomas / algo / no?

....

g. no / Ya / deporte / hago

....

19 Die indirekte Rede B2

Ergänzen Sie die folgenden Sätze mit der richtigen Verbform.

a. Carlos me preguntó si .... (tenía/he tenido) dinero para prestarle.

b. El profesor dijo que .... (hagamos/hiciéramos) estos ejercicios.

c. Teresa dijo que .... (apagues/apagaras) la radio.

d. El jefe me pidió que le .... (llamaría/llamara) a las siete.

e. Oye, Ana quería saber si le .... (habría /había llamado) alguien mientras estuvo fuera.

Lösungen

1. Der Artikel

a. El señor Pérez no está en la oficina.
b. La gente de América Latina es más alegre.
c. La chica alemana tiene los ojos azules.
d. El problema es que no tengo dinero.
e. No me gustan mucho los calamares, prefiero las gambas.
f. No me interesan los coches.

2. Das Substantiv

a. las plazas, **b.** las canciones,
c. las ciudades, **d.** los colores,
e. la bicicleta, **f.** la vez, **g.** el día,
h. la acción

3. Das Adjektiv

a. ¿Dónde has puesto mi blusa negra y mis zapatillas blancas?
b. Estas revistas alemanas tienen buenos artículos.
c. Estas vacaciones son muy agradables.
d. Esta es la mejor noticia que he escuchado en los últimos días.
e. Me parecen aburridas las clases de español.

4. Das Adverb

a. A mi Papá le gustan mucho las gambas.
b. Carlos, ¿estás contento con el hotel? Sí, mucho.
c. Es un hotel muy bueno.
d. Tengo muchas películas buenas en casa.
e. Carlos canta muy bien.
f. Es un buen músico.
g. Mi novia trabaja está muy cerca de aquí.
h. ¿Y tú? ¿Cómo te sientes? – Me siento muy bien.
i. Pues no muy bien. Estoy enfermo.

5. Der Vergleich

a. La historia es una asignatura muy importante.
b. Este coche gasta más gasolina que el tuyo.
c. Estos mangos están mejores que aquellos.
d. Ella no me respondió amablemente.
e. Este ejercicio es dificilísimo.
f. José habla rapidísimamente. No le entiendo nada.
g. Carmen es la más guapa de la clase.
h. Juana es la que más sabe de informática.

6. Das Pronomen

a. Ella es una chica muy inteligente. ¿La conoces?
b. Yo soy español, y tú, ¿de dónde eres?
c. Buenos días, Sra. Martínez, ¿cómo está usted?
d. El vino lo hemos comprado en la bodega. ¿Quieres probarlo?
e. ¿Ya le has dado los regalos a los niños?
f. Sí, ya se los he dado. Se han alegrado mucho.
g. ¿Quieres irte ya? ¡No te vayas todavía! Es que quiero decirte algo.
h. Oye, la falda está preciosa. Te queda estupenda. ¡Cómpratela!

7. Das Verb

a. Ella habla italiano y también entiende francés.

b. Yo no tengo que trabajar hoy.
c. Yo no sé jugar al tenis, pero mi novio juega muy bien.
d. ¿Adónde vais a ir esta noche?
e. Tú estudias inglés, ¿verdad?
f. Y ustedes ¿cuándo vuelven?
g. Nosotros volvemos en agosto.
h. Oye, ¿tú sabes cuándo empieza la clase?

8. Der Indikativ

a. ¿A qué hora termina la película?
b. Hoy hemos empezado con la primera lección.
c. Aún no han vuelto los chicos.
d. El otro día me encontré con Juán en la calle.
e. Mi abuelo era muy trabajador y siempre hacía algo.
f. Oye, ¿escuchaste lo que dijo él?
g. Mañana iremos a ver a mi tía. ¿Me prometes que no dirás nada?

9. Der Subjuntivo

a. El profesor cree que soy de México.
b. Ella quiere que vayamos con ella.
c. Me alegro de que hayas venido.
d. Creo que no entiendes nada.
e. Es posible que salgamos hoy.
f. Necesito urgentemente una secretaria que sepa inglés.
g. Me alegraría mucho si pudieras venir.
h. Carmen no quería que dijeramos nada.

10. Der Imperativ

a. toma, tome
b. duerme, duerma
c. abre, abra
d. habla, hable
e. pon, ponga
f. ven, venga
g. haz, haga
h. ve, vaya

11. Der Infinitiv

a. ir, b. salir, c. volver, d. poner, e. dar, f. saber, g. venir, h. hacer

12. Das Partizip

a. Han cerrado la puerta.
b. Las ventanas están abiertas.
c. Perdona, yo he roto el vaso.
d. Las dos bicis están rotas.
e. Ya hemos hecho el trabajo.
f. ¿Todavía no has visto esa película?
g. ¡A comer! La mesa está puesta.
h. A ver, ¿dónde has puesto mis cosas?

13. Das Gerund

a. Los chicos están jugando en la playa.
b. ¿Todavía sigues aprendiendo español?
c. ¿Qué estáis haciendo?
d. Llevamos dos años construyendo esta casa.

14. Das Passiv

a. La casa no se ha vendido todavía.
b. El libro fue escrito por Cervantes.
c. Los regalos han sido envueltos por la señorita.
d. Esta película ha sido vista por mucha gente.
e. Se han agotado las entradas.
f. La paella es preparada con arroz.
g. Estas bebidas se venden muy bien.

15. Die Präposition

a. ¿Has estado alguna vez en Caracas?
b. Este fin de semana vamos al teatro.

c. Yo voy al trabajo en coche.
d. Yo vivo en Madrid.
e. Gracias por el café.
f. Estos libros son del profesor.
g. Ellos aprenden español desde hace dos años.
h. Él trabaja solo por dinero.

16. Die Konjunktion

a. ¿Quieres una cerveza o prefieres vino?
b. Me gustaría ir a la ópera pero es muy cara.
c. A mí me gustan los gatos, pero no los perros.
d. No vamos a España sino a Cuba.
e. No hemos ido al parque porque hace frío.
f. ¿Tú hablas alemán e inglés?

17. Die Wortstellung im Satz

a. ¿Cómo se llama él?
b. Ella es alemana y ella estudia español aquí porque ella viaja mucho a España.
c. ¿Me puede decir cuánto cuesta el plato?
d. Perdone, ¿sabe usted cómo funciona esto?
e. Las bebidas las compro yo y tú compras el pan.

18. Die Verneinung

a. Yo no he viajado este año.
b. En Alemania casi nunca hace sol.
c. ¿Nunca has estado en Venezuela?
d. No he dormido nada.
e. No sé tocar ningún instrumento.
f. ¿Por qué no tomas algo?
g. Ya no hago deporte.

19. Die indirekte Rede

a. Carlos me preguntó si tenía dinero para prestarle.
b. El profesor dijo que hiciéramos estos ejercicios.
c. Teresa dijo que apagaras la radio.
d. El jefe me pidió que le llamara a las siete.
e. Oye, Ana quería saber si le había llamado alguien mientras estuvo fuera.

Lösungen der Niveaustufentests

Hier finden Sie neben der Auswertung Ihrer Ergebnisse auch Empfehlungen zur Verbesserung Ihrer Sprachkenntnisse.

Lösungen A1

1. Der Artikel

a. ✓ Los lunes voy a nadar.
b. ✗: richtig: Voy a México en marzo.
c. ✓ El señor Marín no está en la oficina.

2. Das Substantiv

a. cafés
b. papeles
c. flores

3. Das Adjektiv

a. Este es mi hijo menor.
b. Me regalaron una camisa y un pantalón azules.
c. Esas revistas son muy caras.

4. Das Personalpronomen

a. A mí no me gustan los huevos.
b. ¿Me ha llamado alguien a mí?
c. Os lo regalaré para vuestro cumpleaños.

5. Die Verben ser/estar/hay

a. Las hojas están encima de la mesa.
b. En el frigorífico no hay fruta.
c. La puerta es de cristal.

6. Das Präsens

a. ¿Cómo se llama tu padre?
b. ¿(Tú) sabes hablar chino?
c. Mi hija tiene veintiún años.

Empfehlung

1–6 Punkte: Ihre Kenntnisse stehen leider noch auf schwachen Beinen. Am besten nehmen Sie sich die Niveaustufe A1 gleich noch einmal vor.

7–12 Punkte: Prima! Sie haben bereits gute A1-Kenntnisse, allerdings punktuell noch Schwächen. Wiederholen Sie die Themen.

13–18 Punkte: Ausgezeichnet! Sie haben solide A1-Kenntnisse und können sich nun der Niveaustufe A2 zuwenden.

Lösungen A2

1. Das Substantiv

a. ✗ richtig: ¿Has apagado las luces?

b. ✗ richtig: Los viernes voy a la piscina.

c. ✓ Me gustan mucho los jerseys de lana.

2. Der Vergleich

a. Él habla menos idiomas que su mujer./Su mujer habla más idiomas que él.

b. La revista cuesta más que el periódico./La revista es más cara que el periódico.

3. Das Personalpronomen

a. Sí, ella ha venido conmigo.

b. Sí, se los he llevado.

4. Das Adverb

a. Ese viaje es muy caro.

b. Estoy cansado porque he trabajado mucho.

c. No he estado nunca en América Latina.

5. Das Indefinido

a. Anoche tú no cenaste en casa.

b. ¿A qué hora volvisteis vosotras del cine?

c. El año pasado nosotros estuvimos en Perú.

6. Perfekt, Indefinido oder Imperfekt?

a. De pequeña iba a menudo al campo.

b. Ayer me quedé en casa todo el día.

c. Este año hemos visitado dos veces a nuestra familia.

Empfehlung

1–6 Punkte: Sie befinden sich noch am Anfang des Niveaus A2 und sollten die Themen nochmals gründlich durcharbeiten.

7–12 Punkte: Gut so! Ihre A2-Kenntnisse sind schon weit gediehen. Bevor Sie sich B1 zuwenden, sollten Sie jedoch einige Themen nochmals anschauen.

13–16 Punkte: Ausgezeichnet. Sie kennen sich mit den Grammatikthemen der Niveaustufe A2 sicher aus und können die Niveaustufe B1 angehen.

Lösungen B1

1. Das Relativpronomen

a. Estos son los señores con quienes he hablado.
b. Los que quieran, pueden entrar ya.
c. La casa cuyo salón me gusta es muy cara.

2. Das Indefinido

a. ¿Oíste algo de lo que decían?
b. No trajimos los CD porque se nos olvidaron.
c. Ayer almorcé en el bar.

3. Der Subjuntivo Präsens

a. No, no creo que esté en casa.
b. No, no creo que mañana hablemos con el jefe.
c. No, no creo que venga a la fiesta.

4. Der Imperativ

a. ✗ richtig: Vengan conmigo, por favor.
b. ✗ richtig: No se lo preguntes a él.
c. ✓ ¡No llegues tarde!

5. Das Akkusativobjekt

a. ¿Has visto a la secretaria?
b. Se busca secretaria bilingüe.
c. ¿Has encontrado algo interesante?

6. Die kausale bzw. die temporale Konjunktion

a. Llama a la puerta antes de entrar.
b. No he salido pues hace frío.
c. Esperé hasta que me avisaron.

Empfehlung

1–6 Punkte: Für die Niveaustufe B1 sollten Sie nochmals alle relevanten Themen wiederholen.

7–12 Punkte: Prima! Sie haben schon einige B1-Kenntnisse, sollten aber die Themen überarbeiten, die Sie noch nicht sicher beherrschen.

13–18 Punkte: Ausgezeichnet! Sie haben das Niveau B1 im Griff und können nun die Niveaustufe B2 angehen.

Lösungen B2

1. Das Adjektiv

a. No ha estudiado y ahora es un triste empleado.
b. Esa es una gran noticia. Me alegro mucho.
c. No había casi nadie y al final no quedó más que un solo oyente.

2. Der Subjuntivo

a. Te deseo que tengas suerte en tu próximo viaje.
b. Me extraña que ella no pusiera/pusiese la calefacción con el frío que hacía anoche.
c. Es raro que el tren no haya llegado aún, ya tenía que estar aquí hace rato.

3. Der Subjuntivo im Que-Satz

a. ✗ richtig: Nos encanta ir al cine.
b. ✗ richtig: Es evidente que no sabe qué hacer.
c. ✓ Ha dicho que vuelvas pronto.

4. Der Subjuntivo im Temporalsatz

a. Me acostaré en cuanto termine de cenar.
b. Te lo conté cuando me enteré.

5. Der Subjuntivo im Konditionalsatz

a. Os lo cuento con tal de que no digáis nada.
b. Habría hecho un viaje si no hubiera/hubiese tenido que trabajar.
c. Llámame en caso de que necesites algo.

6. Der Subjuntivo im Relativsatz.

a. Conozco un dentista que es muy bueno.
b. No hay nadie que sepa más de música.
c. Estoy buscando un hotel que sea muy barato.

Empfehlung

1–6 Punkte: Für die Niveaustufe B2 reicht es leider noch nicht. Überarbeiten Sie die wichtigen Themen dieses Niveaus gründlich.

7–12 Punkte: Gut so! Das Niveau B2 haben Sie fast in der Tasche. Lediglich einige Themen sollten Sie nochmals anschauen.

13–17 Punkte: Ausgezeichnet! Sie haben Ihre Kenntnisse der Niveaus A1 bis B2 bewiesen.

Langenscheidt
Grammatiktraining

Spanisch

Übungen zu allen wichtigen Grammatikthemen

von Astrid Böhringer
und Marta Rabinovich

Langenscheidt
München · Wien

Vorwort

Übung macht den Meister! – Unter diesem Motto bieten wir Ihnen dieses ***Grammatiktraining Spanisch*** an. Hier finden Sie **mehr als 150 Übungen** zu den wichtigsten Themen der spanischen Grammatik, wie z. B. **den Verben *ser* und *estar*, dem Gebrauch der Vergangenheitsformen *(pretérito perfecto, pretérito indefinido* und *pretérito imperfecto)*** oder **dem Konjunktiv *(el subjuntivo)***. Dieses Buch eignet sich gleichermaßen für Anfänger und Fortgeschrittene. Sie können es zum Lernen oder zum Auffrischen benutzen und so Ihr Spanisch perfektionieren.

Die Übungen wurden speziell auf die Bedürfnisse Deutschsprachiger zugeschnitten. Der übersichtliche Aufbau und die zweifarbige Gestaltung ermöglichen eine schnelle Orientierung. Da die Beispielsätze auf der spanischen **Alltagssprache** und einem **einfachen Wortschatz** basieren, bleibt Ihnen mühsames Nachschlagen schwieriger Vokabeln erspart.

Die Übungen selbst sind in drei Schwierigkeitsgrade eingeteilt:
* = leicht, ** = mittel, *** = anspruchsvoll. Sie sind so angelegt, dass Sie sie **schriftlich im Buch** lösen und mithilfe des **Lösungsschlüssels** sofort kontrollieren können. Dadurch ist das Buch besonders geeignet für das **Selbststudium.**

Und nun wünschen wir Ihnen viel Spaß beim Grammatiktraining!

Autorinnen und Verlag

Inhaltsverzeichnis

1 Betonung, Akzent und Zeichensetzung

**

1 El otro dia al salir de la cafeteria me cai, pero no fue grave.
2 Jose y tu trabajais en la misma panaderia, ¿verdad?
3 No se si voy a pasar el examen, es muy dificil.
4 El jardin que esta al lado del rio tiene arboles todavia muy jovenes.
5 La policia anuncio que un ladron se escapo de la carcel.
6 Pero, Maria, ¿como?, ¿que no comes mas maiz con platanos?
7 La mayoria de las farmacias estan en la calle America.
8 En esta habitacion vacia puedo tocar el violin con tranquilidad.
9 Esa cancion con musica de organo me encanta.
10 ¿Quien sale a pasear con este frio?

2 Brauchen diese Wörter einen Akzent? Ergänzen Sie ihn, wo nötig, und ordnen Sie die Wörter den Betonungsmustern zu. **

contar ✔ ciudad perejil panaderia silaba ✔ palabras ✔ coche oracion camara vehiculo limon maquina Madrid Paris arbol crisis Jerez Mexico Turquia Cuba Peru telefono

■ □ □	□ ■ □	□ □ ■
sílaba	*palabras*	*contar*

3 Ergänzen Sie die fehlende Zeichensetzung. *

1 Dónde está Berlín
2 Cuánto cuestan las patatas
3 Qué caros están los tomates
4 Atención
5 Por qué me miras así
6 Julio es médico y su hermano ingeniero
7 Querida Elena Acabo de llegar …

4 Mit oder ohne Akzent? In jeweils einem der zwei Beispielsätze hat das unterstrichene Wort einen Akzent. In welchem? Übersetzen Sie anschließend die Sätze. **

1 ¿Cuándo <u>te</u> vas de vacaciones? ....

El <u>te</u> con leche está frío. ....

2 Éste no es <u>mi</u> abrigo. ....

A <u>mi</u> no me gusta la música de rock. ....

3 <u>El</u> es una persona muy simpática. ....

<u>El</u> amigo de Juana es de París. ....

4 <u>Si</u> quieres, nos vemos mañana a las 12. ....

<u>Si</u>, te espero en el restaurante para comer. ....

5 No <u>se</u> cuándo llega el tren. ....

<u>Se</u> ducha siempre por las mañanas. ....

5 Bilden Sie kleine Dialoge und ergänzen Sie die Zeichensetzung. ***

1 ● médico – eres ....

▲ soy – periodista – no ....

2 ● avión – de – cuándo – llega – el – Málaga ....

▲ las – 15 – horas – a ....

3 ● y – dónde – Carlos – son – de – Julia ....

▲ Aires – Buenos – de – son ....

2 Das Substantiv

1 Setzen Sie den Artikel *el* bzw. *la*. *

___*la*___ memoria	________ nación	________ café
________ libro	________ sillón	________ mano
________ tren	________ problema	________ idioma
________ calor	________ iglesia	________ salud
________ universidad	________ camión	________ muchedumbre
________ radio	________ precisión	________ tema

2 Setzen Sie den Artikel *el* bzw. *la*. **

___*la*___ alegría	________ arte	________ agencia
________ afición	________ haba	________ águila
________ hambre	________ alma	________ hacha
________ agua	________ abeja	________ alarma

3 *El* oder *la*? Ergänzen Sie den bestimmten Artikel. ***

1 ________ guía que nos enseñó la ciudad era muy simpático.

2 ________ guía de París que me prestaste no contiene mucha información.

3 No te puedes imaginar ________ cólera que me entró cuando me robaron el bolso.

4 ________ cólera es una enfermedad muy grave.

5 ________ cura del pueblo vive en una casita al lado de la iglesia.

6 ________ cura me ayudó a restablecerme por completo.

7 ________ corte de este vestido ya no es muy actual.

8 ________ corte del rey Felipe II estuvo primero en Valladolid.

4 Bilden Sie den Plural der folgenden Substantive. *

el perro	*los perros*	la flor	....
el sofá	....	el coche	....
la mesa	....	el iraní	....
el rey	....	la campana	....
la canción	....	el lápiz	....
el profesor	....	el gorro*	....
el mes	....	la libertad	....
la cruz	....	la costumbre	....

5 Setzen Sie den bestimmten Artikel im Singular ein und bilden Sie dann den Plural. **

el tenedor	*los tenedores*	...... mano	....
...... amiga	....	...... área	....
...... miércoles	....	...... paraguas	....
...... garaje	....	...... torre	....
...... sociedad	....	...... poema	....
...... arte	....	...... lección	....

6 Bilden Sie die weibliche Form der folgenden Substantive. **

1 el secretario	*la secretaria*	6 el cantante	....
2 el hermano	....	7 el padrino	....
3 el actor	....	8 el médico	....
4 el gato	....	9 el periodista	....
5 el estudiante	....	10 el deportista	....

* **el gorro** die Mütze

3 Der Artikel

1 Setzen Sie, wenn nötig, den bestimmten Artikel ein. *

1 Los ladrones entraron en el sótano.

2 Nos veremos .... lunes próximo.

3 He comprado .... pescado, pero no es .... pescado que me encargaste.

4 ¿Dónde están .... libros que te presté?

5 .... señora Calderón nos va a acompañar en este viaje. ¿Verdad, ... señora Calderón?

6 Mi padre tiene .... pelo rubio.

7 Te presento a Carlos. Es .... pintor. Es .... pintor que hace poco ganó el premio del Ayuntamiento.

8 No creo que vaya a venir todavía. Son ya .... cuatro.

9 Me gustan más .... rosas que .... claveles.

10 Hemos estado dos veces en .... Cuba y lo que más nos gustó fue .... Habana.

11 Me encantan .... iglesias románicas.

2 Setzen Sie, wenn nötig, den unbestimmten Artikel ein. *

1 Jaime es un verdadero amigo.

2 ¿Tienes .... copia para mí?

3 Póngame .... medio kilo de tomates.

4 Mi mujer tiene .... tío en Estados Unidos.

5 Tu conducta es impropia de .... chico de dieciséis años.

6 Vamos a buscar .... otro hotel.

7 ¿Hay .... farmacia por aquí cerca?

8 No tenemos .... coche.

9 Carmen no es .... catalana.

3 *Lo* oder *lo que*? **

1 Lo que más me fastidia de ti es que nunca me escuchas.
2 Dime claramente .... quieres.
3 .... más importante es que mantengamos la calma.
4 Es realmente increíble .... me contó el otro día.
5 .... curioso es que nadie se enteró.
6 ¡ .... bien que se come en este restaurante!
7 .... de Paco no tiene solución.
8 .... primero que hizo al entrar en casa fue abrir todas las ventanas.
9 ¡No te puedes imaginar .... han hecho estos niños!
10 .... bueno de Ester es que es muy amable con todo el mundo.

4 Setzen Sie, wenn nötig, den entsprechenden Artikel ein. **

1 Lo mejor de la película es el final.
2 No me gustan .... personas arrogantes.
3 Tenemos .... hambre feroz.
4 .... mentira de esta importancia es difícil de perdonar.
5 Los exámenes serán .... 10 de junio.
6 .... bromas de Julio no me gustan.
7 .... bares de .... centro son muy ruidosos.
8 .... soledad es algo que casi nadie puede soportar.
9 Alicia juega muy bien a .... tenis.
10 Nunca me dijo .... que había pasado aquella noche.
11 Ha venido a la fiesta con .... pierna fracturada.
12 Dame .... otro cigarrillo.
13 ¿Qué le podemos regalar a Almudena?, ¿ .... pendientes o mejor .... pulsera?

5 Übersetzen Sie die folgenden Sätze. ***

1 Ich mag spanische Weine.

2 Die Vulkane des Südens sind die höchsten.

3 Großzügigkeit ist eine schöne Tugend.

4 Meine Schwester fährt mit dem Fahrrad zur Schule.

5 Wir verstehen nie, was er sagt.

6 Rosa hat grüne Augen und braunes Haar.

7 Das Angenehme an diesem Haus ist seine Lage.

8 Mit dem Auto brauchen wir eine halbe Stunde.

9 Ich habe auf dem Festival („ein paar") Filme gesehen, die mich sehr beeindruckt haben.

10 Herr Alarcos ist der Besitzer dieses Autos.

11 Wie viel Uhr ist es? – Es ist ein Uhr.

12 Nein, es ist schon zwei Uhr.

13 Ich habe mir eine Hose gekauft.

14 Carmen trägt eine Brille.

15 Montags gehen wir immer ins Kino.

4 Die Personalpronomen

1 Ersetzen Sie die unterstrichenen Wörter durch das richtige Pronomen: *lo*, *la*, *los*, *las*. *

1 Elena compra las gambas en el mercado.
Las compra en el mercado.

2 Viviana ha cortado una rosa del rosal.
....

3 ¿No queréis ver a vuestro padre?
....

4 Amalia encontró su bolso en la Universidad.
....

5 Mafalda dijo una vez: "Yo quiero siempre a la patria".
....

6 Por fin Julia obtuvo su carné de conducir.
....

2 Setzen Sie die fehlenden Pronomen ein: *lo*, *la*, *los*, *las*, *le*, *les*. **

1 ● ¿Vemos hoy la película de Almodóvar en la tele?
▲ No, ya .... he visto en el cine.

2 A Rosa .... ofrecieron un coñac, pero ella .... rechazó porque no .... sienta bien.

3 ● ¿Por qué no invitas a tu jefe a tu cumpleaños?
▲ La verdad, no .... había pensado.

4 ● Mamá, no .... has puesto sal al cocido*, está muy soso.
▲ Pues yo creo que .... he puesto suficiente.

5 ● ¿Vas a escribir tú a Susana por su cumpleaños?
▲ Sí, ... he comprado ya una postal muy bonita, ¿ .... quieres ver?

* **el cocido** der Eintopf

6 ● ¿Todavía no habéis llevado las copas de regalo a vuestros amigos?

▲ Sí, ya ………… tienen y hasta ………… hemos usado. Hemos bebido champán.

7 A Julia ………… encanta tocar la batería, pero a sus vecinos ………… molestan esos ruidos.

8 Necesito las llaves del coche, pero no ………… encuentro, ¿no ………… has visto tú?

9 A nuestros vecinos no ………… parece bien que no ………… permitan tener animales en casa.

10 ● ¿Compramos estos pantalones para Pepito?

▲ No, ………… veo un poco pequeños.

3 Bilden Sie Sätze. **

1 esa – recordó – natal – nuestro – nos – foto – país

Esa foto nos recordó nuestro país natal.

2 en – útil – este – mapa – España – te – lo – compré – tan

…………

3 los – pescado – García – el – encanta – a – señores – les

…………

4 de – próximo – cenar – las – semana – a – fin – invitamos – el

…………

5 me – el – no – mí – marisco – gusta – a

…………

6 en – las – escritorio – el – gafas – encontré – del – mis – cajón*

…………

7 en – de – pan integral – lo – panadería – el – compráis – la – enfrente ¿?

…………

8 a – lo – cumpleaños – invitas – Jorge – a – tu ¿?

…………

9 la – Mallorca – enviamos – desde – postal – la – te

…………

* **el cajón** die Schublade

4 Ersetzen Sie das Unterstrichene durch *se la, se lo, se las, se los*. ***

1 La abuela cuenta siempre historias divertidas a su nieto.

Se las cuenta.

2 La profesora explica los pronombres a los estudiantes.

....

3 Después de cenar pedimos la cuenta al camarero.

....

4 Sara y Jorge llevan el regalo a su sobrino.

....

5 Ya solucioné los problemas a mis hijos.

....

5 Setzen Sie die fehlenden Pronomen ein: *me lo, te lo, le, los* usw. ***

1 ● ¿Me prestas tu coche para mañana, papá?

▲ No, te lo presté hace un mes y .... devolviste abollado.

2 ● ¿Nos recomiendas un buen vino de tu bodega?

▲ Sí, el Merlot, por ejemplo, es excelente. .... recomiendo especialmente.

3 Dame la carta que llegó ayer, por favor, todavía no .... has dado.

4 ● Abuelita, si tienes sellos, ¿ .... guardas? Yo .... colecciono.

5 ● ¿Sabes si Luisa le ha vendido ya su coche viejo a Pedro?

▲ No, todavía no .... ha vendido.

6 ● Sra. Ramírez, ¿ .... deja sus libros a Alicia?

▲ Sí, ... dejo, pero mañana .... necesito.

7 ● El lunes tuve que ir al dentista porque me dolía una muela.

▲ ¿Y qué pasó?

● El dentista .... sacó porque tenía una caries muy grande.

6 Verbinden Sie. **

1 Quisiera un poco de leche,
2 Cómprale flores a Carlos,
3 ¿Has elegido el regalo para Matilde?
4 Sra. Pérez, préstele las sillas a los chicos,
5 A Antonio no le divierte hacer compras;

a le encantan las rosas.
b ¿me la pasas?
c se las devolverán pronto.
d pero a su mujer le gusta.
e Sí, se lo mandé ayer.

7 Ergänzen Sie den Text. ***

El martes, Juan me preguntó por ______ (2. Pers. Sing.) ①, quería hablar con ______ (2. Pers. Sing.) ②, y como hoy comes con ______ (1. Pers. Sing.) ③, ______ ④ dije que ibas a llamarlo por teléfono. Mabel también come con ______ (1. Pers. Pl.) ⑤, por eso he preparado pollo al ajillo especialmente para ______ (2. Pers. Pl.) ⑥, porque sé que ______ ⑦ gusta mucho. Quizás después, entre ______ (2. Pers. Sing.) ⑧ y ______ (3. Pers. Sing.) ⑨, ______ (1. Pers. Sing.) ⑩ ayudáis con el postre.

8 Setzen Sie die Pronomen ein und ergänzen Sie fehlende Akzente. **

1 A mí me parece que Adriana abusa de los medicamentos para adelgazar, hace tiempo que vengo diciéndo*selo* pero ella continúa tomando______ .

2 Pese a haber heredado un fortuna de sus abuelos, si Alberto juega de esa forma, acabará perdiendo______ .

3 Tu bicicleta es muy vieja y no sirve seguir reparando______ , no sé por qué no te compras una nueva; hace meses que estás pensando______ sin decidir______ por nada.

4 Susana es muy orgullosa. Creo que es inútil seguir hablando______ de Pedro: nunca va a perdonar______ su ofensa.

5 Die Demonstrativpronomen

1 Setzen Sie in den Plural. *

1 Este nogal* da muy buenas nueces.
Estos nogales dan muy buenas nueces.

2 Ese coche no está correctamente aparcado.

3 Aquella casa está bien construida.

4 Aquel empleado es muy simpático.

5 Esta ciudad tiene varios museos interesantes.

6 ● Mira, Felipe, éste es mi hermano.
▲ ¡Hola!, ¿qué tal?

2 „In einer Boutique" – Ordnen Sie die Sätze in der richtigen Reihenfolge. **

1 ● No, esos colores no me gustan, ¿y negras no hay?

2 ▲ No, ésta es la única, y es una 42, pero ahí tiene otras. De ésas tenemos en todas las tallas, pero sólo en rojo, azul y amarillo.

3 ● Éste es muy bonito, me llevo la falda y este jersey. ¿Cuánto cuestan?

4 ▲ Sí, aquéllas son negras y también las tenemos en la 38. ¿Quiere probarse alguna?

5 ▲ Sí, claro. Mire, los de esta mesa están rebajados. Aquí tiene uno de la 38.

6 ● Sí, gracias. (...) Ésta me queda bien, ¿tiene también jerséis negros?

7 ● Hola, buenos días, me gusta esta falda blanca, ¿la tiene en la talla 38?

8 ▲ La falda, 53 euros y el jersey, 32.

* **el nogal** der Nussbaum

3 Bilden Sie Sätze. ***

1 mesa – estos – pongo – aquí – en – los – la – libros
Estos libros los pongo aquí, en la mesa.

2 ese – tienda – probarme – en – quisiera – ahí – esa – vestido

3 allí – Ayuntamiento – es – aquello – el – de

4 es – haces – que – creo – no – eso – correcto – que

5 Rosa – son – mis – mira – éstos – padres

6 ● dónde – el – está – museo – ¿?
▲ edificio – aquel – es – allí – de

7 ● de – chico – al – lado – es – quién – ese – ¿? – tu – madre
▲ Antonio – tío – mi

8 ● tu – maleta – es – cuál – ¿?
▲ azul – de – allí – aquella

9 en – casa – nací – esa – yo

10 no – esas – toques – delicadas – flores – son – muy

6 Die Possessivpronomen

1 Ergänzen Sie die Antworten mit den Possessivpronomen *mío, tuyo, suyo* usw. *

1 ● ¿Vuestras bicicletas están al lado del árbol?

▲ No, las .... están en el garaje.

2 ● ¿El coche verde es de Sofía?

▲ No, el .... es el rojo, éste es de una amiga ....

3 ● ¿Es éste mi asiento?

▲ No, el .... es el de al lado.

4 ● ¿Estos cuadros son de tu padre?

▲ No, los .... están en la biblioteca.

5 ● ¿Son tuyos estos guantes?

▲ No, no son .... Los .... los llevo puestos.

2 Bilden Sie Sätze wie im Beispiel. **

1 Yo / la cartera roja.

La cartera roja es mía.

2 Nosotros / las toallas de flores

....

3 Alberto / el coche nuevo

....

4 Tú / el paraguas amarillo

....

5 Vosotras / el equipaje

....

6 La Sra. López / los perros

....

3 Andrea, die sich in Madrid bei einer Familie als Au-pair-Mädchen aufhält, schreibt ihrer spanischen Freundin Teresa einen Brief. Setzen Sie die fehlenden Possessivpronomen ein. **

Madrid, 10 de octubre

¡Hola, Teresa!

¿Qué tal?

Te escribo desde Madrid donde llevo ya una semana. Te cuento cómo han sido mis ① primeros días aquí. Al llegar a la estación de Chamartín .... ② familia española me estaba esperando: la señora González, bueno, me ha dicho que la llame simplemente Lola, ... ③ marido Fernando y .... ④ dos hijas, Luz y Berta. Desde allí fuimos a .... ⑤ casa y me enseñaron enseguida .... ⑥ habitación. Dejamos .... ⑦ maletas allí y coloqué .... ⑧ ropa y .... ⑨ cosas en el armario. Lola preparó algo para cenar, cenamos y luego estuvimos charlando. La casa es muy grande pero algo ruidosa. .... ⑩ habitación no es muy grande, pero tengo todo lo que me hace falta.

Mañana empiezan .... ⑪ clases de español. ¡Ojalá que .... ⑫ compañeros sean simpáticos y que .... profesora o .... ⑬ profesor sea bueno! Quiero aprender mucho español durante estas semanas.

Bueno, por hoy nada más.

Escríbeme pronto, ¡espero .... ⑭ respuesta!

Un abrazo,

Andrea

7 Die Indefinitpronomen

1 Ergänzen Sie mit *algo*, *nada*, *alguien*, *nadie*, *cualquier*, *-a*. *

1 La profesora ha dicho .... que no he comprendido.

2 Si .... pregunta por él, dile que salió a .... parte.

3 Cuando vamos a la ciudad elegimos una cafetería .... y tomamos ....

4 Al terminar el discurso no aplaudió ....

5 Dijo que había escuchado .... , pero al salir no vio ....

2 Ergänzen Sie mit *algún, -o, -a, -o, -as, ningún, -o, -a.* **

1 ● Quería comprar .... ① naranjas en la frutería de enfrente, porque no quedaba .... ② en casa, pero .... ③ me gustó.

▲ Si .... ④ vez quieres comprar fruta, te aconsejo que de .... ⑤ manera vayas allí, no tienen buena fruta.

2 ● ¿Pasa por aquí .... ⑥ autobús?

▲ No, por esta calle no pasa .... ⑦.

3 ¿Has ido .... ⑧ vez a comer a ese restaurante?

3 „Ein Mann, der niemals, nie, nicht …" – Ergänzen Sie den Text mit *nadie, ningún, ninguna, alguien, algo* oder *nada* und mit den Adverbien *nunca* und *no.* ***

Don José vive solo al lado del mar, pero no va .... ① a la playa. Cuando hace mucho calor, va al bar del pueblo, pero no le gusta hablar con .... ② y tampoco saluda a .... ③. Toma una cerveza, pero .... ④ come .... ⑤. No tiene .... ⑥ amigo ni .... ⑦ amiga, y si .... ⑧ le pregunta .... ⑨, no responde .... ⑩.

8 Die Interrogativpronomen und -adverbien

1 Fragen Sie noch einmal nach. *

1	Los turistas son de Japón.	a	¿A quién?
2	Me encanta la música clásica.	b	¿Dónde?
3	Hemos venido a pie.	c	¿Cómo?
4	He encontrado a María en el cine.	d	¿De dónde?
5	El examen tiene lugar en el aula 12.	e	¿Por qué?
6	Esta mañana no he podido ir a clase.	f	¿Qué?

2 Ergänzen Sie mit *¿cuándo?, ¿cuánto, -s?, ¿cuánta, -s?, ¿cuál, -es?* **

1 ¿ .... de estos pañuelos te gusta más?

2 ¿Sabes .... instrumentos toca mi maestro? ¡Seis!

3 Tenemos que preguntar .... cuestan las sandías*.

4 Todavía no me has dicho .... te vas de vacaciones.

5 ¿ .... años tiene la hermana de Juan?

3 Ergänzen Sie die Sätze mit *cuál* oder *qué.* **

1 Tenemos vino de la casa, Rioja, Merlot y Burdeos, ¿ .... prefieren?

2 ¿A .... hora vamos hoy al cine, a las cinco o a las ocho?

3 ¿En .... autobús vas al trabajo?

4 La señora Pérez me ha preguntado .... es tu número de teléfono.

5 ¿ .... problema tienes?

6 ¿ .... ejercicios te parecen más difíciles?

7 ¿ .... es la capital de Ecuador?

8 ¿ .... de estos relojes te gusta más?

* **la sandía** die Wassermelone

9 Die Relativpronomen

1 Setzen Sie *que* bzw. *quien* ein. Ergänzen Sie, wenn nötig, den bestimmten Artikel. **

1 Es mi vecina .... se ha mudado de piso.

2 Las conversaciones .... oí aquella tarde fueron muy interesantes.

3 No todos .... van a misa son creyentes*.

4 El abrigo .... ha comprado es de piel.

5 Había un gran atasco, por .... llegué tarde a la cita.

6 Éste es el joven .... reúne los requisitos necesarios para el empleo.

7 Éstas son las flores .... he comprado para ti.

8 La mujer de .... te conté sus problemas vive cerca de aquí.

9 Nevaba mucho, por .... nos quedamos en casa.

2 Setzen Sie nach dem Beispiel um. **

1 A Alejandro se le rompió la bicicleta. La bicicleta no era suya.
La bicicleta que se le rompió a Alejandro no era suya.

2 El bebé tenía un juguete. El juguete se le cayó al suelo.
....

3 Los jóvenes encontraron una billetera en la calle. Los jóvenes entregaron la billetera a la policía.
....

4 Claudio ha comprado un móvil*. Claudio no lo usa nunca.
....

5 Le dejé unos libros. No me ha devuelto los libros.
....

6 Te has puesto el vestido verde. El vestido verde no me gusta.
....

* **el creyente** der Gläubige; **el móvil** das Handy

3 Verbinden Sie. *

1 Aquella es la chica
2 Un viaje así es
3 Ése es el hombre
4 Puedes vender todo
5 No sé qué música es
6 Quien quiera ir al teatro

a lo que no necesites ahora.
b que conocimos en París.
c que me lo diga, por favor.
d del que te hablamos ayer.
e el que me gustaría hacer a mí.
f la que te gusta.

4 Ergänzen Sie die richtige Präposition. *

a de en con para desde

1 La cafetería .... la que te escribo esta postal está en la Plaza Mayor.
2 Mira, en esa casa vive el profesor de español .... el que te hablé el otro día.
3 Necesito a alguien .... quien contarle mis problemas.
4 La empresa .... la que trabajo de vez en cuando busca informáticos.
5 La chica .... la que estoy escribiendo el libro de ejercicios me ha invitado a comer el domingo en su casa.
6 Éste es el cine .... el que dan películas en versión original.

5 *Cuyo, cuya, cuyos* oder *cuyas*? Ergänzen Sie. *

1 El pintor, ... obras se exponen este mes en la Caja de Ahorros, estudió en París.
2 ¿Te acuerdas de Enrique y Pilar, en .... casa pasamos el año pasado unos días inolvidables?
3 Mi abuela fue una mujer muy fuerte, ... únicos defectos eran la soberbia* y el mal carácter.
4 Este palacio, en .... sala de audiencias nos encontramos en este momento, fue construido en el siglo XVIII.

* **la soberbia** der Hochmut

10 Das Adjektiv

1 Setzen Sie die passende Form des Adjektivs ein. *

1 Esta casa es *pequeña*. (pequeño)

2 He comprado un mantel muy ____________ para la mesa del comedor. (bonito)

3 Los vinos de este productor son bastante ____________. (bueno)

4 Las entradas para el concierto sinfónico eran muy ____________. (caro)

5 ¿Has pensado en ____________ los detalles del plan? (todo)

6 Los árboles de nuestro jardín son ya muy ____________. (viejo)

7 Las copas todavía están ____________. (sucio)

8 Después de la caminata estábamos bastante ____________. (cansado)

9 Esta silla no es muy ____________. (cómodo)

10 Hoy es un ____________ día para nosotros. (grande)

11 Os voy a servir un ____________ vino. (bueno)

12 Con su comportamiento, Miguel da muy ____________ ejemplo. (malo)

2 Setzen Sie das Adjektiv an die richtige Stelle und passen Sie es an das Substantiv an. **

1 francés – la canción
la canción francesa

2 dulce – la miel
____

3 típico – el restaurante
____

4 negro – el gato
____

5 tropical – el calor
____

6 caro – el viaje
____

7 poco – gente
____

8 pequeño – los problemas cotidianos
____

3 Setzen Sie die passende Form des Adjektivs ein. **

1 Los alemanes tienen fama de ser ________________ . (trabajador)

2 No todos los temas del curso han sido ________________ . (interesante)

3 Los deportistas ________________ estaban entre los mejores. (marroquí)

4 Ésta es mi hermana ________________ . (mayor)

5 Nuestras amigas ______________ vendrán a vernos el próximo mes. (francés)

6 La camisa ________________ todavía está en la tintorería. (marrón)

7 Estos niños son muy ________________ . (holgazán)

8 En la sala había una temperatura ________________ . (tropical)

9 Ella se refería a una fecha ________________ . (anterior)

10 Me interesan mucho los pueblos ______________ de Latinoamérica. (indígena)

11 Estos zapatos me quedan demasiado ________________ . (grande)

12 Elena parece muy ________________ , pero cuando la conoces mejor es muy ________________ . (tímido, abierto)

4 Suchen Sie das Gegenteil. **

1 El clima de este país es muy <u>húmedo</u>. seco________________

2 Las calles del centro son bastante <u>ruidosas</u>. ________________

3 La familia que vive en aquella casa es muy <u>rica</u>. ________________

4 El hotel en el que nos alojamos era muy <u>bonito</u>. ________________

5 No me gustan las cosas <u>dulces</u>. ________________

6 Vuestra calle es <u>ancha</u>. ________________

7 El agua está <u>fría</u>. ________________

8 Las vacaciones han sido muy <u>cortas</u>. ________________

9 Hoy te veo más <u>triste</u> que el otro día. ________________

10 Mi hermana es muy <u>perezosa</u>. ________________

11 Este sofá es realmente <u>cómodo</u>. ________________

5 Ergänzen Sie folgende Sätze, indem Sie Vergleiche anstellen. ***

1 La leche es … (sano) … la limonada.

La leche es más sana que la limonada.

2 Suiza es … (grande) … Alemania.

3 París es una de las ciudades … (bonito) de Europa.

4 Para un alemán, el ruso es … (difícil) … el inglés.

5 Entre estos chicos no hay ninguna diferencia. El uno es … (simpático) … el otro.

6 Todos estos regalos son muy bonitos, pero el … (bonito) de todos es el de mi padre.

7 Si yo fuera … (perezoso) … tú, no habría aprobado el examen.

8 De todas las ciudades que he visto, la … (interesante) para mí es Nueva York.

9 Este método me ha ayudado mucho. Creo que es el … (adecuado).

10 Este bolso es … (barato) … éste otro, pero de … (malo) calidad.

11 Raúl es … (inteligente) … que su hermano.

12 Esta tarta de manzana está muy buena, pero las … (bueno) tartas de manzana son las de la cafetería “El Sol”.

6 Übersetzen Sie folgende Sätze. ***

1 Dein Wörterbuch ist gut, aber dieses hier ist besser.
2 Das war die schlimmste Situation unseres Lebens.
3 In dieser Stadt gibt es viele interessante Baudenkmäler.
4 Die jüngeren Geschwister haben oft mehr Rechte als die älteren.
5 In diesem Restaurant gibt es sehr gute Salate und Fischgerichte.
6 Man sagt, dass die besten Weine Spaniens aus La Rioja kommen.
7 Das ist eins der teuersten Geschäfte der Stadt.
8 Ana ist nicht so nett wie ihre Schwester.
9 Die Netteste von allen ist zweifellos Beatriz.
10 Meine Tante ist immer sehr großzügig.

7 Sie wollen ein Fest feiern. Folgende Artikel fehlen noch. Ergänzen Sie den Einkaufszettel mit der richtigen Form des angegebenen Adjektivs. **

– una docena de velas rojas	rojo
– dos manteles	blanco
– un paquete de servilletas	rojo
– media docena de sillas	plegable*
– diez botellas de vino	francés
– un kilo de peras muy	maduro
– un trozo de queso	manchego
– medio kilo de tomates .... para decorar	pequeño
– un bote de salsa	picante
– un poco de queso	fresco
– unas latas de aceitunas	negro
– un kilo de espárragos	verde

* **plegable** klappbar

11 Die Zahlen

1 Schreiben Sie die Zahlen aus. *

1 ● ¿Qué número de teléfono tiene usted, Sra. Alzate?
▲ Mi número es el 089-762351.

....

2 ● ¿Cuál es su fecha de nacimiento?
▲ El 29 de junio de 1957.

....

3 ● ¿Cuál es el código postal de su ciudad o pueblo?
▲ Es el 66809.

....

4 ● ¿Cuántos kilómetros hay de Madrid a Barcelona?
▲ Hay 621 kilómetros.

....

5 ● ¿Cuánto cuesta un pasaje de avión a Nueva York?
▲ Unos 350 dólares.

....

6 ● ¿Sabe cuántas páginas tiene este libro?
▲ ....

2 Schreiben Sie aus. *

1 50 euros ....
2 110 personas ....
3 365 días ....
4 ½ kilo de manzanas ....
5 121 bolsas de patatas ....
6 507 dólares ....
7 el año 2001 ....
8 100 años ....

3 Schreiben Sie die eingeklammerten Zahlen aus. **

1 Mis padres viven en el (1) piso y mis abuelos, en el (4). ____________

2 Pamela lee por (3) vez el mismo libro. ____________

3 Es la (9) edición de esa famosa novela. ____________

4 En el restaurante:

● ¿Qué va a tomar de (1)? ____________

▲ Un pastel de ave.

● ¿Y de (2)? ____________

▲ Paella. ____________

● ¿Y para beber?

▲ Una botella de agua mineral y (¼) de vino de la casa. ____________

4 Übersetzen Sie. ***

1 ● Wie spät ist es?
▲ Es ist halb neun.

____

____

2 ● Um wie viel Uhr kommst du?
▲ Um viertel nach drei.

____

____

3 ● Wie alt bist du?
▲ Ich bin sechsundzwanzig.

____

____

4 ● Wie viel Grad haben wir heute?
▲ Es ist sehr warm, wir haben heute 35 Grad.

____

____

12 Das Präsens

1 Ergänzen Sie den Text mit den entsprechenden Verben im Präsens. **

1 Mi amiga Susana estudia español y catalán, y junto con su amiga Silvia ………………… francés, ¿y tú qué lenguas ………………… ? (estudiar, estudiar, hablar)

2 ● ¿Es suficiente si ………………… (yo) medio kilo de gambas para la cena? (comprar)

▲ Bueno, si ………………… baratas ahora, ………………… (tú) comprar un kilo, porque no ………………… cuántas ………………… para la ensalada de arroz con gambas. (estar, poder, saber, necesitar)

3 ¿A qué hora ………………… el tren a Cuenca? (salir)

4 Sofía ………………… siempre con todo el mundo, nunca ………………… a aprender a tolerar las opiniones de los demás. (discutir, ir)

5 Necesito sellos, ¿puede decirme dónde los ………………… ? (vender)

6 (Nosotros) ahora ………………… en Granada, después ………………… a las playas de Málaga. (estar, ir)

7 ¿ ………………… (nosotras) una paella para las dos? (pedir)

2 Welche Verben sind im Präsens regelmäßig, welche nicht? Wo liegt die Unregelmäßigkeit? Ordnen Sie die Verben der richtigen Gruppe zu. **

leer ✔ abrir cerrar recordar entender andar revolver cenar decir vestirse jugar reírse dormir ducharse comprender pensar subir preferir servir mostrar pedir elegir levantarse aprender querer

regelmäßig leer …………………

e → ie …………………

o → ue …………………

e → i …………………

u → ue …………………

3 „Eine Nachricht auf dem Anrufbeantworter" – Setzen Sie die Verben ins Präsens. **

Hola Helmut, ________________ (ser) ① Ana; no ________________ (estar, tú) ② ahora en casa, no importa. Te ________________ ③ (llamar) porque hoy por la tarde ________________ (pasar) ④ por tu ciudad, ________________ (estar) ⑤ en el tren rumbo a Berlín, después ________________ (seguir) ⑥ viaje a Varsovia; allí ________________ (tener) ⑦ un trabajito interesante: ________________ (ir) ⑧ a traducir un pequeño relato al español. Te ________________ ⑨ (mandar) un beso, adiós.

4 Ergänzen Sie die Tabellen. *

	hacer	poner	valer
yo	hago		
tú			vales
él, ella, usted			
nosotros, -as			
vosotros, -as	hacéis		
ellos, ellas			
ustedes		ponen	

	salir	decir	seguir
yo			sigo
tú			
él, ella, usted	sale		
nosotros, -as		decimos	
vosotros, -as			
ellos, ellas			
ustedes	salen		

5 Setzen Sie in den Singular. **

1 Queremos viajar a Guatemala el año próximo.

2 ¿Empezáis muy temprano a estudiar?

3 ¿Cuándo venís a ver mi nueva cocina?

4 Horario corrido*: no cerramos a mediodía.

5 ¿Os encontráis luego con Pepe y Alejandra?

6 Familie Pérez sitzt am Tisch und unterhält sich. Übersetzen Sie. ***

1 ● Morgen hat Pilar Geburtstag. Gehen wir sie besuchen?

▲ Gute Idee! Weißt du, dass ihre Kinder dieselbe Sprachschule besuchen wie unsere Kinder?

● Ja, und sie können gut Deutsch sprechen.

2 ▲ Santiago, möchtest du am Montag schwimmen gehen?

■ Leider kann ich nicht, ich muss in der Schule Flöte spielen.

3 ▲ Pedro, wo ist der Papagei? Er ist nicht in seinem Käfig!

▼ Schau mal, da oben sitzt er auf dem Ast!

* **corrido** *auch* **continuado** *hier:* durchgehend

13 Das *Indefinido*

1 Ergänzen Sie die Tabelle. *

	llamar	beber	salir	enviar
yo	______	bebí	______	______
tú	______	______	______	______
él, ella, usted	llamó	______	______	______
nosotros, -as	______	______	______	______
vosotros, -as	______	______	salisteis	______
ellos, ellas, ustedes	______	______	______	enviaron

2 Setzen Sie die *Indefinido*-Formen ein. **

1 ● Mabel, ¿ ______________ (traer) ayer sólo a Mónica en tu coche de la oficina?

▲ Sí, Ana ______________ (tener) que trabajar hasta tarde.

2 ● Hace cinco años ______________ (yo, estar) por primera vez en Madrid.

▲ ¿Y no ______________ (volver) nunca más?

● No ______________ (poder), pese a que ______________ (vivir) durante diez años en Europa.

3 ● Javier, anoche ______________ (tú, llegar) muy tarde del trabajo.

▲ Es que cuando ______________ (nosotros, cerrar) la farmacia, ______________ (ir) a buscar a Paula a la estación, el tren ______________ (tener) retraso, y después ______________ (tomar) unas copas en el bar de Manolo.

4 La cajera no nos ______________ (dar) bien la vuelta ayer, tengo que reclamársela.

5 ● A ver, Manolito, ¿cuándo ______________ (descubrir) Colón América?

▲ No sé, señorita, pero puede preguntarle a mi hermano, él lo ______________ (estudiar) el año pasado.

6 ● ¿No es bonita esta chaqueta?, la ____________ (comprar) ayer de oferta y ____________ (pagar) por ella sólo veinte euros.

▲ ¿De verdad?, es muy bonita. Realmente ____________ (tener) suerte, ¿en qué tienda la ____________ (encontrar)?

7 ● En la clase de español ayer ____________ (leer, nosotros) un artículo de "El País" *.

▲ ¿Ah, sí? Michaela y Hans me ____________ (contar) que ellos ____________ (leer) un reportaje de "El Mundo" *.

3 Ergänzen Sie mit dem *Indefinido*. **

● Pablo, ¿ ____________ (comprar) ① ayer las almejas* para la cena con los López?

▲ Bueno, en realidad sí, pero no las ____________ (traer) ②, porque al mediodía ____________ (comer, nosotros) ③ con Carlos en el restaurante cerca del mercado y ____________ (decidir, yo) ④ comprarlas allí después, pero como no me ____________ (gustar) ⑤, ____________ (buscar) ⑥ un supermercado para comprarlas congeladas, las ____________ (comprar) ⑦ y entonces …

● Ya sé: ¡las ____________ (poner) ⑧ en el congelador de la oficina, y cuando ____________ (irse) ⑨ ____________ (quedarse) ⑩ allí!

▲ Sí, exacto, pero no es tan grave, porque también ____________ (olvidarse) ⑪ de decirte que Marisa López me ____________ (llamar) ⑫ por teléfono anoche para decirnos que no podían venir hoy, porque anteayer ____________ (estar) ⑬ en una fiesta, y Pedro, que ____________ (beber) ⑭ demasiado champán, ¡se encuentra fatal!

* Zwei bekannte spanische Zeitungen; **la almeja** die Venusmuschel

4 Suchen Sie im Diagramm (waagerecht und senkrecht) acht unregelmäßige *Indefinido*-Formen und setzen Sie sie in die Lücken ein. **

T	U	V	O	S	E	E	M	R	P	S
R	S	B	S	E	S	A	V	F	U	U
A	L	F	A	S	T	—	H	M	S	P
J	T	U	R	T	U	B	I	L	I	I
I	C	I	H	U	V	I	Z	K	S	S
M	—	M	L	V	I	E	O	B	T	T
O	N	O	S	I	E	G	Z	U	E	E
S	A	S	R	E	R	Z	I	E	I	Y
A	G	V	R	R	O	G	T	V	S	B
V	I	N	E	H	N	—	A	R	K	A

1 Manuel .... que trabajar ayer hasta las diez de la noche.

2 Beatriz y yo .... a Madrid la semana pasada y .... de allí un licor muy rico.

3 Ana y Joaquín .... en China hace unos meses.

4 Realmente, el verano pasado .... más calor que ahora.

5 Juan y Lucía, ¿dónde .... anoche los panecillos para el desayuno?

6 ¿ .... que Alejandra ganó un viaje a Italia en un concurso?

7 Anteanoche, después de mi clase, ... a verte, pero no te encontré.

5 Unterstreichen Sie die passende Form. ***

1 Ángela no *pudo/podía* venir a mi cumpleaños porque tenía gripe.

2 *Conocí/conocía* a mi mujer en 1990.

3 El año pasado *hemos estado/estuvimos* por primera vez en España.

4 Hace mucho que no *vemos/vimos* a mis hermanos.

5 Esta mañana *he ido/fui* al aeropuerto para buscar a Emilia.

6 ¿*Fuiste/ibas* el viernes por la noche al concierto?

6 Ordnen Sie die Sätze in der richtigen Reihenfolge, um einiges über Alejandro López aus Ávila zu erfahren. ***

① Cuando tenía veintiún años conoció a Patricia y se enamoró de ella. ② En México ganó mucho dinero. ③ y fueron muy felices. ④ Entonces se pelearon* y él decidió aceptar un puesto en una compañía de seguros en México. ⑤ Tuvieron cinco hijos … ⑥ Terminó sus estudios con éxito y quiso casarse con Patricia. ⑦ Alejandro López nació en Ávila en 1975. ⑧ Pero ella no quiso casarse. ⑨ A los seis años empezó a ir al colegio en Madrid. Después hizo el bachillerato y empezó a estudiar Económicas. ⑩ Después de cinco años en México volvió a Madrid, volvió a ver a Patricia y le preguntó si quería casarse con él. Ella dijo que sí y se casaron. ⑪ En 1977 se trasladó con sus padres a Madrid.

Alejandro López ……………………………………………………………

……………………………………………………………

……………………………………………………………

……………………………………………………………

……………………………………………………………

……………………………………………………………

……………………………………………………………

……………………………………………………………

……………………………………………………………

……………………………………………………………

……………………………………………………………

……………………………………………………………

……………………………………………………………

……………………………………………………………

* **pelearse** sich streiten

14 Das Imperfekt

1 Ergänzen Sie die Tabelle. *

	jugar	tener	escribir
yo	....	tenía	....
tú	....	....	escribías
él, ella	....	....	....
usted	....	....	....
nosotros, -as	....	....	....
vosotros, -as	jugabais	....	....
ellos, ellas	....	....	....
ustedes	....	....	....

2 Vorher haben Sie das immer „so" gemacht. Jetzt ist alles anders. Ergänzen Sie die Antworten. **

1 ● ¿Fumas mucho?

▲ Antes fumaba mucho, ahora no fumo nada.

2 ● ¿Veis mucho la televisión?

▲ Antes .... mucho la televisión, ahora no la .... nunca.

3 ● ¿Van Juan y María a desayunar al bar?

▲ Antes .... siempre, ahora no .... nunca.

4 ● ¿Esa chica rubia es la novia de José?

▲ Antes .... su novia, ahora .... la novia de Francisco.

5 ● ¿Por qué ya no vais a bailar?

▲ Porque ahora no nos gusta tanto como antes. Antes .... todos los días.

3 In diesem Brief befinden sich die drei einzigen Verben, die im Spanischen ein unregelmäßiges Imperfekt haben. Welche sind es? Finden Sie sie heraus, nennen Sie die Infinitive und konjugieren Sie sie. **

Madrid, 12 de agosto

Querido Nicolás:
Mientras estábamos en el Prado con mi familia, pensaba en ti. Luego en el café, me sentía un poco triste. La gente pasaba a mi lado y yo no la veía. Todos reían, hablaban, fumaban. Recordaba cuando íbamos juntos al mar. Después comíamos y bebíamos juntos. En esa época yo era feliz, ¿lo eras tú también?
Un beso de
María Clara

Verb im Infinitiv mit unregelmäßigem Imperfekt	....	....	....
yo	....	....	....
tú	....	....	....
él, ella	....	....	....
usted	....	....	....
nosotros, -as	....	....	....
vosotros, -as	....	....	....
ellos, ellas	....	....	....
ustedes	....	....	....

4 Bilden Sie Sätze und verwenden Sie dafür das Imperfekt. **

1 comer – helados – me – cuando – *(gustar)* – *(ser)* – niño

Cuando era niño me gustaba comer helados.

2 cine – *(ir, nosotros)* – no – mucho – al – antes

....

3 *(quedarse)* – padres – en – mis – la – playa – siempre – verano – en

....

4 más – *(hacer)* – mis – gimnasia – que – antes – ahora – amigas

....

5 Ein Interview mit der bekannten Sängerin „María Canción". Vervollständigen Sie den Text mit den Verben im Präsens, *Indefinido*, Perfekt und Imperfekt. ***

● Hola, María Canción, ¿cuánto hace que .... (empezar) ① a cantar?

▲ Bueno, en realidad yo .... (empezar) ② a cantar en fiestas familiares a los ocho años.

● ¿ .... (tomar) ③ canciones de canto ya a esa edad?

▲ Verás, en verdad las primeras lecciones me las .... (dar) ④ mi madre.

● ¿Y cuándo .... (actuar) ⑤ por primera vez en público?

▲ A los 18 años y ¡ .... (tener) ⑥ mucho éxito!

● ¿ .... (tener) ⑦ alguna afición especial?

▲ Antes me .... (fascinar) ⑧ cocinar y comer, pero como .... (llegar) ⑨ a estar muy gorda, ahora .... (dedicarse) ⑩ a la pintura y al deporte.

● Hace un momento nos .... (comentar) ⑪ que .... (ir) ⑫ a viajar a Cuba.

▲ Sí, ya .... (estar) ⑬ allí el año pasado, me .... (gustar) ⑭ muchísimo, y .... (ir) ⑮ a regresar muy pronto.

● ¡Te .... (desear, nosotros) ⑯ mucha suerte y hasta pronto!

6 „Eine ungewöhnliche Geschichte" – Ergänzen Sie sie. ***

Cuando _llegó_ (llegar) ① la policía, José María todavía ________________ (gritar) ② y ________________ (tener) ③ los ojos muy abiertos y desorbitados. Después, lentamente, ________________ (empezar) ④ a contar lo que ________________ (pasar) ⑤ : ________________ (salir) ⑥ de su casa como siempre a las nueve de la noche y ________ (ir) ⑦ a la fábrica para cumplir su horario como sereno. Esa noche ________________ (llover) ⑧ y ________________ (hacer) ⑨ frío. ________________ (llegar) ⑩, ________________ (abrir) ⑪ la puerta de su pequeña casilla y ________________ (observar) ⑫ si todo ________________ (estar) ⑬ en orden, ________________ (prepararse) ⑭ un café, ________________ (ponerse) ⑮ su ropa de trabajo y ________________ (desear) ⑯ poder pasar la noche sin problemas. Las primeras horas no ________________ (pasar) ⑰ nunca. Después de tres o cuatro horas ________________ (tomar) ⑱ otro café y, como ________________ (tener) ⑲ hambre, ________________ (comer) ⑳ un bocadillo. De repente, ________________ (escuchar) ㉑ un ruido. ________________ (levantarse) ㉒, ________________ (mirar) ㉓ por la ventana, pero no ________________ (ver) ㉔ a nadie. Entonces ________________ (abrir) ㉕ la puerta y ________________ (ver) ㉖ que delante suyo ________________ (haber) ㉗ un extraño ser con dos luces rojas en lugar de ojos, que ________________ (llevar) ㉘ un traje verde brillante y que, sin decir nada, ________________ (querer) ㉙ abrazarlo y besarlo; y él ________________ (asustarse) ㉚ tanto, que lo único que ________________ (lograr) ㉛ hacer ________________ (ser) ㉜ pulsar la alarma y gritar. Los policías no ________________ (poder) ㉝ explicar el caso, ya que todo ________________ (estar) ㉞ en orden, y no ________________ (encontrar) ㉟ a nadie, ni cerca, ni lejos de allí.

15 Das Futur

1 Ergänzen Sie die Tabelle. *

	tomar	beber	abrir
yo	*tomaré*	....	....
tú	....	....	....
él, ella, usted	....	....	....
nosotros, -as	....	....	....
vosotros, -as	....	....	*abriréis* ....
ellos, ellas, ustedes	....	*beberán*	....

2 Suchen Sie im Diagramm (waagerecht und senkrecht) sechs unregelmäßige Futurformen. Setzen Sie diese dann in die Lücken ein. **

```
P O N D R E M O S N
O S B S M S A V F S
D L H A Q U S D M T
R T A R U T B I L E
E C R H E E I R K N
I B A K R T U A E D
S N N S R E G S U R
W A S R E O Z I E A
A G V R L U G T V S
H A V R E U B X Y —
```

1 Dentro de dos semanas Mari y Eliseo .... una fiesta.

2 Eugenia y yo nos .... nuestros vestidos nuevos.

3 .... (tú) que ir a ver a tu madre: está enferma.

4 Otra vez llegas tarde, como siempre .... que había atascos.

5 Siempre te ...., amor mío.

6 Nos vamos por una semana, niños: ¿ .... darle la comida al gato?

3 Ein Brief. Setzen Sie die Verben ins Futur. **

Bilbao, 14 de setiembre

Querida Susana:

Dentro de un mes .... (tener, nosotros) ① vacaciones. ¡Por fin .... (poder) ② hacer nuestro viaje a América Latina! .... (salir) ③ alrededor del 20 de octubre. .... (ir) ④ primero a México. Allí .... (hacer) ⑤ muchas excursiones. Después .... (seguir) ⑥ a Guatemala, ... (pasar) ⑦ también por Nicaragua y allí .... (saber) ⑧ si nuestra amiga Amalia, que vive en Bogotá, ... (poder) ⑨ encontrarse con nosotros. Nuestro viaje .... (continuar) ⑩ hasta Perú, y de allí .... (regresar) ⑪ a casa. ¿ .... (venir, tú) ⑫ a visitarnos antes de nuestra partida?, hasta el 19 de octubre .... (estar) ⑬ en casa. .... (ser) ⑭ un gusto verte de nuevo.

Un abrazo,

Martina

4 Übersetzen Sie. ***

1 ● Um wie viel Uhr werden die Gäste wohl kommen?
▲ Sie werden so um 16 Uhr hier sein.

2 ● Glaubst du, dass es heute regnen wird?
▲ Ja, heute regnet es vermutlich.

3 ● Weiß er schon, dass sie jetzt einen anderen hat?
▲ Er wird es sicherlich schon wissen.

1 Ergänzen Sie die Tabelle. *

	dar	ver	abrir
yo	*daría*	________	________
tú	________	________	*abrirías*
él, ella, usted	________	________	________
nosotros, -as	________	*veríamos*	________
vosotros, -as	________	________	________
ellos, ellas, ustedes	________	________	________

2 Suchen Sie im Diagramm (waagerecht und senkrecht) fünf unregelmäßige *Condicional*-Formen. Setzen Sie diese dann in die Lücken ein. **

P O N D R I A — V Q
O S B S M N A V F T
D L K A S V S D M E
R T J R X O B I L N
I C B H K T I R K D
A B H K R A U I E R
M N A S T R G A U I
O A R R P R Z U E A
S G I R L A G T V I
Y Z A B P I A Z D S

1 ________ viajar juntos a Sevilla, ¿qué te parece?

2 Yo no ________ esas flores en ese jarrón.

3 Creo que un viaje le ________ muy bien a Luisa, últimamente está muy nerviosa.

4 ________ que venir temprano si queréis comer antes de ir al teatro.

5 Abuelita, nadie ________ que tienes 73 años, estás muy guapa y muy joven.

3 Setzen Sie den *Condicional* ein. **

1 Me .... (gustar) viajar a Ecuador el año próximo.

2 Me comentaron que .... (bajar) el precio de los billetes de tren.

3 Me duele una muela, señorita, ¿me .... (dar) hora para mañana?

4 ● ¿Había mucha gente en la exposición?

▲ Pues, muchísima, ... (haber) unas cien personas por lo menos.

5 El humo me molesta mucho, ¿ .... (poder, usted) dejar de fumar, por favor?

4 Ordnen Sie zu. **

1	● ¿A qué hora llegó Gloria?	a	¿Irías en su coche?
2	Tenemos mucho frío.	b	¿Podríais poner la mesa?
3	● Estoy muy cansada.	c	¿Podrías subir la calefacción?
4	La cena está lista.	d	¡Me lo comería todo!
5	Adoro a mi perro.	e	▲ Deberías dormir un rato.
6	¡Qué pastel tan delicioso!	f	Tendrías que pintarlas.
7	Juan conduce muy rápido.	g	▲ No sé, serían las dos de la tarde.
8	Estas paredes están muy sucias.	h	Nunca lo abandonaría.

5 Übersetzen Sie. ***

1 ● Würdest du nicht gerne aufhören zu rauchen?

....

▲ Ja, ich würde gerne, aber ich kann es nicht.

....

2 ● Ich würde sehr gerne Tortilla essen, aber noch lieber würde ich einen Salat zubereiten, denn der hat keine Kalorien.

....

....

17 Das Perfekt

1 Bilden Sie Sätze. **

1 coche – a – has – ? – ¿ – tu – Pablo – vendido – ya – le

¿Ya le has vendido tu coche a Pablo?

2 en – hemos – comido – el – Daniel – restaurante – de – hoy

....

3 comprendido – de – no – teatro – la – he – obra

....

4 esta – enferma – semana – ha – Mónica – muy – estado

....

5 han – alemán – al – José – traducido – y – el – texto – Pedro

....

2 Ergänzen Sie die Perfekt-Formen. **

1 ● ¿ *Has hecho* (hacer, tú) algo especial esta mañana?

▲ Pues lo de siempre: .... (levantarse) a las siete, ... (ducharse), ... (bañar) a los niños, ... (vestirse), ... (desayunar, nosotros) un café con tostadas y mantequilla, ... (llevar, yo) a los niños al colegio y finalmente .... (ir) a mi trabajo.

2 ● ¡No .... (poder, yo) comprar las chuletas de cordero para la cena!

▲ No te preocupes, Elsa ya las .... (comprar) esta mañana.

3 ● Mariana .... (volver) esta semana de su viaje, aunque tenía planeado volver la semana próxima.

▲ Sí, lo sé porque .... (hablar, yo) hace un rato con su hermana y ella me lo .... (decir).

3 Suchen Sie im Diagramm acht unregelmäßige Partizipien. Setzen Sie diese dann in die Lücken ein. **

E	S	C	R	I	T	O	B	H	N	A
E	S	B	S	E	N	A	U	E	S	B
R	L	R	A	X	B	P	U	C	S	I
N	T	O	R	V	D	U	E	H	N	E
S	—	T	H	I	M	E	T	O	R	R
V	W	O	L	S	S	S	N	—	E	T
—	E	B	L	T	I	T	Z	U	V	O
D	I	C	H	O	F	O	N	E	I	N
B	W	Q	H	Z	V	Q	E	Y	A	M
D	E	S	C	U	B	I	E	R	T	O

1 Graciela ha .... una postal a sus abuelos.

2 Hemos .... nuestras buenas relaciones con los vecinos.

3 ¿Has .... ya el nuevo supermercado en la ciudad?

4 ¿Quién ha .... sus gafas en la silla?

5 ¿Todavía no habéis .... el regalo que envió Susana?

6 Me han .... que los López se van de vacaciones a Japón.

7 Los niños no han .... sus tareas todavía.

8 Todavía no se ha .... al autor del crimen.

4 „Ein Dialog zwischen zwei Freundinnen, die im selben Büro arbeiten" – Vervollständigen Sie ihn mit den Verben im Präsens und Perfekt. **

● Dime, Carmen, tú llegas (llegar) ① siempre puntual a la oficina, ¿a qué hora .... (salir) ② de tu casa?

▲ Pues mira, hoy .... (salir) ③ a las siete para no tener problemas de tráfico, porque a esa hora la gente no .... (conducir) ④ con mucha prisa, no se .... (producir) ⑤ atascos, y por lo tanto, no me .... (poner) ⑥ nerviosa.

- Te ______________ (contar) ⑦ que hoy ______________ (venir) ⑧ en bicicleta, y ______________ (llegar) ⑨ más pronto que en coche.

▲ Susana, ¡me ______________ (dar) ⑩ una gran idea!, ______________ (ir) ⑪ a comprarme una y así ______________ (poder) ⑫ venir juntas a la oficina, porque me ______________ (encantar) ⑬ montar en bicicleta y, de paso, me ______________ (mover) ⑭ y ______________ (hacer) ⑮ deporte.

5 Ordnen Sie zu und ergänzen Sie die Sätze in der linken Spalte. ***

1 ¿Has estado __________ en Sudamérica?
2 ¿A qué hora te has levantado __________ ?
3 ¿Habéis visto __________ la última película de Almodóvar?
4 ¿Qué hicisteis __________ ?, ¿fuisteis por fin al campo?
5 __________ hacía más deporte que ahora.
6 Cuando éramos pequeños, íbamos __________ de de vacaciones a la playa.
7 __________ no hemos podido hablar con Antonio. No está nunca en casa.
8 __________ fui por primera vez a España.

a hoy
b alguna vez
c siempre
d ya
e antes
f todavía
g ayer
h en 1980

6 Übersetzen Sie. ***

- Hast du schon den Kaffee gekocht?

____

▲ Nein, ich habe noch keine Zeit gehabt.

____

- Ich werde ihn jetzt kochen, wo hast du die Kaffekanne hingestellt?

____

▲ Ich habe sie leider nicht gesehen.

____

18 Das Plusquamperfekt

1 Bilden Sie Sätze. **

1 habían – Paco – en – conocido – y – fiesta – Ana – una – se

Paco y Ana se habían conocido en una fiesta.

2 que – me – Cádiz– mostró – comprado – había – en – Eva – lo

....

3 ya – comer – a – ido – pero – invitarte – te – habías – quise

....

4 cerrado – cuando – habían – llegué – ya

....

5 hoy – excursión – habíais – una – planeado – para – ¿? – no

....

2 *Indefinido*, Imperfekt oder Plusquamperfekt? Setzen Sie die richtige Zeit ein. ***

1 Cuando Pepito .... (conseguir) su primer trabajo, aún no .... (cumplir) dieciocho años.

2 La arena .... (estar) muy mojada porque .... (llovido) mucho por la noche.

3 .... (decidir, nosotros) no salir en coche porque ya .... (empezar) a nevar.

4 No .... (poder, yo) recordar dónde .... (ver) antes a esa mujer tan interesante.

5 Cuando te .... (llamar, yo), me .... (decir, ellos) que ya te .... (ir) de vacaciones.

6 Las setas* que .... (coger, ellos) en el bosque .... (ser) venenosas*.

* **la seta** der Pilz; **venenoso** giftig

19 Das Futur II

1 Ergänzen Sie die Sätze mit dem Futur II. **

1 Tú habrás comido (comer) antes de venir, pero yo todavía no he tenido tiempo.

2 ¿ ______________ (pagar, ellos) ya todas las deudas atrasadas?

3 ● ¿Dónde ______________ (esconderse*) los niños? Hace una hora que los busco.

▲ Seguramente ______________ (irse) a jugar a casa de María.

4 ● Ya son las doce, Felipe escribió que llegaría a las once y todavía no está aquí, ¿qué ______________ (pasar)?

▲ No te preocupes, seguramente el avión ______________ (tener) demora*.

5 ● No me puedo explicar por qué no han llamado mis padres desde Palma.

▲ No te preocupes, no ______________ (tener) tiempo.

2 Setzen Sie nach dem Beispiel um. **

1 ¿Ha escrito la carta a su madre?
Sí, probablemente ya la habrá escrito.

2 ¿Sabes si Sofía ha llegado a tiempo a la estación?
____

3 ¿Han comenzado ya las rebajas de verano?
____

4 ¿Ha conseguido Amalia la beca para estudiar en Francia?
____

5 ¿Han vuelto ya los Pérez de las vacaciones?
____

* **esconderse** sich verstecken; **la demora** *auch:* **el retraso** die Verspätung

1 Ergänzen Sie die Sätze mit dem *Condicional Perfecto*. **

1 ● Hace una semana que Paula salió de viaje y no sé nada de ella.
▲ Seguramente está bien; si no, te habría llamado (llamar).

2 Te .... (llevar, ellos) a casa, pero tú nunca vas en coche.

3 ¿Es verdad que .... (empezar, tú) a trabajar para ayudar a tu familia?

4 Te .... (esperar, nosotros) para comer, pero no sabíamos a qué hora venías.

5 Nos .... (gustar) comprar esa casa, pero ya estaba vendida.

6 Si me hubieras avisado, ... (ir, yo) a recogerte.

2 Wie lautet die Fortsetzung? **

1 Lo vi muy mal, por eso lo invité a comer, ...

2 Nos habría encantado ir a Lima, ...

3 Empezó a llover muy fuerte; si no, ...

4 No tenía huevos; si no, ...

5 El mecánico dijo que antes del lunes ....

6 Ayer no reconocí a Ana en la calle; si no, la ....

7 ¿Te habría gustado ....

habría reparado el coche.	habría saludado.
habría preparado un flan*.	pero no teníamos dinero.
ver a Lucía antes de que volviera a Buenos Aires?	
¿qué habrías hecho tú en mi lugar?	habría ido a pie.

* **el flan** der Karamellpudding

21 Der *Subjuntivo*

1 Setzen Sie die entsprechenden Formen des *Subjuntivo* ein. **

1 Quiero que me acompañes (acompañar, tú) al hospital.

2 No me gusta que .... (hablar, vosotros) mal de ellos.

3 ¿Te extraña que .... (comportarse, él) de esta manera?

4 Les recomendamos que .... (decidirse) lo antes posible.

5 Mis padres no me permiten que .... (volver) tarde.

6 Os ruego que me .... (escuchar).

7 Te deseamos que .... (tener) mucho éxito en tu nuevo puesto de subdirector.

8 Tiene miedo de que le .... (despedir).

9 Te ruego que me .... (hacer) caso.

10 Les molesta que los vecinos .... (ser) tan ruidosos.

2 Paloma ist schlecht gelaunt und listet alles auf, was ihr an ihren Eltern und Geschwistern nicht gefällt. Setzen Sie die Verben in die entsprechende *Subjuntivo*-Form. **

1 No me gusta que siempre me .... (criticar, vosotros) por todo lo que hago.

2 No soporto que .... (poner, vosotros) la música tan alta cuando tengo que estudiar.

3 Me molesta que .... (meterse, vosotros) en mi habitación cuando yo no estoy.

4 Me saca de quicio que Bárbara .... (dejar) dormir al gato en mi cama.

5 Me fastidia que Javier .... (coger) mis libros sin preguntarme antes.

6 Me parece injusto que mamá me .... (prohibir) cosas que Bárbara y Javier pueden hacer tranquilamente.

7 No quiero que Bárbara .... (ponerse) mi ropa.

3 Setzen Sie die entsprechenden Formen des *Subjuntivo* ein. **

1 Es importante que ______________ (asistir, tú) a clase regularmente.

2 No creo que les ______________ (gustar) lo que les he dicho.

3 No será fácil que la ______________ (convencer, vosotros).

4 ¿Conoces algún restaurante en esta zona donde se ______________ (poder) comer tranquilamente?

5 Es increíble que ______________ (seguir, ellos) viviendo en esta casa después de lo que pasó.

6 Nuestros amigos quieren una casa que ______________ (tener) por lo menos cinco habitaciones.

7 Puede ser que Pedro ya ______________ (estar) de vacaciones.

8 Es lógico que no te ______________ (salir) bien las cosas con lo apurada que estás.

9 No digo que esta tarea ______________ (ser) fácil de realizar.

10 ¡Ojalá ______________ (tener, vosotros) más suerte con los nuevos inquilinos!

4 Sie finden folgende Zeitungsanzeigen. Ergänzen Sie. **

hablar ruso   dar clases de guitarra   ser flexible ✔   saber cocinar
tener coche   conocer Escandinavia   saber español

1 Restaurante busca camarero que *sea flexible*.

2 El Colegio Alemán de Quito busca profesores de alemán que ______________ .

3 Familia joven con dos niños pequeños busca asistenta que ______________ .

4 Empresa de artículos del hogar busca colaborador que ______________ .

5 Agencia de viajes busca guía que ______________ .

6 Empresa de exportación con relaciones comerciales con toda la Europa del Este busca secretaria que ______________ .

7 Estudiante de música busca profesor que ______________ .

5 Suchen Sie die passenden Kombinationen. **

1 Si no estuviera enferma, ☐
2 Si me tocara la lotería, ☐
3 Si hubieras terminado los estudios, ☐
4 Si no hubieras bebido tanto, ☐
5 Si no lloviera, ☐
6 Si no estuvieras tan nervioso, ☐
7 Si la conociésemos mejor, ☐
8 Si no lo hubiésemos visto con nuestros propios ojos, ☐
9 Si nos ayudaras un poco, ☐

a no te dolería la cabeza ahora.
b dejaría de trabajar.
c sería más fácil hablar contigo.
d terminaríamos antes.
e tendrías más posibilidades de encontrar un puesto.
f no nos lo creeríamos.
g le hablaríamos con más franqueza.
h iría a la fiesta.
i podríamos ir a dar un paseo.

6 *Subjuntivo* oder Indikativ? ***

1 Cuando .... (estar, yo) en Galicia, voy a pescar todos los días.

2 Te enseño la carta para que me .... (creer).

3 Tendrán que esperar con la boda hasta que la madre de Isabel .... (recuperarse) un poco.

4 Mientras no .... (terminar, vosotros) de comer, no vais a salir.

5 Nos vemos mañana, a no ser que .... (cambiar, vosotros) vuestros planes.

6 Antes de que .... (irse, tú), por favor, vuelve a poner las cosas en su sitio.

7 Carlos siempre me pide dinero aunque .... (saber) que no se lo voy a dar.

7 Setzen Sie die fehlenden Verben in den richtigen Modus. ***

Como te digo, a Juan últimamente lo veo bastante deprimido. Parece que .... (tener) ① algún problema. No me atrevo a preguntarle, porque, con el carácter que tiene, es posible que .... (reaccionar) ② bruscamente. No es una persona muy extrovertida y no le ha gustado nunca que se le .... (hacer) ③ preguntas demasiado personales. Creo que esta vez .... (ser) ④ algo bastante serio, aunque por otra parte tampoco me puedo imaginar que .... (tratarse) ⑤ de algo realmente dramático, porque, al fin y al cabo, sale como siempre y tampoco falta al trabajo. Quizás .... (conseguir) ⑥ saber algo por su hermana. Ella es más abierta, y no creo que no me lo .... (decir) ⑦ si le pregunto. Sabe que su hermano .... (ser) ⑧ una persona bastante problemática, aunque no lo .... (admitir) ⑨. Bien, voy a hacer un intento y si .... (hacerse) ⑩ la misteriosa, ¡que .... (arreglárselas) ⑪ ella sola!

8 Setzen Sie die entsprechenden Formen des *Subjuntivo* ein. **

1 Me sorprendió que todos .... (estar) de acuerdo con la propuesta de Daniel.

2 No suponíamos que este hotel .... (ser) tan agradable.

3 Ana nos pidió que .... (ocuparse) del gato mientras ella .... (estar) de viaje.

4 Se lo dije bien claramente para que .... (darse, ellos) cuenta de la dimensión del problema.

5 Nuestros hijos se quejaron de que .... (tener, nosotros) tan poca confianza en ellos.

6 Las lluvias constantes hicieron que .... (estropearse) buena parte de la cosecha de trigo.

7 Juan Carlos insistió en que .... (ir, nosotros) a su casa.

8 El jefe prohibió a todos los empleados que .... (salir) de la oficina antes de terminar el trabajo.

9 Preferiría que no me .... (acompañar, él) a la fiesta.

10 El hermano de Marisa nos recomendó que .... (contratar)

una empresa que .... (estar) especializada en esa clase de trabajos.

11 Nos molestó bastante que nos .... (dejar, ellos) solos con todo el desorden.

9 Sie sind unzufrieden mit dem Verhalten Ihrer Mitbewohnerin und teilen ihr das mit. Setzen Sie die eingeklammerten Verben in die richtige Form. **

1 Me gustaría que *respetaras* (respetar) más mis cosas.

2 Querría que tú también .... (dirigirse) al dueño del piso cuando surge algún problema.

3 Preferiría que no .... (invitar) siempre a tanta gente.

4 Me parecería normal que .... (compartir, nosotras) los gastos cuando se rompe algo.

5 Preferiría que no .... (utilizar) mi habitación cuando yo no estoy.

6 Me gustaría que .... (ocuparse) un poco de las plantas aunque no son tuyas.

7 Querría que .... (participar) más en las tareas de la casa.

8 Me gustaría que .... (limpiar) la bañera después de haberla utilizado.

9 Te agradecería mucho que .... (hacer) menos ruido cuando vuelves tarde.

10 Y por último, te agradecería infinitamente que no .... (poner) esa cara por la mañana.

10 *Subjuntivo* oder Indikativ? ***

1 Siempre tuvimos la esperanza de que .... (volver, ellos) algún día.

2 No dudo de que .... (tener, vosotros) razón.

3 Elena se siente tan ágil como cuando .... (tener) veinte años.

4 Después de que .... (pasar) la tormenta, recogeremos todas las cosas en el jardín.

5 Era sorprendente que los niños .... (portarse) tan bien durante la cena.

6 Ayer vi a Clara y me pareció que .... (estar) bastante preocupada.

7 No digo que .... (haber hablado, ellos) mal de ti.

8 Es cierto que en esta ciudad se .... (vivir) muy bien.

9 Espero que .... (darse, tú) cuenta de que las cosas no .... (poder) seguir así.

10 Carmela quiere que su marido .... (levantarse) también cuando .... (llorar) el bebé.

11 Setzen Sie folgende Sätze in die Vergangenheit. **

1 No quiero que te vayas.
No quería que te fueras.

2 Buscan una casa que tenga jardín y que esté en un barrio tranquilo.

....

3 Os pido que me ayudéis un poco más.

....

4 Nos recomiendan que resolvamos el asunto antes de que haya consecuencias graves.

....

....

5 Me extraña que tus amigos gasten tanto dinero en un coche.

6 Ana necesita que la escuchen.

7 Mi padre no cree que lleguemos a Italia con este coche.

8 Es raro que con el calor que hace haya tan poca gente en la playa.

9 A Elena le molesta que sus hijos le hablen en ese tono.

10 No me parece bien que faltes tanto a clase.

11 Nos alegramos mucho de que te ofrezcan un puesto tan interesante.

12 No creo que sea tan fácil reunir a tanta gente en el plazo de dos días.

12 Setzen Sie folgende Bedingungssätze in die irreale Form. **

1 Si no lo sabes, te lo digo.
Si no lo supieras, te lo diría.

2 Si compras un coche así, te ahorras muchos problemas.

3 Si fumas menos, se te quitará esa tos.

4 Si la ayudáis un poco, terminará más rápido.

5 Si los niños no tienen clase mañana, podemos salir antes.

6 Si no hace frío, podemos cenar en la terraza.

7 Si no os atrevéis a decírselo, será peor.

8 Si estás seguro, ya puedes ponerte a trabajar.

9 Si Alfonso acepta tu propuesta, daréis un buen paso.

10 Si las cosas siguen así, podemos dar por terminado el asunto.

13 Übersetzen Sie. ***

1 Ich will nicht, dass ihr mit ihm über diese Angelegenheit redet.

2 Die Gastgeber bedauerten sehr, dass du nicht kommen konntest.

3 Du musst dich entscheiden, bevor es zu spät ist.

4 Auch wenn ich noch ein Zimmer gefunden hätte, wäre ich nicht in diesem Ort geblieben.

5 Ruf mich an, wenn du angekommen bist.

6 Wenn der Zug noch fünf Minuten später gekommen wäre, hätten wir das Flugzeug verpasst.

7 Hoffentlich kannst du ihm helfen.

8 Es missfällt uns, dass Jorge sich verhält, als hätte er mit dieser Sache überhaupt nichts zu tun.

9 Es war besser, dass sie gingen.

10 Sie befürchteten, dass ihre Kinder sich um nichts kümmern, während sie in Urlaub sind.

22 Der Imperativ

1 Bilden Sie die 2. Person Singular und die 2. Person Plural des bejahten Imperativs. *

comer	¡Come!	¡Comed!
venir		
escribir		
descansar		
jugar		
salir		
correr		
dormir		
trabajar		
decir		
poner		
escuchar		
recoger		

2 Bilden Sie den verneinten Imperativ. *

¡Sube!	¡No subas!
¡Seguid!	
¡Coma!	
¡Dormid!	
¡Habla!	
¡Miren!	
¡Vuelve!	
¡Traduce!	
¡Traiga!	

3 Sie wollen einer Freundin Ratschläge für ein gut funktionierendes Zusammenleben mit ihrem Partner erteilen. Setzen Sie die unterstrichenen Verben in die entsprechende Imperativform. **

1 Respetar la personalidad de tu marido.

Respeta la personalidad de tu marido.

2 No compararlo nunca con otros.

3 Consultar con él todas las decisiones que quieras tomar.

4 Escucharle cuando te habla.

5 No impacientarte cuando tarda un poco en hacer las tareas de la casa.

6 Hacerle pequeños regalos de vez en cuando.

7 Intentar mantener la calma cuando discutas con él.

8 No exigirle algo que tú misma no estés dispuesta a cumplir.

9 No ponerte de mal humor cuando vuestros planes no coinciden.

10 Tomarte un poco de tiempo de vez en cuando para ir al cine o al teatro.

11 No criticarle nunca delante de otros.

12 Darle de vez en cuando la razón, aunque no la lleve.

13 Dejarle ver el fútbol de vez en cuando sin protestar y sin poner mala cara.

14 Ser independiente.

15 Recordar que nadie es perfecto.

4 Setzen Sie die folgenden Verben in die entsprechende Imperativform. **

abrir esperar lavarse probar llevar decir colgar
recoger leer poner

1 ¡ .... (tú) el vino a la mesa, por favor!
2 ¡ .... (tú) bien las manos antes de comer!
3 ¡ .... (ustedes) el cuadro en una pared más ancha!
4 ¡No .... (tú) la vajilla en la mesa sucia!
5 ¡ .... vuestras cosas, tenemos que irnos!
6 ¡ .... (usted) este libro, es muy apasionante!
7 ¡ .... (vosotros) la ventana!, hace muchísimo calor aquí.
8 ¡No le .... (tú) lo que pasó!
9 ¡ .... (ustedes) esta paella, está exquisita!
10 ¡No .... (vosotros) hasta que sea demasiado tarde!

5 Marta und Jorge haben von ihren Eltern folgende Anweisungen für die Zeit von deren Abwesenheit bekommen. Setzen Sie die entsprechenden Imperativformen ein. **

1 .... (regar) las flores cada tres días.
2 No .... (dejar) la puerta de casa sin cerrar cuando os vayáis.
3 No .... (olvidarse) de dar de comer al gato.
4 .... (llamar) a la abuela por lo menos dos veces por semana.
5 .... (comer) primero las cosas que están en la nevera antes de comprar más.
6 No .... (tocar) los vinos caros de la bodega.
7 No .... (despilfarrar) el dinero que os hemos dejado.
8 .... (apuntar) las llamadas que son para nosotros.
9 No .... (poner) la música demasiado alta.
10 No .... (ir) todas las noches a la discoteca.

6 Bilden Sie den bejahten Imperativ. **

1 ¡No lo rompas! *¡Rómpelo!*
2 ¡No os vayáis! ....
3 ¡No se levanten! ....
4 ¡No vengas! ....
5 ¡No lo hagáis! ....
6 ¡No me lo traiga! ....
7 ¡No se atreva! ....
8 ¡No salgas! ....
9 ¡No os sentéis! ....
10 ¡No se den prisa! ....
11 ¡No se rían! ....
12 ¡No gritéis! ....

7 Setzen Sie folgende Verben in die 2. Person Singular (*tú*) und die 2. Person Plural (*vosotros*) des bejahten und des verneinten Imperativs. **

levantarse

¡Levántate! *¡Levantaos!* *¡No te levantes!* *¡No os levantéis!*

vestirse

....

esconderse

....

dormirse

....

olvidarse

....

reírse

....

sentarse

______ ______ ______ ______

volverse

______ ______ ______ ______

despertarse

______ ______ ______ ______

divertirse

______ ______ ______ ______

8 Bilden Sie die Imperativform und ersetzen Sie die unterstrichenen Wörter durch die entsprechenden Pronomen. ***

1 dar el libro a Carmen (tú) ¡Dáselo!
2 mandar el paquete a Pedro y Ramón (usted) ______
3 poner la mesa (tú) ______
4 hacer los deberes (tú) ______
5 devolver el dinero a Eva (ustedes) ______
6 preguntar al profesor (vosotros) ______
7 vender la casa (usted) ______
8 prestar el coche a Marcos (tú) ______
9 contestar a la señora (vosotros) ______
10 pedir la llave al portero (usted) ______
11 tener al perro atado (tú) ______
12 preguntar al guardia (ustedes) ______
13 no tocar la comida con las manos (vosotros) ______
14 no invitar a Mario (tú) ______
15 no decir a Elena lo que te he contado (tú) ______

23 Der Infinitiv

1 Ersetzen Sie die unterstrichenen Wörter durch eine Infinitivkonstruktion. **

1 Cuando salía de la estación, vi pasar a tu hermana.
Al salir de la estación, vi pasar a tu hermana.

2 Esto le pasa porque es tan testaruda*.

3 Si llegamos antes del anochecer, seguramente encontraremos todavía una habitación.

4 Antes de que nos vayamos de vacaciones, tendremos que arreglar todavía un asunto importante.

5 Si tuviera ese dinero, te lo prestaría con mucho gusto.

6 No te lo dijimos porque no queríamos asustarte.

7 Cuando pasamos por delante de la casa de Mercedes siempre nos paramos un rato para mirar las flores del balcón.

8 Después de que terminemos de comer, me vas a echar una mano* para tender la ropa.

9 Carlos siempre está dispuesto a ayudarnos aunque tiene muy poco tiempo.

10 Si te hubieras dado prisa, habrías llegado a tiempo.

* **testarudo** stur; **echar una mano** zur Hand gehen, helfen

2 Setzen Sie die folgenden Verben in der entsprechenden Person, Zeit und im richtigen Modus ein. **

empezar a   echarse a   dejar de   volver a   acabar de ✔   ir a   terminar por   llegar a

1 ¿Por qué no se lo dices de una vez? – Pero, ¡si acabo de decírselo!
2 Si .... (tú) a molestar al gato, me voy a enfadar.
3 Patricia insistió tanto, que .... (yo) acompañarla al teatro.
4 Nunca .... (yo) explicarme por qué mi abuela se ponía así cuando le hablaban de aquella prima suya.
5 Nos asustamos un poco cuando Elsa de repente .... reír de una manera tan histérica.
6 Juan todavía está en casa, pero .... salir dentro de veinte minutos.
7 ¡ .... (tú) hacerte el tonto!
8 Los invitados llegarán a las ocho. Pero a las seis, podríamos .... preparar la cena.

3 *Tener que* oder *deber de*? **

1 Me extraña que a su edad siga trabajando. .... tener por lo menos setenta años.
2 Victoria saludó a la nueva colega con mucha familiaridad. .... conocerla.
3 .... (tú) decirle la verdad a tu hermano.
4 En la fiesta, Eva y Carmen ni se miraban. .... haberse peleado.
5 .... prometernos que vais a estudiar un poco más.
6 .... (yo) reconocer que le debo mucho a esta mujer.
7 .... (nosotros) interrumpir la reunión cuando se produjo el incidente con el jefe.

24 Das *Gerundio*

1 Bilden Sie mit *estar* + *Gerundio* um. *

comes	*estás comiendo*	vives	....
estudian	....	cae	....
duerme	....	empezáis	....
termino	....	vuelvo	....
leéis	....	escriben	....
hablamos	....	eligen	....
corrige	....	construyes	....
ayudan	....	hago	....

2 Setzen Sie die eingeklammerten Verben in die *Gerundio*-Form. *

1 El señor Ministro está .... (hablar) por teléfono.

2 Seguid .... (estudiar).

3 De momento estamos .... (celebrar) una fiesta.

4 Los niños están .... (dormir).

5 La cosa fue .... (empeorar) poco a poco.

6 No perdemos nada .... (preguntar).

7 Durante las próximas dos horas no tendremos agua corriente. Nos están .... (arreglar) la cañería.

8 Me estuvieron .... (seguir) unos tipos muy raros.

9 Esta chica está .... (mentir) sin pestañear.

10 Mientras esté .... (llover) no podemos salir.

11 Están .... (construir) una casa de cinco pisos al lado de la nuestra.

12 Mi colega está .... (traducir) una novela dificilísima.

3 Ersetzen Sie die unterstrichenen Wörter durch eine *Gerundio*-Konstruktion. **

1 Clara se fue y dijo: "Tengo mucha prisa."

Clara se fue diciendo: "Tengo mucha prisa."

2 Si empezamos a tiempo, tendremos toda la tarde libre.

3 Aunque tuvierais una casa más grande, estaría igual de desordenada.

4 Cuando corría por el parque me encontré con tu vecina.

5 Carlos salió enfurecido y dio un portazo.

6 En la selva amazónica vimos un mono* muy raro que saltaba por los árboles.

7 Si gastas tanto dinero en ese regalo, no te quedará casi nada para los otros.

8 Se resistiría a creerlo aunque se lo dijera más claramente.

9 Paseaba por la calle y cantaba en voz baja.

10 Si van por esta carretera, se ahorrarán por lo menos veinte kilómetros.

11 Cuando vieron que todas las cajas estaban vacías, los ladrones se fueron mientras maldecían su mala suerte.

12 Dejó caer las bolsas de la compra y se sentó.

* **el mono** der Affe

4 *Gerundio*, Infinitiv oder Partizip? **

1 Por .... (llegar) tarde te perdiste lo mejor.

2 Después de tantos esfuerzos en vano acabaron .... (emigrar) a Australia.

3 La veo .... (pasar) todos los días a la misma hora.

4 En cuanto dejes de .... (fumar) te sentirás mucho mejor.

5 Si sigue .... (nevar), mañana no podré ir en coche al trabajo.

6 ¿Ya está .... (poner) la mesa?

7 Acabará por .... (cometer) una tontería.

8 Llevamos .... (vivir) en esta ciudad más de cinco años.

9 Algunas de aquellas casas están .... (vender).

10 .... (hablar) con ellos no conseguirás nada y, además, terminarás .... (perder) toda tu energía.

11 Todo está muy .... (desordenar).

5 Übersetzen Sie. ***

1 Was macht ihr gerade? – Wir essen gerade zu Abend.
2 Wenn du so weiter arbeitest, wirst du eines Tages Probleme mit der Gesundheit bekommen.
3 Ich bereite mich seit einer Woche auf die Prüfung vor.
4 Sie feiern gerade Anitas Geburtstag.
5 Wir müssen noch ein wenig weiter sparen, um uns diese Reise leisten zu können.
6 Ich habe eine halbe Stunde gewartet und bin schließlich gegangen.
7 Unser Projekt schreitet sehr gut voran.
8 Ester und ihre Mutter streiten sich jetzt schon seit einer Stunde.
9 Pablo fing damit an, kleine Reisen für Freunde zu organisieren. Und heute hat er eines der größten Reisebüros in der Stadt.
10 Geh du bitte ans Telefon, ich bin gerade dabei, die Kinder ins Bett zu bringen.

25 Das Partizip Perfekt

1 Ergänzen Sie die fehlenden Endungen. *

1 Quería comprar ciruelas para una tarta, pero todavía no están madur..... .

2 Aquí todavía está prohibid..... la venta de drogas blandas, pero en Holanda está tolerad..... .

3 ¿Cuántas novelas en español lleváis leíd..... hasta ahora?

4 Sonia dice que es rubia natural, pero yo sé que su pelo está teñid..... .

5 Si el nuevo cuadro no está bien fijad..... en la pared, se caerá y va a dañarse, como el que compramos hace unos años, que ya está prácticamente rot..... .

6 Ayer cenamos en el nuevo restaurante de la esquina, pero no nos gustó: la carne no estaba bien hech..... y la ensalada, mal condimentad..... . Además, el local está decorad..... con muy mal gusto.

7 ¿Cómo, Juanita está casad.....? – Sí, se ha casad..... este mes.

2 Setzen Sie die Partizipien ein. **

Usted y su marido se han ido de vacaciones quince días y cuando vuelven se llevan un susto tremendo:

1 Ustedes habían .... (cerrar) las ventanas y puertas; ahora están todas .... (abrir).

2 ¿Quién ha .... (encender) las luces? ¡Estaban .... (apagar)!

3 ¿Quién ha .... (romper) los cristales? Están todos .... (romper).

4 ¿Quién ha .... (usar) las copas?

5 La alfombra está .... (mojar) y .... (manchar).

26 Das Passiv

1 Bilden Sie die entsprechenden Formen des Vorgangspassivs. *

veo	*soy visto, -a*	obligan	....
han tocado	....	observaremos	....
atacaréis	....	han arreglado	....
defiende	....	llevasteis	....
abrieron	....	han golpeado	....
comprarán	....	robarás	....

2 Setzen Sie folgende Aktivsätze ins Passiv. **

1 Unos amigos de la familia adoptaron al niño.
El niño fue adoptado por unos amigos de la familia.

2 El alcalde inauguró* ayer una biblioteca infantil.
....

3 La profesora leerá el poema.
....

4 Los ladrones obligaron a los empleados del banco a abrir la caja fuerte*.
....

5 La constructora “Campo Verde” va a adquirir estos terrenos.
....

6 El fuego destruyó gran parte de los árboles del parque nacional.
....

7 Los ingenieros estudian el proyecto detenidamente.
....

8 Mi hermano ha realizado los trabajos de carpintería.
....

9 Fundaron la bodega hace más de cien años.
....

* **inaugurar** einweihen; **la caja fuerte** der Safe, der Tresor

3 *Ser* oder *estar*? Vervollständigen Sie die folgenden Passivsätze. **

1 Ahora no te puedo conseguir el libro porque la biblioteca .... cerrada.

2 Los cuadros .... robados por un ladrón habilísimo.

3 La bomba .... desactivada esta mañana por varios especialistas.

4 El museo .... abierto cada día de 11 a 7.

5 La carne .... preparada, las patatas .... peladas, ahora sólo me falta limpiar los champiñones y cortar los tomates.

6 Todas las rosas .... plantadas por mi padre.

7 La reunión .... aplazada.

8 La redacción .... llena de faltas pero ya .... corregida.

9 Cuando llegaron, todas las puertas y ventanas .... abiertas.

10 No puedo ir a tu fiesta de despedida porque ya .... invitada a otra fiesta.

4 Bilden Sie aus den folgenden Elementen Passivsätze in den angegebenen Zeiten. ***

1 cena – servir – restaurante – famoso (Futur)

La cena será servida por un restaurante famoso.

2 medicamentos – distribuir – varias enfermeras (Perfekt)

....

3 montañeros – salvar – perro San Bernardo *(Indefinido)*

....

4 ministro – amenazar – colaborador (Präsens)

....

5 todavía desconocido – película – dirigir – director (Futur)

....

6 cuadro – adquirir – comprador anónimo *(Indefinido)*

....

7 casa – diseñar – amiga nuestra *(Indefinido)*

....

5 Wandeln Sie folgende Passivkonstruktionen in die Ersatzform mit *se* um. ***

1 La manifestación fue disuelta en cinco minutos.
La manifestación se disolvió en cinco minutos.

2 Muchas escenas de la película fueron filmadas en los Andes.

3 Nuestro viaje a Madrid ha sido aplazado hasta principios de agosto.

4 Es la tercera novela que ha sido publicada este año sobre el mismo tema.

5 Estos edificios fueron construidos el año pasado.

6 En la reunión de ayer fueron acordados nuevos aumentos de sueldo.

7 El coche del asesino ha sido encontrado en las afueras de Valencia.

8 Estos trastos serán vendidos en un mercadillo.

9 Ayer fueron aprobados los presupuestos para el próximo año.

10 Los cuadros de esta exposición fueron colocados según un orden muy bien pensado.

11 La iglesia del pueblo fue reconstruida en 1995.

12 El acto fue organizado con toda rapidez.

6 Wandeln Sie in folgendem Rezept die Futur-Formen in die Ersatzform des Passivs mit *se* um. ★★★

Ternera con zanahorias

Ingredientes

1 kg de carne de ternera

2 cebollas

1 cucharada de harina

1 vasito de Jerez

4 zanahorias cortadas en rodajas

1 cucharilla de zumo de limón

5 dientes de ajo

aceite, pimienta, sal

Machacaremos en el mortero los ajos, la sal y la pimienta. Añadiremos el zumo de limón y una cucharada de aceite y adobaremos la carne con este preparado.
En una cazuela freiremos las cebollas picadas. Cuando estén doradas, añadiremos la harina y el Jerez. Lo removeremos hasta que empiece a hervir y colocaremos en la cazuela la carne. La rodearemos con las zanahorias cortadas en rodajas y la dejaremos cocer hasta que esté tierna.
Entonces la cortaremos en lonchas. Escurriremos las zanahorias y las pondremos en una fuente. Bañaremos la carne con la salsa y la serviremos caliente.

Se machacan en el mortero los ajos, ...

....

....

....

....

....

....

....

27 Der Gebrauch der Verben *ser, estar* und *hay*

1 Setzen Sie die entsprechenden Formen des Verbs *ser* ein. *

1 Vivimos en Barcelona desde hace mucho tiempo pero .... de Zaragoza.

2 Nuestro vecino .... arquitecto.

3 .... muy temprano todavía para ir a la fiesta.

4 Los exámenes de francés .... el viernes próximo.

5 La profesora de español .... ecuatoriana.

6 Este vestido es precioso. ¿ .... de seda?

7 Esas montañas .... altísimas.

8 Carmen .... una persona encantadora.

9 Quisiéramos una mesa en la ventana. .... nueve.

10 Estos libros .... para ti.

11 La reunión .... en la sala dos.

2 Setzen Sie die entsprechenden Formen des Verbs *estar* ein. *

1 ¿Habéis .... ya en este museo?

2 Pedro .... bastante mal. Tiene fiebre y le duele la cabeza.

3 Las calles .... llenas de gente.

4 ¿A cuánto .... las cerezas?

5 .... (yo) a su disposición.

6 Buenos días, ¿ .... el señor Rodríguez? – No, ha salido.

7 ¿Me .... (vosotros) escuchando?

8 El restaurante que buscan no .... en el centro.

9 No nos vamos a quedar mucho tiempo en esta ciudad. .... sólo de paso.

10 Azucena .... de secretaria en un banco.

3 *Ser* oder *estar*? Setzen Sie die entsprechende Form von *ser* und *estar* ein. *

1 Este café .... demasiado frío.

2 En esta tienda todo .... de muy buena calidad.

3 Mis padres .... de viaje.

4 Este matrimonio .... muy generoso. Te ofrecen todo lo que tienen.

5 Hoy las gambas .... carísimas.

6 .... (tú) muy pálida. ¿No .... bien?

7 Las habitaciones .... bastante sucias, lo que me extraña bastante, porque la dueña del hotel .... muy limpia.

8 Las películas de este director no me gustan nada. .... muy aburridas.

9 El agua del mar .... salada.

10 Esta mujer no para nunca. .... muy nerviosa.

11 Julia .... contentísima porque ha aprobado el examen.

12 Esta mermelada .... casera.

13 Este señor .... muy huraño. Siempre .... de mal humor.

4 *Ser* oder *estar*? Setzen Sie die entsprechende Form ein. **

1 Estos tomates todavía .... verdes. Yo no los compraría.

2 La tela que compré para hacer las cortinas .... verde.

3 ¡Qué callados .... hoy! ¿Os pasa algo?

4 Pepe .... muy callado. Apenas se le oye cuando está en un grupo.

5 .... muy joven para la edad que tiene.

6 Estos chicos .... demasiado jóvenes para ver la película.

7 ¡Qué lista .... esta niña!

8 ¿Podéis esperar un rato? Todavía no .... (nosotros) listos.

9 Si no .... más atenta, vas a romper toda la vajilla.

10 .... (ellos) muy atentos con sus invitados: ¡unos anfitriones perfectos!

5 *Hay* oder *estar*? Vervollständigen Sie die Sätze. **

1 ¿ .... algún quiosco por aquí cerca? Quiero comprar el periódico.

2 (Al teléfono) ¿ .... Antonio? – Sí, un momento, ahora se pone.

3 ¿ .... mucha gente ayer en la fiesta? – Muchísima.

4 Hoy no podemos comprar nada ya. Las tiendas .... cerradas.

5 A las siete .... una manifestación contra el terrorismo en la Plaza Mayor.

6 ¿Dónde .... mis llaves? No las encuentro por ninguna parte.

7 .... mucha gente que cree en el destino*.

6 Vervollständigen Sie die Sätze mit den entsprechenden Formen von *ser* oder *estar* oder mit *hay*. **

1 Elena .... bastante deprimida porque tiene que repetir el curso.

2 Allí .... un señor que pregunta por usted.

3 Estos chicos .... locos.

4 Hoy .... domingo. Las tiendas no .... abiertas.

5 No .... (nosotros) de esta región pero .... (nosotros) aquí desde hace mucho tiempo.

6 ¿Cuántos alumnos .... en tu clase?

7 .... posible que a esta hora no .... (ellos) en casa.

8 Estos muebles de cuero siempre .... caros si .... de buena calidad.

9 La casa .... en un estado lamentable*.

10 En la próxima esquina .... otra farmacia.

11 ¿Dónde .... la conferencia sobre Buñuel?

12 ● Juan, mira, ésta .... Montse, una amiga de Barcelona.

▲ Hola, Montse, ¿qué tal ....?

* **el destino** das Schicksal; **lamentable** bedauerlich

1 Vervollständigen Sie die Sätze in der indirekten Rede. **

1 "No llegué a tiempo."
Mi madre dijo que no llegó/había llegado a tiempo.

2 "Lo vi el otro día en la calle."
Tu hermana me dijo que ______ .

3 "No tengo tiempo."
Ramón nos dijo que ______ .

4 "Me salió todo fenomenal."
Elena diría que ______ .

5 "Te ayudaremos a organizar la fiesta."
Mis vecinos me dijeron que ______ .

6 "Ya he leído varias novelas de esta autora."
Mi sobrina dice que ______ .

7 "Te compraré este disco."
Rita me prometió que ______ .

8 "Estoy planeando un viaje a las islas Galápagos."
Mi colega me había dicho que ______ .

9 "En tu lugar no aceptaría la oferta."
Mi hermana me dijo que ______ .

10 "Si me dan el puesto, tendré que cambiar de casa."
Federico decía que ______ .

11 "No creo que tengas razón."
Mi padre ha dicho que ______ .

12 "Te llamaré."
Miguel me prometió que ______ .

2 Geben Sie folgende Aufforderungen in der indirekten Rede wieder. **

1 “Apagadla.” Dice que la apaguéis.
2 “Dámelo.” Dice que ________________.
3 “Idos.” Dice que ________________.
4 “Hazlo.” Dice que ________________.
5 “Repítalo.” Dice que ________________.
6 “Muévete.” Dice que ________________.
7 “Decídselo.” Dice que ________________.
8 “Ven.” Dice que ________________.
9 “Póntelo.” Dice que ________________.
10 “Míralo.” Dice que ________________.
11 “Cómpramelo.” Dice que ________________.
12 “Prepárate.” Dice que ________________.
13 “Pregúnteselo.” Dijo que se lo preguntara.
14 “Tíralo.” Dijo que ________________.
15 “Mírenme.” Dijo que ________________.
16 “Póntelos.” Dijo que ________________.
17 “Váyanse.” Dijo que ________________.
18 “Pasad.” Dijo que ________________.
19 “Cómaselo.” Dijo que ________________.
20 “Seguidme.” Dijo que ________________.
21 “Enséñanoslo.” Dijo que ________________.
22 “Diviértete.” Dijo que ________________.
23 “Estudia.” Dijo que ________________.
24 “Escuchadme.” Dijo que ________________.
25 “Decídselo.” Dijo que ________________.
26 “Pregúntelo.” Dijo que ________________.
27 “Reservadlas.” Dijo que ________________.

3 Auf Teresa Robledos Anrufbeantworter sind heute mehrere Nachrichten. Geben Sie sie ihr in der indirekten Rede (*tú*-Form) wieder. **

1 "Señora Robledo, habla Javier Fuentes. Si quiere, puede pasar a recoger su televisor. Ya lo hemos arreglado."

Ha llamado Javier Fuentes. Dice que si quieres, puedes pasar a recoger tu televisor. Que ya lo han arreglado.

2 "¡Hola, Teresa! Soy Charo. Llámame cuando vuelvas."

3 "Teresa, ¿te has olvidado de la cita que teníamos? Espero tu llamada, hasta luego, Susana."

4 "Teresa, ¿qué te pasa? ¿Por qué no me llamas? Hace una semana que no sé nada de ti. No me hagas esperar más. Un beso, mamá."

4 Sie geben die Nachrichten einen Tag später wieder. **

1 "Señora Robledo, habla Javier Fuentes. Si quiere, puede pasar a recoger su televisor. Ya lo hemos arreglado."

Ayer llamó Javier Fuentes. Dijo que si querías, podías pasar a recoger tu televisor. Que ya lo habían arreglado.

2 "¡Hola, Teresa! Soy Charo. Llámame cuando vuelvas."

3 "Teresa, ¿te has olvidado de la cita que teníamos? Espero tu llamada, hasta luego, Susana."

4 "Teresa, ¿qué te pasa? ¿Por qué no me llamas? Hace una semana que no sé nada de ti. No me hagas esperar más. Un beso, mamá."

5 Setzen Sie die eingeklammerten Verben in der richtigen Zeitform ein und achten Sie dabei auf die indirekten Befehle. ***

1 Quería hablar con Carmen pero me dijeron que ya ____________________ (irse).

2 Mi jefe me preguntó el otro día si ____________________ (tener) interés en acompañarle a un congreso en Estocolmo.

3 ¿Por qué no les dijiste que ya ____________________ (mandar, tú) la carta?

4 Pensé que les ____________________ (dar, yo) una sorpresa invitando también a Francisco.

5 No me digas que ____________________ (perder, tú) mi monedero.

6 Antonio y Rosa insistieron mucho en que ____________________ (quedarse, nosotros) a cenar.

7 Mi madre nos dijo que no ____________________ (tener) tiempo, que ____________________ (ir, nosotros) solos.

8 Mi vecina me prometió que ____________________ (ocuparse) del gato mientras yo ____________________ (estar) de vacaciones.

9 La secretaria dice que el jefe aún no ____________________ (llegar).

10 El testigo afirmaba que ____________________ (ver) a un hombre alto y vestido de negro saltando por una tapia.

6 Übersetzen Sie. ***

1 Sara hat gesagt, dass sie morgen ins Kino gehen will.
2 Deine Eltern sagten, du seist schon sehr früh ins Büro gefahren.
3 Die Direktorin hat angeordnet, dass alle zur Versammlung kommen.
4 Pedro behauptet immer, ich würde ihm seine Bücher nicht zurückgeben.
5 Frau Rodríguez hat gesagt, Josefina sei nicht zu Hause, ich solle später noch einmal anrufen.
6 Die Lehrerin kündigte an, dass die nächste Prüfung im Juli stattfinden würde.
7 Sag ihnen, sie sollen Platz nehmen.
8 Er sagte zu mir, ich solle mich hinlegen, wenn ich müde sei.
9 Ihr hattet versprochen, dass ihr uns besuchen würdet.
10 Er hat mir versichert, dass er den Termin vergessen hätte, wenn ich ihn nicht angerufen hätte.

29 Die Adverbien

1 Setzen Sie das Adverb ein. *

1 Hemos pasado el fin de semana tranquilamente (tranquilo).
2 Te ayudo para que terminemos más .... (rápido).
3 Estos niños están muy bien educados, saludan siempre .... (cortés).
4 Os hemos entendido .... (perfecto).
5 Estos asuntos hay que arreglarlos .... (razonable).
6 .... (feliz), el accidente no fue grave.
7 El viaje a Estados Unidos era .... (extraordinario) barato.
8 Estamos .... (completo) rendidos.
9 La nueva vecina me sonrió .... (amable).
10 Todo eso va muy .... (lento).
11 Voy al cine muy .... (raro).
12 Se despidieron de nosotros .... (cariñoso).
13 .... (general) vamos a España en Navidades.
14 .... (probable) llueva este fin de semana.
15 El país saldrá muy .... (fácil) de la crisis.

2 Übersetzen Sie. **

1 Elena ist immer sehr elegant gekleidet.
2 Meine Schwester spricht gut Italienisch.
3 Wir haben noch nie so schlecht gegessen wie in diesem Restaurant.
4 Ich habe wirklich keine Lust, heute ins Kino zu gehen.
5 Mein Vater redet wenig, aber mein Bruder redet noch weniger.
6 Seltsamerweise hat sie mir das nicht gesagt.
7 In diesem Büro arbeitet man sehr gewissenhaft.
8 Er hört immer geduldig zu.
9 Sie haben sehr heftig diskutiert.
10 Das ist nicht gerade eine leichte Aufgabe.

3 *Muy* oder *mucho*? **

1 No me acuerdo ______________ bien de ellos.

2 Buenos Aires es una ciudad ______________ interesante.

3 Nos gusta ______________ España.

4 Este libro es ______________ bueno.

5 Mi hija pequeña come ______________ poco.

6 Lo siento ______________ .

7 Mis padres viven ______________ lejos de aquí.

8 Hoy hace ______________ frío, ¿no crees?

9 Hemos estado hablando ______________ de ese asunto.

10 Estas vacaciones me he gastado ______________ menos que el año pasado.

4 Setzen Sie das passende Adverb ein. **

allí ya más antes bien todavía así demasiado cerca despacio

1 Mi abuela siempre dice que ______________ los jóvenes eran mucho más formales.

2 Mañana me voy a París porque ______________ hay una exposición muy interesante.

3 Ha prometido escribirme, pero ______________ estoy esperando su carta.

4 El restaurante que busca está muy ______________ ; son solamente cinco minutos a pie.

5 Ana me pone nerviosa. Habla ______________ .

6 ¿Habéis cenado ______________? – No, os hemos estado esperando.

7 Esta película está ______________ hecha.

8 ______________ no llegarás nunca. Tienes que caminar ______________ de prisa.

9 Deberías conducir más ______________ . Esta carretera es bastante peligrosa.

5 Ersetzen Sie das Adverb durch eine adverbiale Wendung. ***

1 Caminaban silenciosamente. en silencio

2 Indudablemente tiene razón. ....

3 Este niño está enfermo frecuentemente. ....

4 Pedro afronta todos los problemas tranquilamente. ....

5 Generalmente, me llevo bastante bien con mis hermanos. ....

6 Las chicas se reían alegremente. ....

7 Antonio nos saludó muy cariñosamente. ....

8 Tomaron la decisión rápidamente. ....

6 Beide Formen – Adverb und adverbiale Wendung – sind nicht immer austauschbar. Unterstreichen Sie das Passende. ***

1 *Por último/últimamente*, tengo que comunicaros que este año no habrá cesta de Navidad.

2 Estoy *realmente/en realidad* sorprendida con la reacción de Dolores.

3 *Por último/últimamente* veo muy poco a mi jefe. Está siempre de viaje.

4 ● Quiero dejar de trabajar y emigrar a una isla del Caribe.

▲ ¿*De verdad/verdaderamente*?, ¿lo dices en serio?

5 Estamos *en total/totalmente* convencidos de que este producto será un éxito.

6 ● ¿Cuántos ejemplares de esta novela se habrán vendido ya en este año?

▲ No sé, unos dos mil, *en total/totalmente*.

7 Adverb oder Adjektiv? Ergänzen Sie den Text mit den richtigen Formen. **

El otro día vi a Luisa. Llevaba una chaqueta .... (rojo) muy .... (llamativo) y estaba muy .... (guapo) con su pelo .... (castaño) .... (recogido) en una coleta, y su cara .... (ligero) .... (bronceado). Caminaba con paso .... (resuelto), pero de vez en cuando se paraba en algún escaparate para mirar .... (detenido) los artículos .... (expuesto). Cuando me acerqué a ella parecía estar muy .... (contento) de verme. Me saludó .... (cordial) y con esa sonrisa tan .... (simpático) que tiene. Sin embargo, me dijo que .... (último) había tenido algunos problemas y que tenía que contármelo más .... (detallado). Por eso quedamos en vernos al día siguiente en el bar al lado de su casa.

8 *Bien* oder *buen, -o, -a, -os, -as*? Ergänzen Sie. **

1 Esta crema para las manos es muy ....

2 En ese restaurante de ahí se come muy ....

3 ● Antonia, ¿cómo estás?

▲ Muy .... , ¿y tú?

4 Tengo que daros una .... noticia. Me han dado una beca de estudios para los Estados Unidos.

5 Esta tarde vamos a ir a casa de los tíos, así es que pórtate .... y sé ....

6 Si mañana hace .... tiempo, iremos a la sierra.

7 No está .... lo que haces. Deberías ser más responsable.

30 Die Präpositionen

1 *Por* oder *para*? Setzen Sie die richtige Präposition ein. *

1 Así empieza una publicidad muy conocida:

¡Cien euros ………… tu cara bonita!

¡………… conseguirlas, sólo tienes que saber si ………… ese poco dinero puedes comprar una estupenda crema ………… prevenir las arrugas!

2 No la aceptaron en el banco ………… no saber hablar bien inglés.

3 Si María no puede venir ………… ayudarte, puedo venir yo ………… ella.

4 Creo que podemos comprar ese perfume ………… Susana ………… 25 euros.

5 ………… lo que cuesta tu coche yo me compro un apartamento en la playa ………… pasar mis vacaciones.

6 Se reunieron ………… decidir cómo luchar ………… los derechos de los animales.

7 Estoy coleccionando sellos ………… mi sobrino.

8 Liliana hizo una tarta ………… primera vez.

9 Es una madre ejemplar, se ha sacrificado toda su vida ………… sus hijos.

2 Verbinden Sie beide Satzteile. **

1	Graciela hace todo	a	<u>sin</u> querer.
2	Aquí encuentras todas las claves	b	<u>para</u> trabajar.
3	¿Podré alquilar un piso	c	<u>por</u> su voz.
4	Manuel siguió a sus compañeros	d	<u>sin</u> tomar nada.
5	Necesitamos un sofá	e	<u>por</u> amor a su familia.
6	He venido aquí	f	<u>para</u> navegar en Internet.
7	Ya no puedo vivir	g	<u>hacia</u> la puerta de la calle.
8	Aun sin verla, Ana la reconoció	h	<u>para</u> el cuarto de estar.
9	Hoy hago dieta: paso el día	i	<u>por</u> tan poco dinero?
10	Volvieron ayer	j	<u>sin</u> móvil.
11	Oh, lo siento, lo hice	k	<u>de</u> sus vacaciones.

3 Bilden Sie alle möglichen Sätze mit den Präpositionen *a*, *de*, *para* oder *en*. **

Salimos	Toledo.
Vuelvo	estudiar.
Iremos	las ocho.
He buscado	la escuela.
Esta cartera es	mi amiga.
Entran	Madrid.
Adela es	compras.
Nos quedamos	piel.

Vuelvo a las ocho.

4 Übersetzen Sie. ***

1 ● Wann bist du angekommen?
▲ Vor vierzehn Tagen.

2 Der Unterricht hat vor zehn Minuten angefangen.

3 Seit wann wartest du auf den Bus?

4 Ich habe María seit März nicht mehr gesehen.

5 Bis vor einer Woche hat es hier viel geregnet.

6 Peter ist bei seinem Vater.

7 Die Katze wartet immer vor der Tür.

8 Fährt dieser Zug nach Barcelona?

5 Ergänzen Sie den Text mit den fehlenden Präpositionen. **

El 10 .... ① junio, ... ② las once .... ③ la mañana, José está .... ④ la cafetería, sentado .... ⑤ la barra. .... ⑥ ese momento ve .... ⑦ la ventana .... ⑧ Julia que pasa .... ⑨ la cafetería, se levanta y la llama. Ella lo saluda .... ⑩ cariño, entra y le da un beso .... ⑪ la mejilla, José la invita .... ⑫ sentarse .... ⑬ su lado, pero ella le dice .... ⑭ una sonrisa que prefiere estar .... ⑮ pie; José bebe un café .... ⑯ leche, ella pide uno .... ⑰ leche y .... ⑱ mismo tiempo trata .... ⑲ sacar .... ⑳ su cartera unas fotos .... ㉑ sus últimas vacaciones pasadas .... ㉒ la playa .... ㉓ su amiga Dorotea .... ㉔ Alemania, ... ㉕ tanta mala suerte que las mismas caen .... ㉖ suelo. José se pone .... ㉗ pie .... ㉘ levantarlas, pero su café se vuelca y se derrama .... ㉙ las fotos. .... ㉚ suerte Julia lleva los negativos y va .... ㉛ poder hacer copias. .... ㉜ mucha pena se despide .... ㉝ José y se marcha .... ㉞ la tienda .... ㉟ fotos .... ㊱ encargar las copias .... ㊲ ella y también .... ㊳ su amiga.

6 Setzen Sie die richtige Präposition ein. **

1	Insisto .... que te quedes unos días más en mi casa.	sobre – en
2	Mira, fíjate .... esa señora. ¿Su cara no te resulta conocida?	a – en
3	Mi hermano ha conocido a una chica alemana y se ha enamorado .... ella.	de – en
4	¡Qué olor tan raro!, ¿ .... qué huele aquí?	para – a
5	No me parece bien que te rías .... mis amigos.	de – sobre
6	No me acostumbro .... el clima de aquí.	por – a

7 Unterstreichen Sie die richtige Präposition. **

1 Me acuerdo mucho *en/de* mis hermanos.

2 Luis, ¿tú crees *a/en* las casualidades?

3 Emilia no se asusta *de/sobre* nada.

4 ¿Por qué te burlas *sobre/de* mí?

5 Si tú quieres, me encargo yo *sobre/de* la cena.

6 Mi compañero se ha referido *sobre/a* un tema que ya discutimos en la reunión del jueves.

7 Esta noche he soñado *de/con* mi abuela.

8 Tienes que aprovecharte *de/desde* esa oportunidad.

9 ¿Te arrepientes *de/en* haberte cambiado de barrio?

10 ¡No te olvides *sobre/de* nosotros cuando estés en Australia!

11 Me gustaría cambiar este jersey de lana *por/contra* uno de algodón.

12 Deberías confiar más *sobre/en* ti.

13 No me gusta renunciar *a/en* mis deseos.

14 ¿Por qué tardará Ramón tanto *en/por* llegar?

15 El curso consta *por/de* cinco clases teóricas y diez prácticas.

16 Rosa, coge a tu hermana *en/de* la mano y no la sueltes.

17 Perdona, me he equivocado *sobre/de* calle.

18 ● ¿*En/De* qué has quedado con Elena?

▲ *En/De* que nos vemos mañana a las cinco.

19 En la fiesta de disfraces de Juana, Amalia se disfrazó *de/sobre* azafata.

20 No dudo *de/sobre* tus aptitudes como mecánico, pero prefiero llevar el coche a un taller.

21 No sirve *de/con* nada darle la razón a Antonio.

22 Miguel es un especialista *para/en* plantas tropicales.

23 No quiero esperar más *de/a* Emilio. Siempre llega tarde. ¡Vámonos!

24 No espero nada *de/a* Raúl. Nunca cumple lo que promete.

8 Ergänzen Sie die Präposition *a*, wo nötig. **

1 María José, entonces, ¿cuándo vas ...... venir ...... verme?

2 Nos hemos comprado ...... un perro.

3 No conozco todavía ...... la familia de mi novio.

4 ¿Puedes darle ...... este paquete ...... Fermín?

5 ¿Has visto ...... Felipe últimamente?

6 No me gusta ...... el nuevo Museo de Arte Contemporáneo.

7 ¿ ...... quién has saludado por la calle?

8 Busco ...... una buena modista que me arregle este abrigo.

9 ¿Quieres acompañarme ...... la exposición de Miró?

10 ● ¿Tienes ...... hermanos?

▲ Sí, tengo ...... un hermano y ...... dos hermanas.

9 Ergänzen Sie die Präposition *de*, wo nötig. **

1 Me gusta mucho ...... bailar salsa.

2 No vale la pena ...... seguir intentándolo.

3 ● ¿Qué tal la película?, ¿ ...... qué trataba?

▲ Pues trataba ...... un chico joven que emigra a Alemania.

4 ● ¿Es difícil ...... conseguir ese libro aquí?

▲ No, no es difícil ...... conseguir. Lo consigues en cualquier librería grande.

5 No está bien ...... contarles esas cosas a los niños.

6 No creo ...... que mi jefe tenga tiempo para mí mañana. Está siempre muy ocupado.

7 Tengo la seguridad ...... que este proyecto saldrá bien.

8 Hay muchas posibilidades ...... que Rosario consiga el puesto de ayudante de dirección.

9 Es muy posible ...... que este año vengan a verme mis amigos de Lima.

10 Con esta receta, es facilisímo ...... hacer tartas de manzana.

31 Die Konjunktionen

1 Setzen Sie die passende Konjunktion ein. **

cada vez que aunque de modo que porque antes de que
siempre que por mucho que para que como como si

1 No se lo repetiré más, ... ya lo sabe de sobra.
2 .... toméis alguna decisión, pensároslo bien.
3 No lo despidieron .... sabían que había cometido un error muy grave.
4 Te prestaré mi coche .... lo trates con mucho cuidado.
5 Haremos todo lo posible .... esto no se repita más.
6 .... Elena tuvo que vender el coche, ahora siempre busca a alguien que la lleve.
7 .... hayas trabajado, no es suficiente.
8 Carlos me miró .... no supiera de qué le estaba hablando.
9 .... estos niños pasan por aquí dejan la casa medio destrozada.
10 Todos los hoteles estaban ocupados, ... tuvimos que pasar la noche en el coche de Verónica.

2 Indikativ oder *Subjuntivo*? **

1 ¡Avísame cuando .... (saber, tú) la fecha exacta de la reunión!
2 Cuando Ana .... (estar) en casa, siempre nos divertimos mucho.
3 Mis padres siempre van al mismo hotel, aunque .... (quejarse) de que la calidad baje continuamente.
4 Seguiremos con nuestro proyecto, aunque la realización .... (resultar) difícil.
5 Después de que los niños .... (volver) del colegio, siempre tienen mucha hambre.

3 Setzen Sie die passende Konjunktion ein. **

si   como si   en caso (de) que   siempre que

1 ______________ me hacéis este favor, os invito a cenar.
2 ______________ llueva, tendremos que aplazar la fiesta.
3 No sé ______________ Paloma ha recibido mi carta.
4 Se comportan ______________ fueran amigos de toda la vida.
5 Queríamos invitar también a nuestros vecinos, ______________ estéis de acuerdo.
6 ______________ el vino se haya agotado, tráeme otro que tenga más o menos el mismo precio.
7 Los alumnos me miraban ______________ todo eso no les interesara para nada.
8 ______________ no estáis de acuerdo con que procedamos así, decídmelo claramente.
9 ______________ se suspenda la clase podríamos ir a tomar un café todos juntos.
10 No importa lo que digan ______________ se porten bien.

4 Setzen Sie die eingeklammerten Verben in die richtige Zeit und den entsprechenden Modus. **

1 Si no me ______________ (llamar), no te lo habría perdonado nunca.
2 A Pedro no le ascenderán nunca, aunque ______________ (trabajar) como un burro.
3 Puesto que ______________ (tener, tú) tan poco tiempo, no te molestaremos más.
4 Cuando la ______________ (ver, nosotros) el otro día en la facultad, pasó sin saludarnos.
5 Por mucho que ______________ (discutir, vosotros) con ella, no la convenceréis nunca.
6 Cuando ______________ (llegar, ellos) ya habíamos terminado.

5 Fragewort oder Konjunktion? Ergänzen Sie die passende Form. **

cuando cuándo para qué para que por qué porque

1 ● ¿ .... me vas a llamar?

▲ .... llegue al aeropuerto.

2 No sé .... Alfonso llega siempre tarde a la oficina.

3 No vamos a ir esta noche al concierto de Ana Belén .... no hemos conseguido entradas.

4 ¿ .... quieres comprarte un sombrero? Seguro que no te lo pones nunca.

5 Te lo cuento .... que lo sepas. Pero no se lo digas a nadie, por favor.

6 Siempre está ahí .... la necesito.

7 Me pregunto .... querrá Jaime el número de teléfono de mi hermana.

8 ¿Sabes .... vuelve José María de Cuba?

6 *Cuando* oder *si* ? **

1 Mañana estaré en casa. Llámame .... quieras.

2 .... me dan el puesto, os invito a cenar, ¿vale?

3 .... no me lo dices ahora, te vas a arrepentir.

4 .... ves a Raquel, dale recuerdos de mi parte.

5 ¿Puedes comprarme la revista “Sol”, ... pasas por algún quiosco?

6 .... no me encuentras en casa, puedes dejarme un mensaje en el contestador.

7 ¡Qué rara es Rosa!, nunca me saluda, ... me ve por la calle.

8 .... entré en casa, la luz estaba encendida y la terraza del salón estaba abierta.

7 *Que* als Konjunktion oder als Relativpronomen. Wann steht das Verb nach *que* im Indikativ, wann im *Subjuntivo*? Ergänzen Sie die Sätze mit der richtigen Form folgender Verben. ***

venir vender estar comprar pasar ayudar
terminar ganar arreglar tener ser ✔ decir

1 Creo que el director de esa película es Julio Médem.
2 Necesito urgentemente un fontanero que me .... el lavabo del baño, porque se sale el agua.
3 Es muy difícil que nuestro equipo .... la copa.
4 No creo que Pedro .... el trabajo para mañana.
5 ¿Quieres que te .... a colocar todos esos libros en la estantería?
6 Espero que .... (vosotros) unos días estupendos en las Islas Canarias.
7 Mira, esa chica de ahí que .... con Dolores ha conseguido una beca para estudiar en los Estados Unidos.
8 Me molesta mucho que el presidente no nos .... la verdad sobre la situación de la empresa.
9 ¡Eloísa, qué pena que no .... el sábado a mi cumpleaños! Te vamos a echar de menos.
10 Es lógico que tu hermano .... el coche. No lo usa nunca.
11 Seguro que Almudena le .... ya un regalo a Rafael sin decirnos nada.
12 ● Ha llamado Manuel.
▲ ¿Y qué ha dicho?
● Que el sábado .... tiempo. Que podríamos ir al cine juntos.
▲ Sí, claro, ¿por qué no?

Lösungen

1 Betonung, Akzent und Zeichensetzung

1

1 día, cafetería, caí
2 José, tú, trabajáis, panadería
3 sé, difícil
4 jardín, está, río, árboles, todavía, jóvenes
5 policía, anunció, ladrón, escapó, cárcel
6 María, cómo, más, maíz, plátanos
7 mayoría, están, América
8 habitación, vacía, violín
9 canción, música, órgano
10 quién, frío

2

■ □ □ sílaba, cámara, vehículo, máquina, México, teléfono
□ ■ □ palabras, panadería, coche, árbol, crisis,Turquía, Cuba
□ □ ■ contar, ciudad, perejil, oración, limón, Madrid, París, Jerez, Perú

3

1 ¿Dónde está Berlín?
2 ¿Cuánto cuestan las patatas?
3 ¡Qué caros están los tomates!
4 ¡Atención!
5 ¿Por qué me miras así?
6 Julio es médico y su hermano, ingeniero.
7 Querida Elena: Acabo de llegar …

4

1 El té con leche está frío. *Der Tee mit Milch ist kalt.*
Wann fährst du in Urlaub?
2 A mí no me gusta la música de rock. *Mir gefällt Rockmusik nicht.*
Dieser/Das ist nicht mein Mantel.
3 Él es una persona muy simpática. *Er ist ein sehr sympathischer Mensch.*
Juanas Freund kommt aus Paris.
4 Sí, te espero en el restaurante para comer. *Ja, ich erwarte dich zum Essen im Restaurant.*
Wenn du willst, treffen wir uns morgen um 12 Uhr.
5 No sé cuándo llega el tren. *Ich weiß nicht, wann der Zug ankommt.*
Er/Sie duscht sich immer vormittags/morgens.

5
1 ¿Eres médico? – No, soy periodista.
2 ¿Cuándo llega el avión de Málaga? – A las 15 horas.
3 ¿De dónde son Carlos y Julia? – Son de Buenos Aires.

2 Das Substantiv

1
la memoria; el libro; el tren; el calor; la universidad; la radio; la nación; el sillón; el problema; la iglesia; el camión; la precisión; el café; la mano; el idioma; la salud; la muchedumbre; el tema

2
la alegría; la afición; el hambre; el agua; el arte; el haba; el alma; la abeja; la agencia, el águila; el hacha; la alarma

3
1 El; 2 La; 3 la; 4 El; 5 El; 6 La; 7 El; 8 La

4
los perros; los sofás; las mesas; los reyes; las canciones; los profesores; los meses; las cruces; las flores; los coches; los iraníes; las campanas; los lápices; los gorros; las libertades; las costumbres

5
el tenedor, los tenedores; la amiga, las amigas; el miércoles, los miércoles; el garaje, los garajes; la sociedad, las sociedades; el arte, las artes; la mano, las manos; el área, las áreas; el paraguas, los paraguas; la torre, las torres; el poema, los poemas; la lección, las lecciones

6
1 la secretaria; 2 la hermana; 3 la actriz; 4 la gata; 5 la estudiante; 6 la cantante; 7 la madrina; 8 la médica; 9 la periodista; 10 la deportista

3 Der Artikel

1

1 Los; 2 el; 3 –, el; 4 los; 5 La, –; 6 el; 7 –, el; 8 las; 9 las, los; 10 –, La; 11 las

2

1 un; 2 una; 3 –; 4 un; 5 un; 6 –; 7 una; 8 –; 9 –

3

1 Lo que; 2 lo que; 3 Lo; 4 lo que; 5 Lo; 6 Lo; 7 Lo; 8 Lo; 9 lo que; 10 Lo

4

1 Lo; 2 las; 3 un; 4 Una; 5 el; 6 Las; 7 Los, del; 8 La; 9 al; 10 lo; 11 la (*oder:* una); 12 –; 13 unos, una

5

1 Me gustan los vinos españoles.
2 Los volcanes del sur son los más altos.
3 La generosidad es una gran virtud.
4 Mi hermana va al colegio en bicicleta.
5 No entendemos nunca lo que dice. (*Oder:* Nunca entendemos lo que dice.)
6 Rosa tiene los ojos verdes y el pelo castaño.
7 Lo agradable de esta casa es su situación.
8 En coche tardamos media hora.
9 En el festival he visto unas películas que me han impresionado mucho.
10 El señor Alarcos es el propietario de este coche.
11 ¿Qué hora es? – Es la una.
12 No, ya son las dos.
13 Me he comprado unos pantalones.
14 Carmen lleva gafas.
15 Los lunes vamos siempre al cine.

4 Die Personalpronomen

1

1 Las compra en el mercado.
2 La ha cortado del rosal.
3 ¿No lo queréis ver? (*Oder:* ¿No le queréis ver?)
4 Lo encontró en la Universidad.
5 Mafalda dijo una vez: "Yo la quiero siempre".
6 Por fin lo obtuvo.

2

1 la; 2 le, lo, le; 3 lo; 4 le, le; 5 le, la; 6 las, las; 7 le, les; 8 las, las; 9 les, les; 10 los

3

1 Esa foto nos recordó nuestro país natal.
2 Este mapa tan útil te lo compré en España.
3 A los señores García les encanta el pescado.
4 El próximo fin de semana las invitamos a cenar.
5 A mí no me gusta el marisco.
6 Mis gafas las encontré en el cajón del escritorio.
7 ¿El pan integral lo compráis en la panadería de enfrente?
8 ¿A Jorge lo invitas a tu cumpleaños?
9 La postal te la enviamos desde Mallorca.

4

1 Se las cuenta. 2 Se los explica. 3 Se la pedimos. 4 Se lo llevan.
5 Se los solucioné.

5

1 te lo, me lo; 2 Os lo; 3 me la; 4 me los, los; 5 se lo; 6 le, se los, los; 7 me la

6

1 – b; 2 – a; 3 – e; 4 – c; 5 – d

7

1 ti; 2 contigo; 3 conmigo; 4 le; 5 nosotros (*oder:* nosotras); 6 vosotros (*oder:* vosotras); 7 os; 8 tú; 9 ella (*oder:* él); 10 me

8

1 diciéndoselo, tomándolos; 2 perdiéndola; 3 reparándola, pensándolo, decidirte; 4 hablándole, perdonarle

5 Die Demonstrativpronomen

1

1 Estos nogales dan muy buenas nueces.
2 Esos coches no están correctamente aparcados.
3 Aquellas casas están bien construidas.
4 Aquellos empleados son muy simpáticos.
5 Estas ciudades tienen varios museos interesantes.
6 Mira, Felipe, éstos son mis hermanos.

2

7 – 2 – 1 – 4 – 6 – 5 – 3 – 8

3

1 Estos libros los pongo aquí, en la mesa.
2 Quisiera probarme ese vestido ahí, en esa tienda.
3 Aquello de allí es el Ayuntamiento.
4 Creo que eso que haces no es correcto. (*Oder:* Creo que no es correcto eso que haces.)
5 Mira, Rosa, éstos son mis padres.
6 ¿Dónde está el museo? – Es aquel edificio de allí.
7 ¿Quién es ese chico al lado de tu madre? – Mi tío Antonio.
8 ¿Cuál es tu maleta? – Aquella azul de allí.
9 En esa casa nací yo. (*Oder:* Yo nací en esa casa.)
10 No toques esas flores, son muy delicadas.

6 Die Possessivpronomen

1

1 nuestras; 2 suyo, suya; 3 tuyo; 4 suyos; 5 míos, míos

2

1 La cartera roja es mía.
2 Las toallas de flores son nuestras.
3 El coche nuevo es suyo.
4 El paraguas amarillo es tuyo.
5 El equipaje es vuestro.
6 Los perros son suyos.

3

1 mis; 2 mi; 3 su; 4 sus; 5 su; 6 mi; 7 mis; 8 mi; 9 mis; 10 Mi; 11 mis; 12 mis; 13 nuestra (*oder:* mi), nuestro (*oder:* mi); 14 tu

7 Die Indefinitpronomen

1
1 algo; 2 alguien, cualquier; 3 cualquiera, algo; 4 nadie; 5 algo, nada

2
1 algunas; 2 ninguna; 3 ninguna; 4 alguna; 5 ninguna; 6 algún; 7 ninguno; 8 alguna

3
1 nunca; 2 nadie; 3 nadie; 4 nunca; 5 nada; 6 ningún; 7 ninguna; 8 alguien; 9 algo; 10 nada (*oder:* nunca nada).

8 Die Interrogativpronomen und -adverbien

1
1 – d; 2 – f; 3 – c; 4 – a (*oder:* b); 5 – b; 6 – e

2
1 Cuál; 2 cuántos; 3 cuánto; 4 cuándo; 5 Cuántos

3
1 cuál; 2 qué; 3 qué; 4 cuál; 5 Qué; 6 Qué; 7 Cuál; 8 Cuál

9 Die Relativpronomen

1
1 la que (*oder:* quien); 2 que; 3 los que; 4 que; 5 lo que; 6 que; 7 que; 8 la que (*oder:* de quien); 9 lo que

2
1 La bicicleta que se le rompió a Alejandro no era suya.
2 El juquete que tenía el bebé se le cayó al suelo.
3 Los jóvenes que encontraron la billetera en la calle, la entregaron a la policía. (*Oder:* La billetera que los jóvenes encontraron en la calle, la entregaron a la policía).
4 Claudio ha comprado un móvil que no usa nunca. (*Oder:* Claudio nunca usa el móvil que ha comprado.)
5 Los libros que le dejé no me los ha devuelto. (*Oder:* No me ha devuelto los/unos libros que le dejé.)

6 El vestido verde que te has puesto no me gusta.
(*Oder:* No me gusta el vestido verde que te has puesto.)

3
1 – b; 2 – e; 3 – d (*oder:* b) ; 4 – a; 5 – f; 6 – c

4
1 desde; 2 del (de + el); 3 a; 4 para; 5 con; 6 en

5
1 cuyas; 2 cuya; 3 cuyos; 4 cuya

10 Das Adjektiv

1
1 pequeña; 2 bonito; 3 buenos; 4 caras; 5 todos; 6 viejos; 7 sucias; 8 cansados (*oder:* cansadas); 9 cómoda; 10 gran; 11 buen; 12 mal

2
1 la canción francesa
2 la dulce miel
3 el restaurante típico
4 el gato negro
5 el calor tropical
6 el viaje caro
7 poca gente
8 los pequeños problemas cotidianos

3
1 trabajadores; 2 interesantes; 3 marroquíes; 4 mayor; 5 francesas; 6 marrón; 7 holgazanes; 8 tropical; 9 anterior; 10 indígenas; 11 grandes; 12 tímida, abierta

4
1 seco; 2 tranquilas; 3 pobre; 4 feo; 5 agrias; 6 estrecha; 7 caliente; 8 largas; 9 alegre (*oder:* contento, -a); 10 aplicada (*oder:* trabajadora); 11 incómodo

5
1 La leche es más sana que la limonada.
2 Suiza es menos grande que Alemania.
3 París es una de las ciudades más bonitas de Europa.
4 Para un alemán, el ruso es más difícil que el inglés.

5 El uno es tan simpático como el otro.
6 Todos estos regalos son muy bonitos, pero el más bonito de todos es el de mi padre.
7 Si yo fuera tan perezoso como tú, no habría aprobado el examen.
8 De todas las ciudades que he visto, la más interesante para mí es Nueva York.
9 Creo que es el más adecuado.
10 Este bolso es más barato que éste otro, pero de peor calidad.
11 Raúl es más/menos inteligente que su hermano.
12 Esta tarta de manzana está muy buena, pero las mejores tartas de manzana son las de la cafetería “El Sol”.

6

1 Tu diccionario es bueno, pero éste es mejor.
2 Esa fue la peor situación de nuestra vida.
3 En esta ciudad hay muchos monumentos interesantes.
4 Los hermanos menores tienen muchas veces más derechos que los mayores.
5 En este restaurante hay muy buenas ensaladas y platos de pescado. (*Oder:* … hay ensaladas y platos de pescado muy buenos.)
6 Se dice que los mejores vinos españoles son de La Rioja.
7 Ésta es una de las tiendas más caras de la ciudad.
8 Ana no es tan simpática como su hermana.
9 La más simpática de todas es sin duda Beatriz.
10 Mi tía siempre es muy generosa.

7

– una docena de velas rojas
– dos manteles blancos
– un paquete de servilletas rojas
– media docena de sillas plegables
– diez botellas de vino francés
– un kilo de peras muy maduras
– un trozo de queso manchego
– medio kilo de tomates pequeños para decorar
– un bote de salsa picante
– un poco de queso fresco
– unas latas de aceitunas negras
– un kilo de espárragos verdes

11 Die Zahlen

1

1 cero, ochenta y nueve, setenta y seis, veintitrés, cincuenta y uno
2 el veintinueve de junio de mil novecientos cincuenta y siete
3 sesenta y seis mil ochocientos nueve
4 seiscientos veintiún kilómetros (*oder:* seiscientos veintiuno)
5 trescientos cincuenta
6 ciento veintiocho

2

1 cincuenta; 2 ciento diez; 3 trescientos sesenta y cinco; 4 medio; 5 ciento veintiuna; 6 quinientos siete; 7 dos mil uno; 8 cien

3

1 (1) primer, (4) cuarto; 2 (3) tercera; 3 (9) novena; 4 (1) primero, (2) segundo, (1/4) un cuarto

4

1 ¿Qué hora es? – Son las ocho y media.
2 ¿A qué hora vienes? – A las tres y cuarto.
3 ¿Cuántos años tienes? – Tengo veintiséis años.
4 ¿Cuántos grados hace hoy? (*Oder:* ¿Cuántos grados tenemos hoy?)
– Hace mucho calor, hoy hace treinta y cinco grados. (*Oder:* Hoy tenemos treinta y cinco grados.)

12 Das Präsens

1

1 estudia, estudian, hablas
2 compro, están, puedes, sé, necesito
3 sale
4 discute, va
5 venden
6 estamos, vamos
7 pedimos

2

regelmäßig: leer, abrir, andar, cenar, ducharse, comprender, subir, levantarse, aprender
e → ie: cerrar, entender, pensar, preferir, querer
o → ue: recordar, revolver, dormir, mostrar
e → i: decir (yo di**g**o!), vestirse, reírse, servir, pedir, elegir (yo eli**j**o!)
u → ue: jugar

3

1 soy, 2 estás, 3 llamo, 4 paso, 5 estoy, 6 sigo, 7 tengo, 8 voy, 9 mando

4

hacer: hago, haces, hace, hacemos, hacéis, hacen, hacen
poner: pongo, pones, pone, ponemos, ponéis, ponen, ponen
valer: valgo, vales, vale, valemos, valéis, valen, valen
salir: salgo, sales, sale, salimos, salís, salen, salen
decir: digo, dices, dice, decimos, decís, dicen, dicen
seguir: sigo, sigues, sigue, seguimos, seguís, siguen, siguen

5

1 Quiero viajar a Guatemala el año próximo.
2 ¿Empiezas muy temprano a estudiar?
3 ¿Cuándo vienes a ver mi nueva cocina?
4 Horario corrido: no cierro a mediodía.
5 ¿Te encuentras luego con Pepe y Alejandra?

6

1 Mañana es el cumpleaños de Pilar, ¿vamos a visitarla?
– ¡Buena idea! ¿Sabes que sus hijos asisten (*oder:* van) a la misma academia de idiomas que los nuestros?
– Sí, y saben hablar muy bien alemán.
2 Santiago, ¿quieres ir a nadar el lunes? – Lo siento, no puedo ir, tengo que tocar la flauta en la escuela.
3 Pedro, ¿dónde está el papagayo (*oder:* loro)?, ¡no está en su jaula!
– ¡Mira, está allí arriba, posado en la rama!

13 Das *Indefinido*

1

llamar: llamé, llamaste, llamó, llamamos, llamasteis, llamaron
beber: bebí, bebiste, bebió, bebimos, bebisteis, bebieron
salir: salí, saliste, salió, salimos, salisteis, salieron
enviar: envié, enviaste, envió, enviamos, enviasteis, enviaron

2

1 trajiste, tuvo; 2 estuve, volviste, pude, viví; 3 llegaste, cerramos, fuimos, tuvo, tomamos; 4 dio; 5 descubrió, estudió; 6 compré, pagué, tuviste, encontraste; 7 leímos, contaron, leyeron

3

1 compraste; 2 traje; 3 comimos; 4 decidí; 5 gustaron; 6 busqué; 7 compré; 8 pusiste; 9 te fuiste; 10 se quedaron; 11 me olvidé; 12 llamó; 13 estuvieron; 14 bebió

4

waagerecht: tuvo, vine
senkrecht: trajimos, fuimos, estuvieron, hizo, pusisteis, supiste
1 tuvo; 2 fuimos, trajimos; 3 estuvieron; 4 hizo; 5 pusisteis; 6 Supiste; 7 vine

5

1 pudo; 2 conocí; 3 estuvimos; 4 vemos; 5 he ido; 6 Fuiste

6

7 Alejandro López nació en Ávila en 1975.
11 En 1977 se trasladó con sus padres a Madrid.
9 A los seis años empezó a ir al colegio en Madrid. Después hizo el bachillerato y empezó a estudiar Económicas.
1 Cuando tenía veintiún años conoció a Patricia y se enamoró de ella.
6 Terminó sus estudios con éxito y quiso casarse con Patricia.
8 Pero ella no quiso casarse.
4 Entonces se pelearon y él decidió aceptar un puesto en una compañía de seguros en México.
2 En México ganó mucho dinero.
10 Después de cinco años en México volvió a Madrid, volvió a ver a Patricia y le preguntó si quería casarse con él. Ella dijo que sí y se casaron.
5 Tuvieron cinco hijos ...
3 y fueron muy felices.

14 Das Imperfekt

1

jugar: jugaba, jugabas, jugaba, jugaba, jugábamos, jugabais, jugaban, jugaban
tener: tenía, tenías, tenía, tenía, teníamos, teníais, tenían, tenían
escribir: escribía, escribías, escribía, escribía, escribíamos, escribíais, escribían, escribían

2

1 fumaba, fumo; 2 veíamos, vemos; 3 iban, van; 4 era, es; 5 íbamos a bailar

3

ser: era, eras, era, era, éramos, erais, eran, eran
ver: veía, veías, veía, veía, veíamos, veíais, veían, veían
ir: iba, ibas, iba, iba, íbamos, ibais, iban, iban

4

1 Cuando era niño me gustaba comer helados.
2 Antes no íbamos mucho al cine.
3 En verano, mis padres se quedaban siempre en la playa.
4 Antes mis amigas hacían más gimnasia que ahora.

5

1 empezaste; 2 empecé; 3 Tomabas; 4 dio; 5 actuaste; 6 tuve; 7 Tienes; 8 fascinaba; 9 llegué; 10 me dedico; 11 has comentado (*oder:* comentabas); 12 vas; 13 estuve; 14 gustó; 15 voy; 16 deseamos

6

1 llegó; 2 gritaba; 3 tenía; 4 empezó; 5 pasó (*oder:* había pasado); 6 salió; 7 fue; 8 llovía; 9 hacía; 10 Llegó; 11 abrió; 12 observó; 13 estaba; 14 se preparó; 15 se puso; 16 deseó; 17 pasaban; 18 tomó; 19 tenía; 20 comió; 21 escuchó; 22 Se levantó; 23 miró; 24 vio; 25 abrió; 26 vio; 27 había; 28 llevaba; 29 quería; 30 se asustó; 31 logró; 32 fue; 33 pudieron; 34 estaba; 35 encontraron

15 Das Futur

1

tomar: tomaré, tomarás, tomará, tomaremos, tomaréis, tomarán
beber: beberé, beberás, beberá, beberemos, beberéis, beberán
abrir: abriré, abrirás, abrirá, abriremos, abriréis, abrirán

2
waagerecht: pondremos
senkrecht: podréis, harán, querré, dirás, tendrás
1 harán; 2 pondremos; 3 Tendrás; 4 dirás; 5 querré; 6 podréis

3
1 tendremos; 2 podremos; 3 Saldremos; 4 Iremos; 5 haremos; 6 seguiremos; 7 pasaremos; 8 sabremos; 9 podrá; 10 continuará; 11 regresaremos; 12 Vendrás; 13 estaremos; 14 Será

4
1 ¿A qué hora llegarán los invitados?
– Estarán aquí a eso de las cuatro. (*Oder:* alrededor de las cuatro)
2 ¿Crees que lloverá hoy?
– Sí, probablemente lloverá.
3 ¿Ya sabe que ella tiene otro? (*Oder:* ¿Sabe ya …?)
– Seguramente ya lo sabrá. (*Oder:* Seguramente lo sabrá ya.)

16 Der *Condicional*

1
dar: daría, darías, daría, daríamos, daríais, darían
ver: vería, verías, vería, veríamos, veríais, verían
abrir: abriría, abrirías, abriría, abriríamos, abriríais, abrirían

2
waagerecht: pondría
senkrecht: podríamos, haría, diría, tendríais
1 Podríamos; 2 pondría; 3 haría; 4 Tendríais; 5 diría

3
1 gustaría; 2 bajaría; 3 daría; 4 habría; 5 podría

4
1 – g; 2 – c; 3 – e; 4 – b; 5 – h; 6 – d; 7– a; 8 – f

5
1 ¿No te gustaría dejar de fumar?
– Sí, me gustaría mucho, pero no puedo.
2 Me gustaría mucho comer tortilla, pero me gustaría más preparar (*oder:* mejor prepararía) una ensalada, porque no tiene calorías.

17 Das Perfekt

1

1 ¿Ya le has vendido tu coche a Pablo?
2 Hoy hemos comido en el restaurante de Daniel.
3 No he comprendido la obra de teatro.
4 Mónica ha estado muy enferma esta semana. (*Oder:* Esta semana Mónica ha estado muy enferma.)
5 Pedro y José han traducido el texto al alemán.

2

1 Has hecho, me he levantado, me he duchado, he bañado, me he vestido, hemos desayunado, he llevado, he ido
2 he podido, ha comprado
3 ha vuelto, he hablado, ha dicho

3

waagerecht: escrito, dicho, descubierto
senkrecht: roto, visto, puesto, hecho, abierto
1 escrito; 2 roto; 3 visto; 4 puesto; 5 abierto; 6 dicho; 7 hecho; 8 descubierto

4

1 llegas; 2 sales; 3 he salido; 4 conduce; 5 producen; 6 pongo; 7 cuento; 8 he venido; 9 he llegado; 10 has dado; 11 voy; 12 podemos; 13 encanta; 14 muevo; 15 hago

5

1 – b; 2 – a; 3 – d; 4 – g; 5 - e; 6 – c; 7 – f; 8 – h
1 alguna vez; 2 hoy; 3 ya; 4 ayer; 5 Antes; 6 siempre; 7 Todavía; 8 En 1980

6

¿Has hecho ya el café?
– No, todavía no he tenido tiempo.
Yo lo voy a hacer ahora, ¿dónde has puesto la cafetera?
– Lo siento, no la he visto.

18 Das Plusquamperfekt

1

1 Paco y Ana se habían conocido en una fiesta.
2 Eva me mostró lo que había comprado en Cádiz.
3 Quise invitarte a comer, pero ya te habías ido.
4 Cuando llegué ya habían cerrado.
5 ¿No habíais planeado una excursión para hoy?

2

1 consiguió, había cumplido
2 estaba, había llovido
3 Decidimos, había empezado
4 pude (*oder:* podía), había visto
5 llamé, dijeron, habías ido
6 cogieron (*oder:* habían cogido), eran

19 Das Futur II

1

1 habrás comido; 2 Habrán pagado; 3 se habrán escondido, se habrán ido; 4 habrá pasado, habrá tenido; 5 habrán tenido

2

1 Sí, problamente ya la habrá escrito. (*Oder:* la habrá escrito ya)
2 Sí, probablemente habrá llegado a tiempo.
3 Sí, probablemente ya habrán comenzado. (*Oder:* habrán comenzado ya)
4 Sí, probablemente la habrá conseguido.
5 Sí, probablemente ya habrán vuelto. (*Oder:* habrán vuelto ya)

20 Der *Condicional Perfecto*

1

1 habría llamado; 2 habrían llevado; 3 habrías empezado; 4 habríamos esperado; 5 habría gustado; 6 habría ido

2
1 ¿qué habrías hecho tú en mi lugar?
2 pero no teníamos dinero.
3 habría ido a pie.
4 habría preparado un flan.
5 habría reparado el coche.
6 habría saludado.
7 ver a Lucía antes de que volviera a Buenos Aires?

21 Der *Subjuntivo*

1
1 acompañes; 2 habléis; 3 se comporte; 4 se decidan; 5 vuelva; 6 escuchéis; 7 tengas; 8 despidan; 9 hagas; 10 sean

2
1 critiquéis; 2 pongáis; 3 os metáis; 4 deje; 5 coja; 6 prohíba; 7 se ponga

3
1 asistas; 2 guste; 3 convenzáis; 4 pueda; 5 sigan; 6 tenga; 7 esté; 8 salgan; 9 sea; 10 tengáis

4
1 sea flexible; 2 sepan español; 3 sepa cocinar; 4 tenga coche; 5 conozca Escandinavia; 6 hable ruso; 7 dé clases de guitarra

5
1 – h; 2 – b; 3 – e; 4 – a; 5 – i; 6 – c; 7 – g; 8 – f; 9 – d

6
1 estoy; 2 creas; 3 se recupere; 4 terminéis; 5 cambiéis; 6 te vayas; 7 sabe

7
1 tiene; 2 reaccione; 3 hagan; 4 es; 5 se trate; 6 consiga (*oder:* consigo); 7 diga; 8 es; 9 admita; 10 se hace; 11 se las arregle

8
1 estuvieran (*oder:* estuviesen)
2 fuera (fuese)
3 nos ocupáramos (nos ocupásemos), estuviera (estuviese)
4 se dieran (se diesen)

5 tuviéramos (tuviésemos)
6 se estropeara (se estropease)
7 fuéramos (fuésemos)
8 salieran (saliesen)
9 acompañara (acompañase)
10 contratáramos (contratásemos), estuviera (estuviese)
11 dejaran (dejasen)

9

1 respetaras (respetases)
2 te dirigieras (te dirigieses)
3 invitaras (invitases)
4 compartiéramos (compartiésemos)
5 utilizaras (utilizases)
6 te ocuparas (te ocupases)
7 participaras (participases)
8 limpiaras (limpiases)
9 hicieras (hicieses)
10 pusieras (pusieses)

10

1 volvieran (*oder:* volviesen, volverían)
2 tenéis (*oder:* tengáis)
3 tenía
4 pase
5 se portaran (*oder:* se portasen, se hubieran portado, se hubiesen portado)
6 estaba
7 hayan hablado
8 vive
9 te des, pueden
10 se levante, llora

11

1 No quería que te fueras. (*oder:* … que te fueses.)
2 Buscaban una casa que tuviera (tuviese) jardín y que estuviera (estuviese) en un barrio tranquilo.
3 Os pedí que me ayudarais (ayudaseis) un poco más.
4 Nos recomendaron que resolviéramos (resolviésemos) el asunto antes de que hubiera consecuencias graves.
5 Me extrañó que tus amigos gastaran (gastasen) tanto dinero en un coche.
6 Ana necesitaba que la escucharan (escuchasen).

7 Mi padre no creía que llegáramos (llegasemos, llegaríamos) a Italia con este coche.
8 Era raro que con el calor que hacía hubiera (hubiese) tan poca gente en la playa.
9 A Elena le molestaba (le molestó) que sus hijos le hablaran (hablasen) en ese tono.
10 No me parecía bien que faltaras (faltases) tanto a clase.
11 Nos alegramos mucho de que te ofrecieran (ofreciesen) un puesto tan interesante.
12 No creía que fuera (fuese) tan fácil reunir a tanta gente en el plazo de dos días.

12

1 Si no lo supieras (supieses), te lo diría.
2 Si compraras (comprases) un coche así, te ahorrarías muchos problemas.
3 Si fumaras (fumases) menos, se te quitaría esa tos.
4 Si la ayudarais (ayudaseis) un poco, terminaría más rápido.
5 Si los niños no tuvieran (tuviesen) clase mañana, podríamos salir antes.
6 Si no hiciera (hiciese) frío, podríamos cenar en la terraza.
7 Si no os atrevierais (atrevieseis) a decírselo, sería peor.
8 Si estuvieras seguro (estuvieses), podrías ponerte a trabajar.
9 Si Alfonso aceptara (aceptase) tu propuesta, daríais un buen paso.
10 Si las cosas siguieran (siguiesen) así, podríamos dar por terminado el asunto.

13

1 No quiero que habléis con él sobre este asunto.
2 Los anfitriones sintieron mucho que no pudieras (pudieses) venir.
3 Tienes que decidirte antes de que sea demasiado tarde.
4 Aunque hubiera encontrado una habitación, no me habría quedado en ese lugar.
5 Llámame cuando hayas llegado.
6 Si el tren se hubiera (hubiese) retrasado cinco minutos más, habríamos perdido el avión.
7 Ojalá puedas ayudarle.
8 Nos disgusta (*oder:* no nos gusta) que Jorge se comporte como si no tuviera nada que ver con este asunto.
9 Era (*oder:* fue) mejor que se fueran (fuesen).
10 Temían que sus hijos no se ocuparan de nada mientras ellos estaban de vacaciones.

22 Der Imperativ

1

¡Come!, ¡Comed!; ¡Ven!, ¡Venid!; ¡Escribe!, ¡Escribid!; ¡Descansa!, ¡Descansad!; ¡Juega!, ¡Jugad!; ¡Sal!, ¡Salid!; ¡Corre!, ¡Corred!; ¡Duerme!, ¡Dormid!; ¡Trabaja!, ¡Trabajad!; ¡Di!, ¡Decid!; ¡Pon!, ¡Poned!; ¡Escucha!, ¡Escuchad!; ¡Recoge!, ¡Recoged!

2

¡No subas!; ¡No sigáis!; ¡No coma!; ¡No durmáis!; ¡No hables!; ¡No miren!; ¡No vuelvas!; ¡No traduzcas!; ¡No traiga!

3

1 Respeta la personalidad de tu marido. (*oder:* su personalidad).
2 No lo (*oder:* le) compares nunca con otros.
3 Consulta con él … . 4 Escúchale … . 5 No te impacientes … . 6 Hazle … . 7 Intenta … . 8 No le exijas … . 9 No te pongas … . 10 Tómate … . 11 No lo critiques … . 12 Dale … . 13 Déjale … . 14 Sé … . 15 Recuerda

4

1 Lleva; 2 Lávate; 3 Cuelguen; 4 pongas; 5 Recoged; 6 Lea; 7 Abrid; 8 digas; 9 Prueben; 10 esperéis

5

1 Regad; 2 dejéis; 3 os olvidéis; 4 Llamad; 5 Comed; 6 toquéis; 7 despilfarréis; 8 Apuntad; 9 pongáis; 10 vayáis

6

1 ¡Rómpelo! 2 ¡Idos! (*oder umgangssprachlich:* ¡Iros!) 3 ¡Levántense! 4 ¡Ven! 5 ¡Hacedlo! 6 ¡Tráigamelo! 7 ¡Atrévase! 8 ¡Sal! 9 ¡Sentaos! 10 ¡Dense prisa! 11 ¡Ríanse! 12 ¡Gritad!

7

vestirse: ¡Vístete!, ¡Vestíos!, ¡No te vistas!, ¡No os vistáis!
esconderse: ¡Escóndete!, ¡Escondeos!, ¡No te escondas!, ¡No os escondáis!
dormirse: ¡Duérmete!, ¡Dormíos!, ¡No te duermas!, ¡No os durmáis!
olvidarse: ¡Olvídate!, ¡Olvidaos!, ¡No te olvides!, ¡No os olvidéis!
reírse: ¡Ríete!, ¡Reíos!, ¡No te rías!, ¡No os riáis!
sentarse: ¡Siéntate!, ¡Sentaos!, ¡No te sientes!, ¡No os sentéis!
volverse: ¡Vuélvete!, ¡Volveos!, ¡No te vuelvas!, ¡No os volváis!
despertarse: ¡Despiértate!, ¡Despertaos!, ¡No te despiertes!, ¡No os despertéis!
divertirse: ¡Diviértete!, ¡Divertíos!, ¡No te diviertas!, ¡No os divirtáis!

8

1 ¡Dáselo! 2 ¡Mándeselo! 3 ¡Ponla! 4 ¡Hazlos! 5 ¡Devuélvanselo!
6 ¡Preguntadle! 7 ¡Véndala! 8 ¡Préstaselo! 9 ¡Contestadle! 10 ¡Pídasela!
11 ¡Tenlo atado! 12 ¡Pregúntenle! 13 ¡No la toquéis con las manos!
14 ¡No lo invites! 15 ¡No se lo digas!

23 Der Infinitiv

1

1 Al salir de la estación, vi pasar a tu hermana.
2 Esto le pasa por ser tan testaruda.
3 De llegar antes del anochecer, seguramente encontraremos todavía una habitación.
4 Antes de irnos de vacaciones, tendremos que arreglar todavía un asunto importante.
5 De tener ese dinero, te lo prestaría con mucho gusto.
6 No te lo dijimos por no asustarte.
7 Al pasar delante de la casa de Mercedes, siempre nos paramos un rato para mirar las flores del balcón.
8 Después de terminar de comer, me vas a echar una mano para tender la ropa.
9 Carlos siempre está dispuesto a ayudarnos, a pesar de tener muy poco tiempo.
10 De haberte dado prisa, habrías llegado a tiempo.

2

1 acabo de; 2 vuelves a; 3 terminé por; 4 llegué a; 5 se echó a; 6 va a;
7 Deja de; 8 empezar a

3

1 Debe de; 2 Debe de; 3 Tienes que; 4 Deben de; 5 Tenéis que; 6 Tengo que;
7 Tuvimos que

24 Das *Gerundio*

1

estás comiendo; están estudiando; está durmiendo; estoy terminando; estáis leyendo; estamos hablando; está corrigiendo; están ayudando; estás viviendo; está cayendo; estáis empezando; estoy volviendo; están escribiendo; están eligiendo; estás construyendo; estoy haciendo

2

1 hablando; 2 estudiando; 3 celebrando; 4 durmiendo; 5 empeorando; 6 preguntando; 7 arreglando; 8 siguiendo; 9 mintiendo; 10 lloviendo; 11 construyendo; 12 traduciendo

3

1 Clara se fue diciendo … .
2 Empezando a tiempo, tendremos toda la tarde libre.
3 Aun teniendo una casa más grande, estaría igual de desordenada.
4 Corriendo por el parque me encontré con tu vecina.
5 Carlos salió enfurecido dando un portazo.
6 En la selva amazónica vimos un mono saltando por los árboles.
7 Gastando tanto dinero en ese regalo, no te quedará casi nada para los otros.
8 Se resistiría a creerlo aun diciéndoselo más claramente.
9 Paseaba por la calle cantando en voz baja.
10 Yendo por esta carretera, se ahorrarán por lo menos veinte kilómetros.
11 Cuando vieron que todas las cajas estaban vacías, los ladrones se fueron maldiciendo su mala suerte.
12 Dejando caer las bolsas se la compra, se sentó.

4

1 llegar; 2 emigrando; 3 pasar; 4 fumar; 5 nevando; 6 puesta; 7 cometer; 8 viviendo; 9 vendidas; 10 Hablando, perdiendo; 11 desordenado

5

1 ¿Qué estáis haciendo? – Estamos cenando.
2 Si sigues trabajando así, algún día tendrás problemas de salud.
3 Llevo una semana preparándome para el examen.
4 Están celebrando el cumpleaños de Anita.
5 Tenemos que seguir ahorrando un poco para poder hacer este viaje.
6 He esperado (*oder:* he estado esperando) media hora y he terminado marchándome.
7 Nuestro proyecto está progresando muy bien.
8 Ester y su madre llevan una hora peleándose. (*oder:* llevan una hora discutiendo)
9 Pablo empezó organizando viajes pequeños para amigos y hoy tiene una de las agencias de viajes más grandes de la ciudad.
10 Contesta tú al teléfono, por favor, yo estoy acostando a los niños.

25 Das Partizip Perfekt

1

1 maduras; 2 prohibida, tolerada; 3 leídas; 4 teñido; 5 fijado, roto; 6 hecha, condimentada, decorado; 7 casada, casado

2

1 cerrado, abiertas; 2 encendido, apagadas; 3 roto, rotos; 4 usado; 5 mojada, manchada

26 Das Passiv

1

soy visto, -a; han sido tocados, -as; seréis atacados, -as; es defendido, -a; fueron abiertos, -as; serán comprados, -as; son obligados, -as; seremos observados, -as; han sido arreglados, -as; fuisteis llevados, -as; han sido golpeados, -as; serás robado, -a

2

1 El niño fue adoptado por unos amigos de la familia.
2 Ayer fue inaugurada una biblioteca infantil por el alcalde.
3 El poema será leído por la profesora.
4 Los empleados del banco fueron obligados por los ladrones a abrir la caja fuerte.
5 Estos terrenos van a ser adquiridos por la constructora "Campo Verde".
6 Gran parte de los árboles del parque nacional fue destruida por el fuego.
7 El proyecto es estudiado detenidamente por los ingenieros.
8 Los trabajos de carpintería han sido realizados por mi hermano.
9 La bodega fue fundada hace más de cien años.

3

1 está; 2 han sido (*oder:* fueron) robados; 3 ha sido; 4 está; 5 está, están; 6 fueron; 7 ha sido (*oder:* fue); 8 está, está; 9 estaban; 10 estoy

4

1 La cena será servida por un restaurante famoso.
2 Los medicamentos han sido distribuidos por varias enfermeras.
3 Los montañeros fueron salvados por un perro San Bernardo.
4 El ministro es amenazado por un colaborador.
5 La película será dirigida por un director todavía desconocido.
6 El cuadro fue adquirido por un comprador anónimo.
7 La casa fue diseñada por una amiga nuestra.

5

1 La manifestación se disolvió en cinco minutos.
2 Muchas escenas de la película se filmaron en los Andes.
3 Nuestro viaje a Madrid se ha aplazado hasta principios de agosto.
4 Es la tercera novela que se ha publicado este año sobre el mismo tema.
5 Estos edificios se construyeron el año pasado.
6 En la reunión de ayer se acordaron nuevos aumentos de sueldo.
7 El coche del asesino se ha encontrado en las afueras de Valencia.
8 Estos trastos se venderán en un mercadillo.
9 Ayer se aprobaron los presupuestos para el próximo año.
10 Los cuadros de esta exposición se colocaron según un orden muy bien pensado.
11 La iglesia del pueblo se reconstruyó en 1995.
12 El acto se organizó con toda rapidez.

6

Se machacan en el mortero los ajos, la sal y la pimienta. Se añaden el zumo de limón y una cucharada de aceite, y se adoba la carne con este preparado. En una cazuela se fríen las cebollas picadas. Cuando estén doradas, se añaden la harina y el Jerez. Se remueve hasta que empiece a hervir y se coloca en la cazuela la carne. Se rodea la carne con las zanahorias cortadas en rodajas y se deja cocer hasta que esté tierna. Entonces se corta la carne en lonchas. Se escurren las zanahorias y se ponen en una fuente. Se baña la carne con la salsa y se sirve caliente.

27 Der Gebrauch der Verben *ser*, *estar* und *hay*

1

1 somos; 2 es; 3 Es; 4 son; 5 es; 6 Es; 7 son; 8 es; 9 Somos; 10 son; 11 es

2

1 estado; 2 está; 3 están; 4 están; 5 Estoy; 6 está; 7 estáis; 8 está; 9 Estamos; 10 está

3

1 está; 2 es; 3 están; 4 es; 5 están; 6 Estás, estás; 7 están, es; 8 Son; 9 es; 10 Es; 11 está; 12 es; 13 es, está

4

1 están; 2 es; 3 estáis; 4 es; 5 Está; 6 son; 7 es; 8 estamos; 9 estás; 10 Son

5
1 Hay; 2 Está; 3 Había; 4 están; 5 hay; 6 están; 7 Hay

6
1 está; 2 hay; 3 están; 4 es, están; 5 somos, estamos; 6 hay; 7 Es, estén; 8 son, son; 9 está; 10 hay; 11 es; 12 es, estás

28 Die indirekte Rede

1
1 Mi madre dijo que no llegó/había llegado a tiempo.
2 Tu hermana me dijo que lo vio/había visto el otro día en la calle.
3 Ramón nos dijo que no tenía tiempo.
4 Elena diría que le salió/había salido todo fenomenal.
5 Mis vecinos me dijeron que me ayudarían a organizar la fiesta.
6 Mi sobrina dice que ya ha leído varias novelas de esta autora.
7 Rita me prometió que me compraría este disco.
8 Mi colega me había dicho que estaba planeando un viaje a las islas Galápagos.
9 Mi hermana me dijo que ella en mi lugar no aceptaría la oferta.
10 Federico decía que si le daban el puesto, tendría que cambiar de casa.
11 Mi padre me ha dicho que no cree que yo tenga razón.
12 Miguel me prometió que me llamaría.

2
1 la apaguéis
2 se lo des
3 os vayáis
4 lo hagas
5 lo repita
6 te muevas
7 se lo digáis
8 vengas
9 te lo pongas
10 lo mires
11 se lo compres
12 te prepares
13 se lo preguntara (*oder:* preguntase)
14 lo tiraras (tirases)
15 lo/le/la miraran (mirasen)
16 te los pusieras (pusieses)

17 se fueran (fuesen)
18 pasarais (pasaseis)
19 se lo comiera (comiese)
20 lo/le/la siguierais (siguieseis)
21 se lo enseñaras (enseñases)
22 te divirtieras (divirtieses)
23 estudiaras (estudiases)
24 lo/la/le escucharais (escuchaseis)
25 se lo dijerais (dijeseis)
26 lo preguntara (preguntase)
27 las reservarais (reservaseis)

3

1 Ha llamado J. F.. Dice que si quieres, puedes pasar a recoger tu televisor. Que ya lo han arreglado.
2 Ha llamado Charo. Dice que la llames cuando vuelvas.
3 Ha llamado Susana. Pregunta (que) si te has olvidado de la cita que teníais. Dice que espera tu llamada.
4 Ha llamado tu madre. Pregunta (que) qué te pasa, (que) por qué no la llamas. Dice que hace una semana que no sabe nada de ti, que no la hagas esperar más. Te manda un beso.

4

1 Ayer llamó J. F.. Dijo que si querías, podías pasar a recoger tu televisor. Que ya lo habían arreglado.
2 Ayer llamó Charo. Dijo que la llamaras (llamases) cuando volvieras (volvieses).
3 Ayer llamó Susana. Preguntó (que) si te habías olvidado de la cita que teníais. Dijo que esperaba tu llamada.
4 Ayer llamó tu madre. Preguntó (que) qué te pasaba, (que) por qué no la llamabas. Dijo que hacía una semana que no sabía nada de ti, que no la hicieras (hicieses) esperar más.

5

1 se había ido; 2 tenía; 3 habías mandado; 4 daría; 5 has perdido; 6 nos quedáramos (nos quedásemos); 7 tenía, fuéramos (fuésemos); 8 se ocuparía, estaba; 9 ha llegado; 10 había visto (*oder:* vio)

6

1 Sara ha dicho que mañana quiere ir al cine.
2 Tus padres dijeron que te habías ido a la oficina muy temprano.
3 La directora ha ordenado que todos vayan a la reunión (*oder:* asamblea).
4 Pedro afirma siempre que yo no le devuelvo sus libros.
5 La señora Rodríguez ha dicho que Josefina no está en casa, que vuelva a llamar más tarde.
6 La profesora anunció que el próximo examen sería en julio.
7 Diles que se sienten (*oder:* que tomen asiento).
8 Me dijo que me acostara (*oder:* me acostase) si estaba cansada, -o.
9 Habíais prometido que vendríais a vernos.
10 Me ha asegurado que se habría olvidado de la cita si yo no le hubiera llamado (*oder:* hubiese llamado).

29 Die Adverbien

1

1 tranquilamente; 2 rápidamente; 3 cortésmente; 4 perfectamente; 5 razonablemente; 6 Felizmente; 7 extraordinariamente; 8 completamente; 9 amablemente; 10 lentamente; 11 raramente; 12 cariñosamente; 13 Generalmente; 14 Probablemente; 15 fácilmente

2

1 Elena siempre va vestida muy elegantemente.
2 Mi hermana habla bien italiano.
3 Nunca hemos comido tan mal como en este restaurante.
4 Realmente, no tengo ganas de ir al cine hoy.
5 Mi padre habla poco, pero mi hermano habla menos todavía.
6 Extrañamente, no me lo ha dicho.
7 En esta oficina se trabaja muy concienzudamente.
8 Escucha siempre pacientemente.
9 Han discutido muy violentamente (*oder:* fuertemente).
10 No es precisamente una tarea fácil.

3

1 muy; 2 muy; 3 mucho; 4 muy; 5 muy; 6 mucho; 7 muy; 8 mucho; 9 mucho; 10 mucho

4

1 antes; 2 allí; 3 todavía; 4 cerca; 5 demasiado; 6 ya; 7 bien; 8 Así, más; 9 despacio

5
1 en silencio; 2 Sin duda; 3 con frecuencia; 4 con tranquilidad; 5 En general (*oder:* por lo general); 6 con alegría; 7 con mucho cariño; 9 con rapidez

6
1 Por último; 2 realmente; 3 Últimamente; 4 De verdad; 5 totalmente; 6 en total

7
roja, llamativa, guapa, castaño, recogido, ligeramente, bronceada, resuelto, detenidamente, expuestos, contenta, cordialmente, simpática, últimamente, detalladamente

8
1 buena; 2 bien; 3 bien; 4 buena; 5 bien, bueno; 6 buen; 7 bien

30 Die Präpositionen

1
1 por, Para, por, para; 2 por; 3 para, por; 4 para, por; 5 Por, para; 6 para, por; 7 para; 8 por; 9 por

2
1 – e; 2 – f; 3 – i; 4 – g; 5 – h; 6 – b; 7 – j; 8 – c; 9 – d; 10 – k; 11 – a

3
Salimos a las ocho, de Toledo, para estudiar, de compras, para Madrid.
Vuelvo a las ocho, a Toledo, a la escuela, a Madrid, a estudiar.
Iremos a Toledo, a la escuela, a Madrid.
He buscado a mi amiga.
Esta cartera es de piel, de Madrid, de mi amiga, de Toledo, de la escuela.
Entran en la escuela, a las ocho.
Adela es de Toledo, mi amiga.
Nos quedamos en Toledo, en Madrid, en la escuela, para estudiar.

4
1 ¿Cuándo llegaste (*oder:* has llegado)? – Hace catorce días.
2 La clase ha empezado hace diez minutos.
3 ¿Desde cuándo esperas al autobús? (*Oder:* ¿Cuánto hace que esperas al autobús?)
4 No he visto a María desde marzo.
5 Hasta hace una semana ha estado lloviendo mucho aquí.

6 Peter está con su padre (*oder:* en casa de su padre).
7 El gato espera siempre delante de la puerta.
8 ¿Este tren va a Barcelona?

5

1 de; 2 a; 3 de; 4 en; 5 en; 6 En; 7 por; 8 a; 9 por (*oder:* delante de); 10 con; 11 en; 12 a; 13 a; 14 con; 15 de; 16 con; 17 sin; 18 al; 19 de; 20 de; 21 de; 22 en; 23 con; 24 de; 25 con; 26 al; 27 de; 28 para; 29 sobre (*oder:* en); 30 Por; 31 a; 32 Con; 33 de; 34 a; 35 de; 36 a (*oder:* para); 37 para; 38 para

6

1 en; 2 en; 3 de; 4 a; 5 de; 6 a (= al)

7

1 de; 2 en; 3 de; 4 de; 5 de; 6 a; 7 con; 8 de; 9 de; 10 de; 11 por; 12 en; 13 a; 14 en; 15 de; 16 de; 17 de; 18 En, En; 19 de; 20 de; 21 de; 22 en; 23 a; 24 de

8

1 a, a
2 –
3 a
4 –, a
5 a
6 –
7 A
8 –
9 a
10 –, –, –

9

1 –
2 –
3 de, de
4 –, de
5 –
6 –
7 de
8 de
9 –
10 –

31 Die Konjunktionen

1

1 porque; 2 Antes de que; 3 aunque; 4 siempre que; 5 para que; 6 Como; 7 Por mucho que; 8 como si; 9 Cuando; 10 de modo que

2

1 sepas; 2 está; 3 se quejen; 4 resulta (*oder:* resulte); 5 vuelven

3

1 Si; 2 En caso (de) que; 3 si; 4 como si; 5 siempre que; 6 En caso (de) que; 7 como si; 8 Si; 9 En caso (de) que; 10 siempre que

4

1 hubieras llamado (*oder:* hubieses llamado); 2 trabaje; 3 tienes; 4 vimos; 5 discutáis; 6 llegaron

5

1 Cuándo, cuando; 2 por qué; 3 porque; 4 Para qué; 5 para que; 6 cuando; 7 para qué (*oder:* por qué); 8 cuándo

6

1 cuando; 2 Si; 3 Si; 4 Si; 5 si; 6 Si; 7 cuando (*oder:* si); 8 Cuando

7

1 es; 2 arregle; 3 gane; 4 termine; 5 ayude; 6 paséis (*oder:* tengáis); 7 está; 8 diga; 9 vengas; 10 venda; 11 ha comprado; 12 tiene

Langenscheidt
Verbtabellen

Spanisch

Verbformen nachschlagen und trainieren

von Olga Balboa

Langenscheidt
München · Wien

Benutzerhinweise

Mit den besonders übersichtlichen und benutzerfreundlichen Langenscheidt Verbtabellen Spanisch bekommen Sie einen guten Überblick über die wichtigsten Verben, ihre Grammatik und die unterschiedlichen Konjugationsmuster.

Konjugationstabellen im Buch
Im Buch werden Ihnen auf 70 Doppelseiten die wichtigsten spanischen Verben und ihre Konjugationsmuster vorgestellt. Auf der linken Seite finden Sie das jeweilige Verb in allen relevanten Zeiten und Modi. (1) Hier wird die jeweilige Konjugationsgruppe angezeigt. (2) Über die Konjugationsnummer werden Verben (auch diejenigen im Anhang) einem speziellen Konjugationsmuster zugeordnet. (3) Gelegentlich finden Sie hier eine Kurzbeschreibung der wichtigsten Merkmale eines Verbs. (4) Auf den Musterkonjugationsseiten (z. B. zum Passiv) sind die typischen Formen bzw. Endungen in Schwarz fett hervorgehoben. Ausnahmen werden auf den später folgenden Seiten stets blau hervorgehoben. Abweichende Schreibweisen werden durch fett gesetzte blaue Buchstaben betont. (5) Personalpronomen werden hier nur beim Imperativ aufgeführt, um die Formen besser zuordnen zu können.

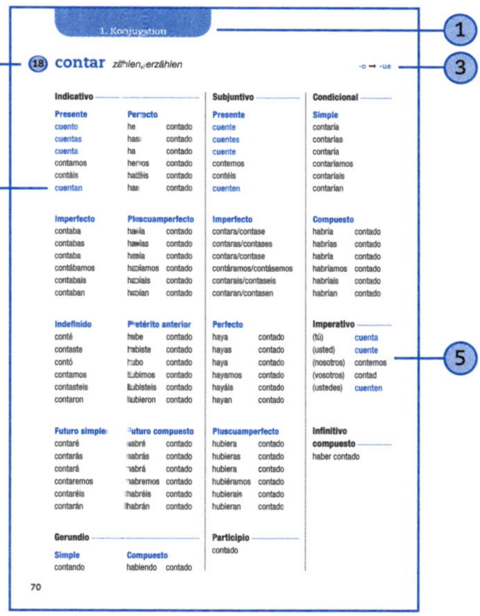

1. Konjugation

(18) **contar** *zählen, erzählen* -o → -ue

Indicativo		Subjuntivo	Condicional
Presente	**Perfecto**	**Presente**	**Simple**
cuento	he contado	cuente	contaría
cuentas	has contado	cuentes	contarías
cuenta	ha contado	cuente	contaría
contamos	hemos contado	contemos	contaríamos
contáis	habéis contado	contéis	contaríais
cuentan	han contado	cuenten	contarían
Imperfecto	**Pluscuamperfecto**	**Imperfecto**	**Compuesto**
contaba	había contado	contara/contase	habría contado
contabas	habías contado	contaras/contases	habrías contado
contaba	había contado	contara/contase	habría contado
contábamos	habíamos contado	contáramos/contásemos	habríamos contado
contabais	habíais contado	contarais/contaseis	habríais contado
contaban	habían contado	contaran/contasen	habrían contado
Indefinido	**Pretérito anterior**	**Perfecto**	**Imperativo**
conté	hube contado	haya contado	(tú) cuenta
contaste	hubiste contado	hayas contado	(usted) cuente
contó	hubo contado	haya contado	(nosotros) contemos
contamos	hubimos contado	hayamos contado	(vosotros) contad
contasteis	hubisteis contado	hayáis contado	(ustedes) cuenten
contaron	hubieron contado	hayan contado	
Futuro simple	**Futuro compuesto**	**Pluscuamperfecto**	**Infinitivo compuesto**
contaré	habré contado	hubiera contado	haber contado
contarás	habrás contado	hubieras contado	
contará	habrá contado	hubiera contado	
contaremos	habremos contado	hubiéramos contado	
contaréis	habréis contado	hubierais contado	
contarán	habrán contado	hubieran contado	
Gerundio		**Participio**	
Simple	**Compuesto**	contado	
contando	habiendo contado		

70

Infoseiten

Auf der rechten Seite finden Sie zusätzliche Informationen wie Anwendungsbeispiele (6) und feste Redewendungen (7). Alternativ stehen hier manchmal auch Sprichwörter oder Witze. Ferner treffen Sie in der Rubrik Ähnliche bzw. Andere Verben (8) auf Synonyme und/oder Ableitungen bzw. auf Antonyme. Unter der Rubrik Gebrauch (9) finden Sie besondere Hinweise darauf, wie das Verb verwendet wird. Alternativ zeigen wir Ihnen unter der Rubrik Aufgepasst! Besonderheiten und Stolpersteine auf. Gelegentlich finden Sie die Rubrik Tipps & Tricks (10), die auf Verben mit dem gleichen Konjugationsmuster oder andere praktische Hilfestellungen verweist.

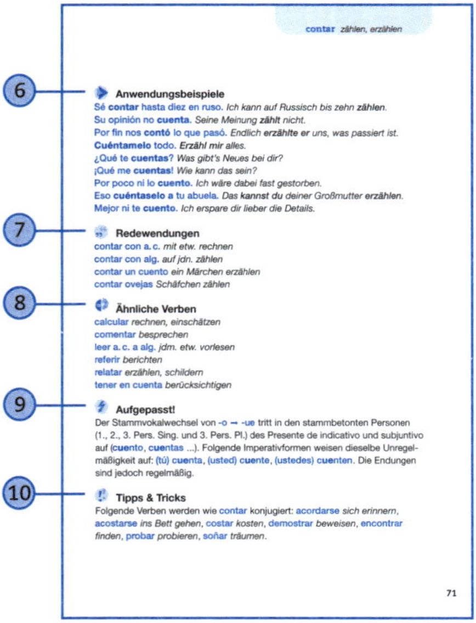

contar *zählen, erzählen*

(6) **Anwendungsbeispiele**

Sé **contar** hasta diez en ruso. *Ich kann auf Russisch bis zehn* ***zählen****.*
Su opinión no **cuenta**. *Seine Meinung* ***zählt*** *nicht.*
Por fin nos **contó** lo que pasó. *Endlich* ***erzählte er*** *uns, was passiert ist.*
Cuéntamelo todo. ***Erzähl mir*** *alles.*
¿Qué te **cuentas**? *Was gibt's Neues bei dir?*
¡Qué me **cuentas**! *Wie kann das sein?*
Por poco ni lo **cuento**. *Ich wäre dabei fast gestorben.*
Eso **cuéntaselo a** tu abuela. *Das* ***kannst du*** *deiner Großmutter* ***erzählen****.*
Mejor ni te **cuento**. *Ich erspare dir lieber die Details.*

(7) **Redewendungen**

contar con a. c. *mit etw. rechnen*
contar con alg. *auf jdn. zählen*
contar un cuento *ein Märchen erzählen*
contar ovejas *Schäfchen zählen*

(8) **Ähnliche Verben**

calcular *rechnen, einschätzen*
comentar *besprechen*
leer a. c. a alg. *jdm. etw. vorlesen*
referir *berichten*
relatar *erzählen, schildern*
tener en cuenta *berücksichtigen*

(9) **Aufgepasst!**

Der Stammvokalwechsel von -o → -ue tritt in den stammbetonten Personen (1., 2., 3. Pers. Sing. und 3. Pers. Pl.) des Presente de indicativo und subjuntivo auf (cuento, cuentas ...). Folgende Imperativformen weisen dieselbe Unregelmäßigkeit auf: (tú) cuenta, (usted) cuente, (ustedes) cuenten. Die Endungen sind jedoch regelmäßig.

(10) **Tipps & Tricks**

Folgende Verben werden wie contar konjugiert: acordarse *sich erinnern*, acostarse *ins Bett gehen*, costar *kosten*, demostrar *beweisen*, encontrar *finden*, probar *probieren*, soñar *träumen*.

71

Symbole

Folgende Symbole werden Ihnen in der Grammatik rund ums Verb begegnen:
Unter (i) erhalten Sie Informationen zu den speziellen Spracheigenheiten des Spanischen sowie zum landestypischen Sprachgebrauch.
Unter (Glühbirne) finden Sie einen Merksatz, den Sie sich gut einprägen sollten.
(Pfeil) Hier wird der Sprachgebrauch im gesprochenen dem geschriebenen Spanischen gegenübergestellt.
(Blitz) weist Sie auf Stolpersteine hin, damit Sie diese möglichen Fehlerquellen vermeiden können. Hier handelt es sich zumeist um Unterschiede zwischen dem deutschen und dem spanischen Sprachgebrauch.
(Symbol) signalisiert Ihnen, dass es sich hier um eine Ausnahme oder Sonderform handelt, die Sie sich besonders gut merken sollten.
Das Symbol ▶ verweist auf andere Stellen im Buch, die Sie sich bei dieser Gelegenheit ansehen sollten.

Niveaustufenangaben gemäß dem Europäischen Referenzrahmen

In der Grammatik rund ums Verb treffen Sie mitunter auch auf folgende Niveaustufenangaben: A1, A2, B1, B2. Diese verraten Ihnen, welche Grammatikthemen und welche Regeln für Ihr Lernniveau relevant sind. Die Niveaustufen beziehen sich nicht nur auf das jeweilige Grammatikkapitel, sondern auch auf das in den Beispielsätzen verwendete Vokabular. So wissen Sie auch genau, dass Ihnen dieser Wortschatz bekannt sein sollte.
In der Praxis heißt das: Ist ein Grammatikkapitel beispielsweise der Niveaustufe A1 zugeordnet, so sind alle verwendeten Vokabeln A1, es sei denn, sie sind mit einer anderen Niveaustufe, z. B. A2 (direkt vor dem jeweiligen Wort oder Satz), versehen. Alle in diesem Kapitel enthaltenen Grammatikregeln sollten Sie dann beherrschen, es sei denn, eine Niveaustufenangabe am Rand weist Sie darauf hin, dass diese Regel für ein höheres Niveau, z. B. B1, bestimmt ist.

Hier eine kurze Erläuterung, welche Kenntnisse auf die einzelnen Niveaustufen des Europäischen Referenzrahmens zutreffen:

A1/A2: *Elementare Sprachverwendung*, d. h.
A1 : Sie können einzelne Wörter und ganz einfache Sätze verstehen und formulieren.
A2 : Sie können die Gesprächssituationen des Alltags bewältigen und kurze Texte verstehen oder selbst verfassen.

B1/B2: *Selbstständige Sprachverwendung*, d. h.
B1 : Sie können sich in den Bereichen Alltag, Reise und Beruf schriftlich und mündlich gut verständigen.
B2 : Sie verfügen aktiv über ein großes Repertoire an grammatikalischen Strukturen und Redewendungen und können im Gespräch mit Muttersprachlern bereits stilistische Nuancen erfassen.

C1/C2: *Kompetente Sprachverwendung*, d. h.
C1 : Sie können sich spontan und fließend zu verschiedenen, auch komplexen oder fachspezifischen Sachverhalten äußern und sich schriftlich wie mündlich an die stilistischen Erfordernisse anpassen.
C2 : Sie können mühelos jeder Kommunikationsform in der Fremdsprache folgen und sich daran beteiligen. Dabei verfügen Sie über ein umfassendes Repertoire an Grammatik und Wortschatz und beherrschen verschiedene Stilebenen.

Verben mit Präposition und Alphabetische Verblisten

Am Ende des Buches finden Sie eine Auflistung einiger spanischer Verben, die mit verschiedenen Präpositionen verwendet werden können. Die Alphabetischen Verblisten ermöglichen Ihnen ein schnelles Nachschlagen der Verben sowie eine leichte Zuordnung von über 1000 Verben zu den verschiedenen Konjugationsmustern.

Inhaltsverzeichnis

Konjugationstabellen und Infoseiten – Tablas de conjugación y páginas informativas

1 ser *sein*

Musterkonjugation; Hilfsverb

Indicativo

Presente	Perfecto	
soy	he	sido
eres	has	sido
es	ha	sido
somos	hemos	sido
sois	habéis	sido
son	han	sido

Imperfecto	Pluscuamperfecto	
era	había	sido
eras	habías	sido
era	había	sido
éramos	habíamos	sido
erais	habíais	sido
eran	habían	sido

Indefinido	Pretérito anterior	
fui	hube	sido
fuiste	hubiste	sido
fue	hubo	sido
fuimos	hubimos	sido
fuisteis	hubisteis	sido
fueron	hubieron	sido

Futuro simple	Futuro compuesto	
seré	habré	sido
serás	habrás	sido
será	habrá	sido
seremos	habremos	sido
seréis	habréis	sido
serán	habrán	sido

Gerundio

Simple	Compuesto	
siendo	habiendo	sido

Subjuntivo

Presente

sea
seas
sea
seamos
seáis
sean

Imperfecto

fuera/fuese
fueras/fueses
fuera/fuese
fuéramos/fuésemos
fuerais/fueseis
fueran/fuesen

Perfecto	
haya	sido
hayas	sido
haya	sido
hayamos	sido
hayáis	sido
hayan	sido

Pluscuamperfecto	
hubiera	sido
hubieras	sido
hubiera	sido
hubiéramos	sido
hubierais	sido
hubieran	sido

Participio

sido

Condicional

Simple

sería
serías
sería
seríamos
seríais
serían

Compuesto	
habría	sido
habrías	sido
habría	sido
habríamos	sido
habríais	sido
habrían	sido

Imperativo

(tú)	sé
(usted)	sea
(nosotros)	seamos
(vosotros)	sed
(ustedes)	sean

Infinitivo compuesto

haber sido

Anwendungsbeispiele

Esta **es** Raquel. *Das **ist** Raquel.*
Es colombiana. ***Sie ist** Kolumbianerin.*
Somos ingenieros. ***Wir sind** Ingenieure.*
El diccionario **es de** Juan. *Das Wörterbuch **gehört** Juan.*
El jarrón **es de** porcelana. *Die Vase **ist aus** Porzellan.*
Tus vecinos **son** muy simpáticos. *Deine Nachbarn **sind** sehr sympathisch.*
Son las cinco. ***Es ist** fünf Uhr.*
La reunión **es en** mi despacho. *Die Besprechung **ist in** meinem Zimmer.*
Haz lo que quieras, **es** igual. *Mach, was du willst, es **ist** egal.*

Witz

"Antes yo era una persona muy vanidosa. Ahora, no. Ahora soy perfecto."

Ähnliche Verben

estar *sein, sich befinden*
existir *existieren*

Gebrauch

Ser wird verwendet, um die Identität einer Person oder Sache zu bezeichnen (▶ Grammatik rund ums Verb, 1.1):
Felipe Hernández **es** mi profesor de español. *Felipe Hernández **ist** mein Spanischlehrer.*
Bei wesentlichen Eigenschaften wird ebenfalls ser verwendet:
Antes **era** vanidoso, ahora **soy** perfecto. *Früher **war ich** eingebildet, jetzt **bin ich** perfekt.*
Mit ser werden auch Datum und Uhrzeit angegeben:
Hoy **es** 14 de mayo. *Heute **ist** der 14. Mai.*
Als Hilfsverb wird ser für die Bildung des Passivs verwendet:
La casa **fue construida** por mi abuelo. *Das Haus **wurde** von meinem Großvater **gebaut**.*

2 estar *sein, sich befinden*

Musterkonjugation; Hilfsverb

Indicativo

Presente	Perfecto		Imperfecto	Pluscuamperfecto	
estoy	he	estado	estaba	había	estado
estás	has	estado	estabas	habías	estado
está	ha	estado	estaba	había	estado
estamos	hemos	estado	estábamos	habíamos	estado
estáis	habéis	estado	estabais	habíais	estado
están	han	estado	estaban	habían	estado

Indefinido	Pretérito anterior		Futuro simple	Futuro compuesto	
estuve	hube	estado	estaré	habré	estado
estuviste	hubiste	estado	estarás	habrás	estado
estuvo	hubo	estado	estará	habrá	estado
estuvimos	hubimos	estado	estaremos	habremos	estado
estuvisteis	hubisteis	estado	estaréis	habréis	estado
estuvieron	hubieron	estado	estarán	habrán	estado

Gerundio

Simple	Compuesto	
estando	habiendo	estado

Subjuntivo

Presente	Imperfecto
esté	estuviera/estuviese
estés	estuvieras/estuvieses
esté	estuviera/estuviese
estemos	estuviéramos/estuviésemos
estéis	estuvierais/estuvieseis
estén	estuvieran/estuviesen

Perfecto		Pluscuamperfecto	
haya	estado	hubiera	estado
hayas	estado	hubieras	estado
haya	estado	hubiera	estado
hayamos	estado	hubiéramos	estado
hayáis	estado	hubierais	estado
hayan	estado	hubieran	estado

Participio

estado

Condicional

Simple	Compuesto	
estaría	habría	estado
estarías	habrías	estado
estaría	habría	estado
estaríamos	habríamos	estado
estaríais	habríais	estado
estarían	habrían	estado

Imperativo

(tú)	está
(usted)	esté
(nosotros)	estemos
(vosotros)	estad
(ustedes)	estén

Infinitivo compuesto

haber estado

Anwendungsbeispiele

La farmacia **está** en la calle Zamora. *Die Apotheke **ist in** der Zamorastraße.*
¡El cordero **está** muy bueno! *Das Lamm **ist** sehr gut!*
¿**Está** Pedro? ***Ist** Peter **zu Hause**?*
Estoy esperando a Alicia. ***Ich warte gerade** auf Alicia.*

Redewendungen

estar sentado *sitzen*
estar tumbado *liegen*
estar de pie *stehen*
estar de mal humor *schlecht gelaunt sein*
estar de viaje *verreist sein*
estar de vacaciones *im Urlaub sein*
estar de paso *auf der Durchreise sein*
estar en huelga *streiken*
estar en paro *arbeitslos sein*

Ähnliche Verben

ser *sein*
hay *es gibt*

Gebrauch

Estar beschreibt, wo jemand oder etwas sich befindet. Anders als ser *sein* wird estar außerdem für vorübergehende Tätigkeiten oder nicht dauerhafte Eigenschaften gebraucht (▶ Grammatik rund ums Verb, 1.1):
Estoy de secretaria en prácticas. ***Ich mache** ein Praktikum als Sekretärin.*
Im Gegensatz zu der unpersönlichen Form hay *es gibt* wird estar bei Substantiven verwendet, die bekannt und bestimmt sind:
El banco no **está** lejos. *Die Bank **ist** nicht weit weg.*
Mit estar + Gerundio wird auch die spanische Verlaufsform gebildet:
Estoy pensando en ello. ***Ich denke gerade** darüber **nach**.*

Tipps & Tricks

Der Unterschied zwischen ser und estar ist für Nichtmuttersprachler besonders schwierig. Sehen Sie sich deshalb die Anwendungsbeispiele beider Verben genau an.

3 haber *haben*

Musterkonjugation; Hilfsverb

Indicativo

Presente	Perfecto	
he	–	
has	–	
ha	ha	habido
hemos	–	
habéis	–	
han	–	

Imperfecto	Pluscuamperfecto	
había	–	
habías	–	
había	había	habido
habíamos	–	
habíais	–	
habían	–	

Indefinido	Pretérito anterior	
hube	–	
hubiste	–	
hubo	hubo	habido
hubimos	–	
hubisteis	–	
hubieron	–	

Futuro simple	Futuro compuesto	
habré	–	
habrás	–	
habrá	habrá	habido
habremos	–	
habréis	–	
habrán	–	

Gerundio

Simple	Compuesto	
habiendo	habiendo	habido

Subjuntivo

Presente
haya
hayas
haya
hayamos
hayáis
hayan

Imperfecto
hubiera/hubiese
hubieras/hubieses
hubiera/hubiese
hubiéramos/hubiésemos
hubierais/hubieseis
hubieran/hubiesen

Perfecto	
–	
–	
haya	habido
–	
–	
–	

Pluscuamperfecto	
–	
–	
hubiera	habido
–	
–	
–	

Participio

habido

Condicional

Simple
habría
habrías
habría
habríamos
habríais
habrían

Compuesto	
–	
–	
habría	habido
–	
–	
–	

Imperativo

–
–
–
–
–

Infinitivo compuesto

haber habido

Anwendungsbeispiele

Hemos visto a María. ***Wir haben*** *María* ***gesehen.***
He ido al cine. ***Ich bin*** *ins Kino* ***gegangen.***
En Marbella **hay** muchos alemanes. *In Marbella* ***gibt es*** *viele Deutsche.*
Hay que terminar el informe. ***Man muss*** *den Bericht fertig schreiben.*
Han de tomar una decisión. ***Sie müssen*** *eine Entscheidung treffen.*
Hola, Pepe, **¿qué hay?** *Hallo Pepe,* ***was gibt's?***

Sprichwörter

De todo hay en la viña del Señor. *Es gibt nichts, was es nicht gibt.*
No hay rosas sin espinas. *Keine Rosen ohne Dornen.*
¡Cuidado! ¡Hay ropa tendida! *Achtung! Feind hört mit!*

Ähnliche Verben

ser *sein*
estar *sein, sich befinden*
existir *existieren*

Gebrauch

Haber ist ein Hilfsverb. Mit haber und einem Partizip werden die zusammengesetzten Zeiten gebildet (▶ Grammatik rund ums Verb, 1.1):
Hemos vuelto esta mañana. ***Wir sind*** *heute Morgen* ***zurückgekommen.***
Die unpersönliche Form hay entspricht dem deutschen *es gibt*. Hay kann man in den verschiedenen Zeiten konjugieren, es ist jedoch in Person und Numerus unveränderlich: había, habrá etc.
Hay kann ebenfalls eine örtliche Bedeutung haben. Im Unterschied zu estar *sein, sich befinden* steht hay vor Substantiven, die unbestimmt sind:
¿Hay un banco aquí? *Ist hier eine Bank?*
Hay que, habría que stehen vor einem Infinitiv und bedeuten jeweils *man muss* bzw. *man müsste, man sollte*:
Habría que limpiar las ventanas. *Man sollte die Fenster putzen.*

Tipps & Tricks

Die Verben ser, estar, haber, hay und tener entsprechen den deutschen Verben *sein*, *haben*, *es gibt*. Lernen Sie diese Verben am besten zusammen.

4 lavarse *sich waschen*

Musterkonjugation; Reflexives Verb

Indicativo

Presente

me	lavo
te	lavas
se	lava
nos	lavamos
os	laváis
se	lavan

Perfecto

me	he	lavado
te	has	lavado
se	ha	lavado
nos	hemos	lavado
os	habéis	lavado
se	han	lavado

Imperfecto

me	lavaba
te	lavabas
se	lavaba
nos	lavábamos
os	lavabais
se	lavaban

Pluscuamperfecto

me	había	lavado
te	habías	lavado
se	había	lavado
nos	habíamos	lavado
os	habíais	lavado
se	habían	lavado

Indefinido

me	lavé
te	lavaste
se	lavó
nos	lavamos
os	lavasteis
se	lavaron

Pretérito anterior

me	hube	lavado
te	hubiste	lavado
se	hubo	lavado
nos	hubimos	lavado
os	hubisteis	lavado
se	hubieron	lavado

Futuro simple

me	lavaré
te	lavarás
se	lavará
nos	lavaremos
os	lavaréis
se	lavarán

Futuro compuesto

me	habré	lavado
te	habrás	lavado
se	habrá	lavado
nos	habremos	lavado
os	habréis	lavado
se	habrán	lavado

Gerundio

Simple

lavándose

Compuesto

habiéndose lavado

Subjuntivo

Presente

me	lave
te	laves
se	lave
nos	lavemos
os	lavéis
se	laven

Imperfecto

me	lavara/lavase
te	lavaras/lavases
se	lavara/lavase
nos	laváramos/lavásemos
os	lavarais/lavaseis
se	lavaran/lavasen

Perfecto

me	haya	lavado
te	hayas	lavado
se	haya	lavado
nos	hayamos	lavado
os	hayáis	lavado
se	hayan	lavado

Pluscuamperfecto

me	hubiera	lavado
te	hubieras	lavado
se	hubiera	lavado
nos	hubiéramos	lavado
os	hubierais	lavado
se	hubieran	lavado

Participio

–

Condicional

Simple

me	lavaría
te	lavarías
se	lavaría
nos	lavaríamos
os	lavaríais
se	lavarían

Compuesto

me	habría	lavado
te	habrías	lavado
se	habría	lavado
nos	habríamos	lavado
os	habríais	lavado
se	habrían	lavado

Imperativo

(tú)	lávate
(usted)	lávese
(nosotros)	lavémonos
(vosotros)	lavaos
(ustedes)	lávense

Infinitivo compuesto

haberse lavado

Anwendungsbeispiele

Hay que **lavarse** los dientes antes de acostarse. *Man muss **sich** die Zähne **putzen**, bevor man ins Bett geht.*
Me gusta **lavarme con** agua fría. *Ich **wasche mich** gerne **mit** kaltem Wasser.*
Lávate las manos. ***Wasch dir** bitte die Hände.*

Redewendungen

lavarse las manos *die Hände (in Unschuld) waschen*
lavarse el pelo *sich die Haare waschen*
lavarse de culpas *sich von Sünden befreien*

Andere Verben

ensuciarse *sich schmutzig machen*
mancharse *sich beschmutzen*
ponerse perdido *sich sehr schmutzig machen*

Aufgepasst!

Reflexive Verben werden immer von einem Reflexivpronomen begleitet. Das Pronomen steht meist vor dem Verb. Im Infinitivo, Imperativo und Gerundio wird es jedoch an das Verb direkt angehängt:

Presente: **me** lavo
Imperativo: láva**te**
Infinitivo: lavar**se**
Gerundio: lavándo**se**

Im bejahten Imperativ entfällt in der 1. Person Plural das -s der Endung und in der 2. Person Plural das -d vor dem Reflexivpronomen: lavémonos, lavaos.

Achtung: Wenn aber vor dem Infinitivo oder dem Gerundio ein Hilfsverb steht, kann das Pronomen auch vor dem Hilfsverb stehen:
estoy lavándome/me estoy lavando *ich wasche mich gerade,*
voy a lavarme/me voy a lavar *ich werde mich waschen.*
Abgesehen von dieser Besonderheit werden die reflexiven Verben wie die übrigen Verben der jeweiligen Konjugation konjugiert.

Tipps & Tricks

Beachten Sie, dass viele Verben im Spanischen reflexiv sind, im Deutschen jedoch nicht: acostarse *ins Bett gehen*, despertarse *aufwachen*, dormirse *einschlafen*, ducharse *duschen*, levantarse *aufstehen*, olvidarse *vergessen*.

5 ser recibido *empfangen werden*

Musterkonjugation; Passiv

Indicativo

Presente		Perfecto	
soy	recibido	he	sido recibido
eres	recibido	has	sido recibido
es	recibido	ha	sido recibido
somos	recibidos	hemos	sido recibidos
sois	recibidos	habéis	sido recibidos
son	recibidos	han	sido recibidos

Imperfecto		Pluscuamperfecto	
era	recibido	había	sido recibido
eras	recibido	habías	sido recibido
era	recibido	había	sido recibido
éramos	recibidos	habíamos	sido recibidos
erais	recibidos	habíais	sido recibidos
eran	recibidos	habían	sido recibidos

Indefinido		Pretérito anterior	
fui	recibido	hube	sido recibido
fuiste	recibido	hubiste	sido recibido
fue	recibido	hubo	sido recibido
fuimos	recibidos	hubimos	sido recibidos
fuisteis	recibidos	hubisteis	sido recibidos
fueron	recibidos	hubieron	sido recibidos

Futuro simple		Futuro compuesto	
será	recibido	habré	sido recibido
serás	recibido	habrás	sido recibido
será	recibido	habrá	sido recibido
seremos	recibidos	habremos	sido recibidos
seréis	recibidos	habréis	sido recibidos
serán	recibidos	habrán	sido recibidos

Gerundio

Simple		Compuesto	
siendo	recibido	habiendo	sido recibido

Subjuntivo

Presente	
sea	recibido
seas	recibido
sea	recibido
seamos	recibidos
seáis	recibidos
sean	recibidos

Imperfecto	
fuera/-se	recibido
fueras/-ses	recibido
fuera/-se	recibido
fuéramos/-semos	recibidos
fuerais/-seis	recibidos
fueran/-sen	recibidos

Perfecto		
haya	sido	recibido
hayas	sido	recibido
haya	sido	recibido
hayamos	sido	recibidos
hayáis	sido	recibidos
hayan	sido	recibidos

Pluscuamperfecto		
hubiera	sido	recibido
hubieras	sido	recibido
hubiera	sido	recibido
hubiéramos	sido	recibidos
hubierais	sido	recibidos
hubieran	sido	recibidos

Participio

sido recibido

Condicional

Simple	
sería	recibido
serías	recibido
sería	recibido
seríamos	recibidos
seríais	recibidos
serían	recibidos

Compuesto		
habría	sido	recibido
habrías	sido	recibido
habría	sido	recibido
habríamos	sido	recibidos
habríais	sido	recibidos
habrían	sido	recibidos

Imperativo

(tú)	sé	recibido
(usted)	sea	recibido
(nosotros)	seamos	recibidos
(vosotros)	sed	recibidos
(ustedes)	sean	recibidos

Infinitivo compuesto

haber sido recibido

Anwendungsbeispiele

Los jugadores **fueron recibidos por** muchos seguidores. *Die Spieler **wurden von** vielen Anhängern **empfangen**.*
Tu opinión no **ha sido** bien **recibida**. *Deine Äußerung **wurde** nicht gut **aufgenommen**.*

Redewendungen

ser recibido con entusiasmo *mit Begeisterung empfangen werden*
ser recibido con los brazos abiertos *mit offenen Armen empfangen werden*
ser recibido con aplausos *mit Beifall begrüßt werden*
ser recibido con mala cara *mit finsterer Miene empfangen werden*

Ähnliche Verben

ser acogido *aufgenommen werden*
ser aceptado *akzeptiert werden*

Gebrauch

Das Passiv wird im Spanischen mit ser bzw. estar *sein* und einem Partizip gebildet. Bei dem Hilfsverb ser ist der Vorgang relevant, bei estar das Ergebnis:
es recibido *wurde empfangen*, está recibido *ist empfangen*.
Beim Passiv richtet sich das Partizip in Genus und Numerus nach dem Satzsubjekt: **ellas** son **recibidas** *sie wurden empfangen*.

Das Passiv gehört im Spanischen überwiegend der Schriftsprache an. In der gesprochenen Sprache wird es oft durch das reflexive Passiv ersetzt (se + Verb in aktiver Form):
Ha sido inaugurado un centro comercial en Denia. → **Se ha inaugurado** un centro comercial en Denia. *Ein Einkaufszentrum **wurde** in Denia **eröffnet**.*
Das Passiv wird auch durch ein Verb in der 3. Person Plural ohne Subjekt ersetzt:
Han construido una nueva biblioteca. ***Sie** (unbestimmte Personen) **haben** eine neue Bibliothek **gebaut**.*

6 cantar *singen*

Musterkonjugation;
Regelmäßiges Verb der 1. Konjugation auf -ar

Indicativo

Presente	Perfecto	
cant**o**	he	cantado
cant**as**	has	cantado
cant**a**	ha	cantado
cant**amos**	hemos	cantado
cant**áis**	habéis	cantado
cant**an**	han	cantado

Imperfecto	Pluscuamperfecto	
cant**aba**	había	cantado
cant**abas**	habías	cantado
cant**aba**	había	cantado
cant**ábamos**	habíamos	cantado
cant**abais**	habíais	cantado
cant**aban**	habían	cantado

Indefinido	Pretérito anterior	
cant**é**	hube	cantado
cant**aste**	hubiste	cantado
cant**ó**	hubo	cantado
cant**amos**	hubimos	cantado
cant**asteis**	hubisteis	cantado
cant**aron**	hubieron	cantado

Futuro simple	Futuro compuesto	
cantar**é**	habré	cantado
cantar**ás**	habrás	cantado
cantar**á**	habrá	cantado
cantar**emos**	habremos	cantado
cantar**éis**	habréis	cantado
cantar**án**	habrán	cantado

Gerundio

Simple	Compuesto	
cant**ando**	habiendo	cantado

Subjuntivo

Presente
cant**e**
cant**es**
cant**e**
cant**emos**
cant**éis**
cant**en**

Imperfecto
cant**ara**/cant**ase**
cant**aras**/cant**ases**
cant**ara**/cant**ase**
cant**áramos**/cant**ásemos**
cant**arais**/cant**aseis**
cant**aran**/cant**asen**

Perfecto	
haya	cantado
hayas	cantado
haya	cantado
hayamos	cantado
hayáis	cantado
hayan	cantado

Pluscuamperfecto	
hubiera/-se	cantado
hubieras/-ses	cantado
hubiera/-se	cantado
hubiéramos/-semos	cantado
hubierais/-seis	cantado
hubieran/-sen	cantado

Participio
cant**ado**

Condicional

Simple
cantar**ía**
cantar**ías**
cantar**ía**
cantar**íamos**
cantar**íais**
cantar**ían**

Compuesto	
habría	cantado
habrías	cantado
habría	cantado
habríamos	cantado
habríais	cantado
habrían	cantado

Imperativo

(tú)	cant**a**
(usted)	cant**e**
(nosotros)	cant**emos**
(vosotros)	cant**ad**
(ustedes)	cant**en**

Infinitivo compuesto
haber cantado

Anwendungsbeispiele

Felipe **canta** muy bien. *Felipe **singt** sehr gut.*

Mis padres **cantan en** un coro. *Meine Eltern **singen in** einem Chor.*

¿Has oído ya **cantar al gallo**? *Hast du schon den Hahn **krähen** gehört?*

Las ranas **cantan** hoy muy alto. *Die Frösche **quaken** heute sehr laut.*

El canario **canta** muy bien. *Der Kanarienvogel **singt** sehr schön.*

El poeta **canta** el paisaje castellano. *Der Dichter **preist** die kastilische Landschaft.*

El preso **cantó**. *Der Gefangene **sang**.*

Las cifras **cantan**. *Die Zahlen **sprechen für sich**.*

Redewendungen

cantarle a. c. a alg. *jdm. etw. vorsingen*

cantarle las cuarenta a alg. *jdm. eine Standpauke halten*

cantar como los ángeles *wie ein Engel singen*

cantar los números de la lotería *die Gewinnzahlen verkünden*

cantar a dos/cuatro voces *zwei-/vierstimmig singen*

Ähnliche Verben

arrullar a alg. *jdn. in den Schlaf singen*

canturrear *vor sich hin singen*

corear *mitsingen, einstimmen*

entonar *die Töne treffen*

tararear *trällern, summen*

Aufgepasst!

Das Pluscuamperfecto de subjuntivo wird mit dem Imperfecto de subjuntivo von haber *haben* und einem Partizip gebildet. In beiden Zeiten gibt es zwei Formen, die alternativ verwendet werden: -ra/-se, -ras/-ses, -ra/-se, -ramos/-semos, -rais/-seis, -ran/-sen. Beide Formen des Pluscuamperfecto de subjuntivo werden hier an den Musterverben exemplarisch demonstriert, sind aber auch bei allen anderen Verben zu finden.

Tipps & Tricks

Die meisten Verben gehören im Spanischen zur 1. Konjugation. Wie cantar werden konjugiert: amar *lieben*, bailar *tanzen*, comprar *kaufen*, estudiar *lernen*, *studieren*, hablar *sprechen*, necesitar *brauchen*, preguntar *fragen*.

7 comer *essen*

Musterkonjugation;
Regelmäßiges Verb der 2. Konjugation auf -er

Indicativo

Presente	Perfecto		Imperfecto	Pluscuamperfecto		Indefinido	Pretérito anterior		Futuro simple	Futuro compuesto	
com**o**	he	comido	com**ía**	había	comido	com**í**	hube	comido	comer**é**	habré	comido
com**es**	has	comido	com**ías**	habías	comido	com**iste**	hubiste	comido	comer**ás**	habrás	comido
com**e**	ha	comido	com**ía**	había	comido	com**ió**	hubo	comido	comer**á**	habrá	comido
com**emos**	hemos	comido	com**íamos**	habíamos	comido	com**imos**	hubimos	comido	comer**emos**	habremos	comido
com**éis**	habéis	comido	com**íais**	habíais	comido	com**isteis**	hubisteis	comido	comer**éis**	habréis	comido
com**en**	han	comido	com**ían**	habían	comido	com**ieron**	hubieron	comido	comer**án**	habrán	comido

Subjuntivo

Presente	Imperfecto	Perfecto		Pluscuamperfecto	
com**a**	comie**ra**/comie**se**	haya	comido	hubiera/-se	comido
com**as**	comie**ras**/comie**ses**	hayas	comido	hubieras/-ses	comido
com**a**	comie**ra**/comie**se**	haya	comido	hubiera/-se	comido
com**amos**	comié**ramos**/comié**semos**	hayamos	comido	hubiéramos/-semos	comido
com**áis**	comie**rais**/comie**seis**	hayáis	comido	hubierais/-seis	comido
com**an**	comie**ran**/comie**sen**	hayan	comido	hubieran/-sen	comido

Condicional

Simple	Compuesto	
comer**ía**	habría	comido
comer**ías**	habrías	comido
comer**ía**	habría	comido
comer**íamos**	habríamos	comido
comer**íais**	habríais	comido
comer**ían**	habrían	comido

Imperativo

(tú)	com**e**
(usted)	com**a**
(nosotros)	com**amos**
(vosotros)	com**ed**
(ustedes)	com**an**

Infinitivo compuesto

haber comido

Gerundio

Simple	Compuesto	
com**iendo**	habiendo	comido

Participio

com**ido**

Anwendungsbeispiele

No **hemos comido** todavía, tenemos hambre. *Wir **haben** noch nicht **gegessen**, wir haben Hunger.*
El sábado **comí** gazpacho. *Samstag **habe ich** Gazpacho **gegessen**.*
Mañana **vamos a comer con** Antonio. *Morgen **werden wir mit** Antonio **essen**.*
Este gato no **come** nada. *Diese Katze **frisst** nichts.*
Tienes que **comértelo** todo. *Du musst alles **aufessen**.*
¡No **te comas** el coco! *Mach dich nicht verrückt!*

Redewendungen

comer por comer *ohne Appetit essen*
comer por cuatro *für vier essen*
sin comerlo ni beberlo *ohne sein eigenes Zutun*
comerse las ganas *sich etw. verkneifen*
comerse con los ojos *mit Blicken verschlingen*
comerse a alg. vivo *Hackfleisch aus jdm. machen*
comerse a alg. a besos *jdn. abküssen*

Ähnliche Verben

alimentar(se) *(sich) ernähren*
almorzar *zu Mittag essen*
devorar *fressen*
engullir *verschlingen*
tomar *(zu sich) nehmen*

Gebrauch

Comer wird im Spanischen als Oberbegriff für das Verb *essen* verwendet, bedeutet jedoch je nach Land oder Region entweder *zu Mittag essen* oder auch *zu Abend essen*. Es entspricht auch dem deutschen Verb *fressen*:
Este niño **come** muy poco. *Dieses Kind **isst** sehr wenig.*
Eso no lo **come** mi perro. *Das **frisst** mein Hund nicht.*

Tipps & Tricks

Folgende Verben werden wie comer konjugiert: beber *trinken*, aprender *lernen*, comprender *verstehen*, deber *müssen*, meter *stecken*, prometer *versprechen*, romper *zerbrechen* (Partizip: roto).

8 partir *teilen, ausgehen*

Musterkonjugation;
Regelmäßiges Verb der 3. Konjugation auf **-ir**

Indicativo

Presente	Perfecto		Imperfecto	Pluscuamperfecto		Indefinido	Pretérito anterior		Futuro simple	Futuro compuesto	
part**o**	he	partido	part**ía**	había	partido	part**í**	hube	partido	partir**é**	habré	partido
part**es**	has	partido	part**ías**	habías	partido	part**iste**	hubiste	partido	partir**ás**	habrás	partido
part**e**	ha	partido	part**ía**	había	partido	part**ió**	hubo	partido	partir**á**	habrá	partido
part**imos**	hemos	partido	part**íamos**	habíamos	partido	part**imos**	hubimos	partido	partir**emos**	habremos	partido
part**ís**	habéis	partido	part**íais**	habíais	partido	part**isteis**	hubisteis	partido	partir**éis**	habréis	partido
part**en**	han	partido	part**ían**	habían	partido	part**ieron**	hubieron	partido	partir**án**	habrán	partido

Gerundio

Simple	Compuesto
part**iendo**	habiendo partido

Subjuntivo

Presente	Imperfecto	Perfecto		Pluscuamperfecto	
part**a**	partie**ra**/partie**se**	haya	partido	hubiera/-se	partido
part**as**	partie**ras**/partie**ses**	hayas	partido	hubieras/-ses	partido
part**a**	partie**ra**/partie**se**	haya	partido	hubiera/-se	partido
part**amos**	partié**ramos**/partié**semos**	hayamos	partido	hubiéramos/-semos	partido
part**áis**	partie**rais**/partie**seis**	hayáis	partido	hubierais/-seis	partido
part**an**	partie**ran**/partie**sen**	hayan	partido	hubieran/-sen	partido

Participio

part**ido**

Condicional

Simple	Compuesto	
partir**ía**	habría	partido
partir**ías**	habrías	partido
partir**ía**	habría	partido
partir**íamos**	habríamos	partido
partir**íais**	habríais	partido
partir**ían**	habrían	partido

Imperativo

(tú)	part**e**
(usted)	part**a**
(nosotros)	part**amos**
(vosotros)	part**id**
(ustedes)	part**an**

Infinitivo compuesto

haber partido

Anwendungsbeispiele

He partido la tortilla en cuatro trozos. *Ich habe die Tortilla in vier Stücke geteilt.*

¿Puedes **partir** el pan? *Kannst du das Brot **aufteilen**?*

Partimos de que la reunión será a las cinco. *Wir **gehen davon aus**, dass die Besprechung um fünf Uhr stattfindet.*

Redewendungen

partirse el pecho por alg. *sich für jdn. viel Mühe geben*
partir por la mitad *halbieren*
partirse en dos *sich spalten, sich teilen*
partirse de risa *sich kaputtlachen*
partir peras *sich streiten, sich trennen*
partirle la cara a alg. *jdm. eine Ohrfeige geben*

Ähnliche Verben

cortar *schneiden*
dividir *halbieren*
compartir *mit jdm. teilen*
departir *plaudern*
repartir *verteilen*

Aufgepasst!

Bei partir und allen anderen regelmäßigen Verben der 1., 2. und 3. Konjugation werden die Personalendungen einfach anstelle der Infinitivendung an den Stamm angehängt: part-**ir** → part-**o**, part-**es**, part-**e**, part-**imos**, part-**ís**, part-**en**.
Verben mit dem Stammauslaut -ll bzw. -ñ verlieren das -i der Endung in der 3. Person Singular und Plural im Indefinido, im Imperfecto de subjuntivo und im Gerundio (engullir *verschlingen*: engulló, engulleron etc.).
Beachten Sie, dass wichtige Verben der 3. Konjugation unregelmäßige Partizipien haben: abrir *öffnen* → abierto, escribir *schreiben* → escrito (▶ Grammatik rund ums Verb, 6).

Tipps & Tricks

Lernen Sie die Verbendungen, indem Sie das Verb mit einem Würfel konjugieren.
1 Punkt steht für die Person yo, 2 Punkte für tú, 3 für él, ella, usted, 4 für nosotros, 5 für vosotros, 6 für ellos, ustedes.

9 adquirir *erwerben*

-i → -ie

Indicativo

Presente	Perfecto	
adquiero	he	adquirido
adquieres	has	adquirido
adquiere	ha	adquirido
adquirimos	hemos	adquirido
adquirís	habéis	adquirido
adquieren	han	adquirido

Imperfecto	Pluscuamperfecto	
adquiría	había	adquirido
adquirías	habías	adquirido
adquiría	había	adquirido
adquiríamos	habíamos	adquirido
adquiríais	habíais	adquirido
adquirían	habían	adquirido

Indefinido	Pretérito anterior	
adquirí	hube	adquirido
adquiriste	hubiste	adquirido
adquirió	hubo	adquirido
adquirimos	hubimos	adquirido
adquiristeis	hubisteis	adquirido
adquirieron	hubieron	adquirido

Futuro simple	Futuro compuesto	
adquiriré	habré	adquirido
adquirirás	habrás	adquirido
adquirirá	habrá	adquirido
adquiriremos	habremos	adquirido
adquiriréis	habréis	adquirido
adquirirán	habrán	adquirido

Gerundio

Simple	Compuesto	
adquiriendo	habiendo	adquirido

Subjuntivo

Presente

adquiera
adquieras
adquiera
adquiramos
adquiráis
adquieran

Imperfecto

adquiriera/adquiriese
adquirieras/adquirieses
adquiriera/adquiriese
adquiriéramos/adquiriésemos
adquirierais/adquirieseis
adquirieran/adquiriesen

Perfecto	
haya	adquirido
hayas	adquirido
haya	adquirido
hayamos	adquirido
hayáis	adquirido
hayan	adquirido

Pluscuamperfecto	
hubiera	adquirido
hubieras	adquirido
hubiera	adquirido
hubiéramos	adquirido
hubierais	adquirido
hubieran	adquirido

Participio

adquirido

Condicional

Simple

adquiriría
adquirirías
adquiriría
adquiriríamos
adquiriríais
adquirirían

Compuesto	
habría	adquirido
habrías	adquirido
habría	adquirido
habríamos	adquirido
habríais	adquirido
habrían	adquirido

Imperativo

(tú)	adquiere
(usted)	adquiera
(nosotros)	adquiramos
(vosotros)	adquirid
(ustedes)	adquieran

Infinitivo compuesto

haber adquirido

Anwendungsbeispiele

Adquirimos la casa en 1970. ***Wir haben** das Haus 1970 **erworben**.*

Elena **ha adquirido** muchos conocimientos en nuestra empresa. *Elena **hat** viele Kenntnisse in unserer Firma **erworben**.*

Ha adquirido muy buenas costumbres desde que vive solo. ***Er hat** sehr gute Manieren, seit er allein wohnt.*

Redewendungen

adquirir conocimientos *Kenntnisse erwerben*
adquirir fama *Ruhm erlangen*
adquirir un hábito *eine Gewohnheit annehmen*
adquirir buenas/malas costumbres *gute/schlechte Manieren haben*
adquirir experiencia *Erfahrungen sammeln*

Ähnliche Verben

alcanzar *erreichen*
coger *nehmen*
comprar *kaufen*
comprarse *anschaffen*
conseguir *erlangen, erreichen*
ganar *gewinnen*
hacer *machen*
llegar a tener *erreichen, anschaffen*
obtener *bekommen*
procurarse *sich beschaffen*

Aufgepasst!

Der Vokalwechsel -i → -ie betrifft die stammbetonten Personen (1., 2., 3. Pers. Sing. und 3. Pers. Pl.) des Presente de indicativo (adqu**ie**ro, adqu**ie**res ...) und subjuntivo (adqu**ie**ra, adqu**ie**ras ...) sowie die Imperativformen (tú) adqu**ie**re, (usted) adqu**ie**ra und (ustedes) adqu**ie**ran. Die Endungen sind regelmäßig.

Tipps & Tricks

Wie adquirir wird das Verb inquirir *untersuchen*, *nachfragen* konjugiert. Bei anderen Verben kommt der Vokalwechsel -i → -ie nicht sehr häufig vor.

10 andar *gehen, laufen*

Indicativo

Presente	Perfecto	
ando	he	andado
andas	has	andado
anda	ha	andado
andamos	hemos	andado
andáis	habéis	andado
andan	han	andado

Imperfecto	Pluscuamperfecto	
andaba	había	andado
andabas	habías	andado
andaba	había	andado
andábamos	habíamos	andado
andabais	habíais	andado
andaban	habían	andado

Indefinido	Pretérito anterior	
anduve	hube	andado
anduviste	hubiste	andado
anduvo	hubo	andado
anduvimos	hubimos	andado
anduvisteis	hubisteis	andado
anduvieron	hubieron	andado

Futuro simple	Futuro compuesto	
andaré	habré	andado
andarás	habrás	andado
andará	habrá	andado
andaremos	habremos	andado
andaréis	habréis	andado
andarán	habrán	andado

Gerundio

Simple	Compuesto	
andando	habiendo	andado

Subjuntivo

Presente
ande
andes
ande
andemos
andéis
anden

Imperfecto
anduviera/anduviese
anduvieras/anduvieses
anduviera/anduviese
anduviéramos/anduviésemos
anduvierais/anduvieseis
anduvieran/anduviesen

Perfecto	
haya	andado
hayas	andado
haya	andado
hayamos	andado
hayáis	andado
hayan	andado

Pluscuamperfecto	
hubiera	andado
hubieras	andado
hubiera	andado
hubiéramos	andado
hubierais	andado
hubieran	andado

Participio

andado

Condicional

Simple
andaría
andarías
andaría
andaríamos
andaríais
andarían

Compuesto	
habría	andado
habrías	andado
habría	andado
habríamos	andado
habríais	andado
habrían	andado

Imperativo

(tú)	anda
(usted)	ande
(nosotros)	andemos
(vosotros)	andad
(ustedes)	anden

Infinitivo compuesto

haber andado

Anwendungsbeispiele

No puedo **andar**, me duele la pierna. *Ich kann nicht **laufen**, das Bein tut mir weh.*
Anduvimos por lo menos 15 km. ***Wir liefen** mindestens 15 km.*
Mi coche no **anda**. *Mein Auto **fährt** nicht.*
¿Cómo **andas**? *Wie **geht es** dir?*
Anda por los treinta. ***Er ist** so um die 30.*
Pedro siempre **anda con** rodeos. *Peter weicht ständig aus.*
¡No **te andes por** las ramas! *Rede nicht um den heißen Brei herum!*
Ando metida en un asunto importante. ***Ich bin** in eine wichtige Angelegenheit **verwickelt**.*
Siempre **andan** mal de dinero. *Sie sind immer schlecht bei Kasse.*

Sprichwörter

Con pan y vino se anda el camino. *Mit Brot und Wein geht man auf den Weg.*
Dime con quién andas y te diré quién eres. *Sag mir, mit wem du umgehst, und ich sage dir, wer du bist.*
El movimiento se demuestra andando. *Es gibt nichts Gutes, außer man tut es.*

Ähnliche Verben

ir a pie *zu Fuß gehen*
caminar *gehen, wandern*
correr *rennen*
dar un paseo *einen Spaziergang machen*
dar una vuelta *eine Runde drehen*
pasear *spazieren gehen*

Aufgepasst!

Das Verb andar und seine Ableitung desandar *den gleichen Weg zurückgehen* sind nur im Indefinido und im Imperfecto de subjuntivo unregelmäßig. Die übrigen Formen werden wie cantar *singen* konjugiert.

Tipps & Tricks

Außer andar haben noch einige andere Verben im Indefinido einen neuen Stamm, der ein -v enthält: estar – estuve, tener – tuve.

11 avergonzar *beschämen*

-o → -üe, -z → -c

Indicativo

Presente	Perfecto	
avergüenzo	he	avergonzado
avergüenzas	has	avergonzado
avergüenza	ha	avergonzado
avergonzamos	hemos	avergonzado
avergonzáis	habéis	avergonzado
avergüenzan	han	avergonzado

Imperfecto	Pluscuamperfecto	
avergonzaba	había	avergonzado
avergonzabas	habías	avergonzado
avergonzaba	había	avergonzado
avergonzábamos	habíamos	avergonzado
avergonzabais	habíais	avergonzado
avergonzaban	habían	avergonzado

Indefinido	Pretérito anterior	
avergoncé	hube	avergonzado
avergonzaste	hubiste	avergonzado
avergonzó	hubo	avergonzado
avergonzamos	hubimos	avergonzado
avergonzasteis	hubisteis	avergonzado
avergonzaron	hubieron	avergonzado

Futuro simple	Futuro compuesto	
avergonzaré	habré	avergonzado
avergonzarás	habrás	avergonzado
avergonzará	habrá	avergonzado
avergonzaremos	habremos	avergonzado
avergonzaréis	habréis	avergonzado
avergonzarán	habrán	avergonzado

Gerundio

Simple	Compuesto	
avergonzando	habiendo	avergonzado

Subjuntivo

Presente

avergüence
avergüences
avergüence
avergoncemos
avergoncéis
avergüencen

Imperfecto

avergonzara/avergonzase
avergonzaras/avergonzases
avergonzara/avergonzase
avergonzáramos/avergonzásemos
avergonzarais/avergonzaseis
avergonzaran/avergonzasen

Perfecto	
haya	avergonzado
hayas	avergonzado
haya	avergonzado
hayamos	avergonzado
hayáis	avergonzado
hayan	avergonzado

Pluscuamperfecto	
hubiera	avergonzado
hubieras	avergonzado
hubiera	avergonzado
hubiéramos	avergonzado
hubierais	avergonzado
hubieran	avergonzado

Participio

avergonzado

Condicional

Simple

avergonzaría
avergonzarías
avergonzaría
avergonzaríamos
avergonzaríais
avergonzarían

Compuesto	
habría	avergonzado
habrías	avergonzado
habría	avergonzado
habríamos	avergonzado
habríais	avergonzado
habrían	avergonzado

Imperativo

(tú)	avergüenza
(usted)	avergüence
(nosotros)	avergoncemos
(vosotros)	avergonzad
(ustedes)	avergüencen

Infinitivo compuesto

haber avergonzado

Anwendungsbeispiele

Nos **avergüenzas con** tu conduzca. *Du* ***beschämst*** *uns* ***mit*** *deinem Verhalten.*
No **me avergüenzo de** lo que he hecho. ***Ich schäme mich*** *nicht* ***für*** *das, was ich getan habe.*

Redewendungen

avergonzar a alg. *jdn. beschämen*
avergonzarse de a. c. *sich für etw. schämen*
avergonzarse de alg. *sich für jdn. schämen*

Ähnliche Verben

abochornar(se) *(sich) schämen*
cortarse *verlegen werden*
dar vergüenza *sich schämen*
ruborizarse *rot werden*
no tener vergüenza *keinen Anstand haben*
morirse de vergüenza *vor Scham im Boden versinken*
pasar vergüenza *sich schämen, peinlich berührt sein*
turbar(se) *in Verlegenheit bringen, verlegen werden*

Aufgepasst!

Der Stammvokal **-o** vor der Endung wird bei manchen Formen zu **-üe**. Die Besonderheit bei **avergonzar** ist, dass der Diphthong **-üe** nach einem **-g** steht. Das Trema auf dem **-u** zeigt an, dass es mitgesprochen werden muss.
Wie bei vielen Verben, deren Stamm auf **-z** endet, wird bei **avergonzar** das **-z** vor **-e** bzw. **-é** zu **-c**.
Folgende Zeiten und Personen haben diese orthografische Anpassung an die Aussprache des Infinitivs: die 1. Person Singular des Indefinido (**avergoncé**), das Presente de subjuntivo (**avergüence**, **avergüences** etc.) sowie die vom Presente de subjuntivo abgeleiteten Imperativformen:
No te avergüences de eso. *Schäm dich nicht dafür.*

12 averiguar *herausfinden, erforschen*

-u → -ü

Indicativo

Presente	Perfecto	
averiguo	he	averiguado
averiguas	has	averiguado
averigua	ha	averiguado
averiguamos	hemos	averiguado
averiguáis	habéis	averiguado
averiguan	han	averiguado

Imperfecto	Pluscuamperfecto	
averiguaba	había	averiguado
averiguabas	habías	averiguado
averiguaba	había	averiguado
averiguábamos	habíamos	averiguado
averiguabais	habíais	averiguado
averiguaban	habían	averiguado

Indefinido	Pretérito anterior	
averigüé	hube	averiguado
averiguaste	hubiste	averiguado
averiguó	hubo	averiguado
averiguamos	hubimos	averiguado
averiguastéis	hubisteis	averiguado
averiguaron	hubieron	averiguado

Futuro simple	Futuro compuesto	
averiguaré	habré	averiguado
averiguarás	habrás	averiguado
averiguará	habrá	averiguado
averiguaremos	habremos	averiguado
averiguaréis	habréis	averiguado
averiguarán	habrán	averiguado

Gerundio

Simple	Compuesto	
averiguando	habiendo	averiguado

Subjuntivo

Presente

averigüe
averigües
averigüe
averigüemos
averigüéis
averigüen

Imperfecto

averiguara/averiguase
averiguaras/averiguases
averiguara/averiguase
averiguáramos/averiguásemos
averiguarais/averiguaseis
averiguaran/averiguasen

Perfecto	
haya	averiguado
hayas	averiguado
haya	averiguado
hayamos	averiguado
hayáis	averiguado
hayan	averiguado

Pluscuamperfecto	
hubiera	averiguado
hubieras	averiguado
hubiera	averiguado
hubiéramos	averiguado
hubierais	averiguado
hubieran	averiguado

Participio

averiguado

Condicional

Simple

averiguaría
averiguarías
averiguaría
averiguaríamos
averiguaríais
averiguarían

Compuesto	
habría	averiguado
habrías	averiguado
habría	averiguado
habríamos	averiguado
habríais	averiguado
habrían	averiguado

Imperativo

(tú)	averigua
(usted)	averigüe
(nosotros)	averigüemos
(vosotros)	averiguad
(ustedes)	averigüen

Infinitivo compuesto

haber averiguado

Anwendungsbeispiele

Han averiguado dónde estaba la antigua iglesia. *Sie* ***haben herausgefunden****, wo die alte Kirche stand.*

El año pasado **averiguaron** cómo se cura la enfermedad. *Letztes Jahr* ***fanden sie heraus****, wie man die Krankheit heilt.*

Tengo que **averiguar** qué vuelos directos hay a Bilbao. *Ich muss* ***nachsehen****, welche Direktflüge es nach Bilbao gibt.*

Redewendungen

averiguar la verdad *die Wahrheit herausfinden*

averiguar el paradero de alg. *jdn. ausfindig machen*

Ähnliche Verben

descubrir *herausfinden, entdecken*

enterarse *erfahren*

hacer averiguaciones *Ermittlungen anstellen*

indagar *ermitteln, untersuchen*

inquirir *untersuchen, nachfragen*

investigar *ermitteln, nachforschen*

preguntar *fragen*

Aufgepasst!

Die Unregelmäßigkeit -u → -ü ist eine orthografische Anpassung an die Aussprache des Infinitivs. Averiguar ist abgesehen davon regelmäßig.

Mit dem Trema auf dem -u wird angezeigt, dass das -u nach dem -g mitgesprochen werden muss.

Folgende Zeiten und Personen weisen diese Besonderheit auf:

die 1. Person Singular des Indefinido (averig**ü**é), das Presente de subjuntivo (averig**ü**e, averig**ü**es etc.) sowie die vom Presente de subjuntivo abgeleiteten Imperativformen: (usted) averig**ü**e, (nosotros) averig**ü**emos, (ustedes) averig**ü**en.

Tipps & Tricks

Die orthografische Unregelmäßigkeit -u → -ü betrifft alle Verben, die auf -guar enden, z. B.: amortiguar *dämpfen*, apaciguar *besänftigen*, desaguar *abfließen*, fraguar *sich durchsetzen*, menguar *zurückgehen*, *verringern*.

13 buscar *suchen, holen*

-c → -qu

Indicativo

Presente	Perfecto		Imperfecto	Pluscuamperfecto	
busco	he	buscado	buscaba	había	buscado
buscas	has	buscado	buscabas	habías	buscado
busca	ha	buscado	buscaba	había	buscado
buscamos	hemos	buscado	buscábamos	habíamos	buscado
buscáis	habéis	buscado	buscabais	habíais	buscado
buscan	han	buscado	buscaban	habían	buscado

Indefinido	Pretérito anterior		Futuro simple	Futuro compuesto	
busqué	hube	buscado	buscaré	habré	buscado
buscaste	hubiste	buscado	buscarás	habrás	buscado
buscó	hubo	buscado	buscará	habrá	buscado
buscamos	hubimos	buscado	buscaremos	habremos	buscado
buscasteis	hubisteis	buscado	buscaréis	habréis	buscado
buscaron	hubieron	buscado	buscarán	habrán	buscado

Gerundio

Simple	Compuesto	
buscando	habiendo	buscado

Subjuntivo

Presente	Imperfecto
busque	buscara/buscase
busques	buscaras/buscases
busque	buscara/buscase
busquemos	buscáramos/buscásemos
busquéis	buscarais/buscaseis
busquen	buscaran/buscasen

Perfecto		Pluscuamperfecto	
haya	buscado	hubiera	buscado
hayas	buscado	hubieras	buscado
haya	buscado	hubiera	buscado
hayamos	buscado	hubiéramos	buscado
hayáis	buscado	hubierais	buscado
hayan	buscado	hubieran	buscado

Participio

buscado

Condicional

Simple	Compuesto	
buscaría	habría	buscado
buscarías	habrías	buscado
buscaría	habría	buscado
buscaríamos	habríamos	buscado
buscaríais	habríais	buscado
buscarían	habrían	buscado

Imperativo

(tú)	busca
(usted)	**busque**
(nosotros)	**busquemos**
(vosotros)	buscad
(ustedes)	**busquen**

Infinitivo compuesto

haber buscado

Anwendungsbeispiele

Busco piso en este barrio. ***Suche*** *Wohnung in diesem Viertel.*

Busca a María, por favor. ***Hol*** *bitte María.*

Estamos buscando una solución al problema. ***Wir suchen gerade*** *eine Lösung für das Problem.*

Si quieres, te voy a **buscar.** *Wenn du willst, werde ich dich* ***abholen.***

Redewendungen

buscar trabajo *Arbeit suchen*
buscar una solución *nach einer Lösung suchen*
buscar protección *Schutz suchen*
buscar las palabras adecuadas *nach den passenden Worten suchen*
buscar una aguja en un pajar *eine Stecknadel im Heuhaufen suchen*
buscar bronca *jdn. provozieren*
buscarse un problema *ein Problem magisch anziehen*
buscarse una enfermedad *sich eine Krankheit einfangen*
buscarse complicaciones *Schwierigkeiten bekommen*
buscarse enemigos *sich jdn. zum Feind machen*
buscarle tres pies al gato *Haarspalterei betreiben*
buscarle a alg. las cosquillas *jdn. provozieren*

Ähnliche Verben

rebuscar *herumsuchen, durchsuchen*

Aufgepasst!

Die orthografische Anpassung an die Aussprache des Infinitivs (-c → -qu) betrifft die Formen mit der Endung -é bzw. -e: die 1. Person des Indefinido (bus**qu**é), alle Formen des Presente de subjuntivo (bus**qu**e, bus**qu**es etc.) sowie die Imperativformen, die vom Presente de subjuntivo abgeleitet werden: (usted) bus**qu**e, (nosotros) bus**qu**emos, (ustedes) bus**qu**en. Das Verb buscar ist abgesehen von dieser Besonderheit regelmäßig.

Tipps & Tricks

Alle Verben der 1. Konjugation, deren Stamm auf -c endet, werden wie buscar konjugiert, z. B.: atacar *angreifen*, comunicar *mitteilen*, destacar *hervorheben*, explicar *erklären*, sacar *herausnehmen*, tocar *berühren*.

14 caber *Platz haben, (hinein)passen*

Indicativo

Presente	Perfecto		Imperfecto	Pluscuamperfecto	
quepo	he	cabido	cabía	había	cabido
cabes	has	cabido	cabías	habías	cabido
cabe	ha	cabido	cabía	había	cabido
cabemos	hemos	cabido	cabíamos	habíamos	cabido
cabéis	habéis	cabido	cabíais	habíais	cabido
caben	han	cabido	cabían	habían	cabido

Indefinido	Pretérito anterior		Futuro simple	Futuro compuesto	
cupe	hube	cabido	cabré	habré	cabido
cupiste	hubiste	cabido	cabrás	habrás	cabido
cupo	hubo	cabido	cabrá	habrá	cabido
cupimos	hubimos	cabido	cabremos	habremos	cabido
cupisteis	hubisteis	cabido	cabréis	habréis	cabido
cupieron	hubieron	cabido	cabrán	habrán	cabido

Gerundio

Simple	Compuesto	
cabiendo	habiendo	cabido

Subjuntivo

Presente	Imperfecto
quepa	cupiera/cupiese
quepas	cupieras/cupieses
quepa	cupiera/cupiese
quepamos	cupiéramos/cupiésemos
quepáis	cupierais/cupieseis
quepan	cupieran/cupiesen

Perfecto		Pluscuamperfecto	
haya	cabido	hubiera	cabido
hayas	cabido	hubieras	cabido
haya	cabido	hubiera	cabido
hayamos	cabido	hubiéramos	cabido
hayáis	cabido	hubierais	cabido
hayan	cabido	hubieran	cabido

Participio

cabido

Condicional

Simple	Compuesto	
cabría	habría	cabido
cabrías	habrías	cabido
cabría	habría	cabido
cabríamos	habríamos	cabido
cabríais	habríais	cabido
cabrían	habrían	cabido

Imperativo

(tú)	cabe
(usted)	quepa
(nosotros)	quepamos
(vosotros)	cabed
(ustedes)	quepan

Infinitivo compuesto

haber cabido

Anwendungsbeispiele

No sé si **quepo** yo también **en** el ascensor. *Ich weiß nicht, ob ich auch* ***in*** *den Aufzug passe.*

El armario no **cabe por** la puerta. *Der Schrank* ***passt*** *nicht* ***durch*** *die Tür.*

No le **caben** los guantes. *Die Handschuhe* ***passen*** *ihm nicht.*

No **me cabe en** la cabeza. *Ich kann es nicht fassen.*

Me cabe la satisfacción de presentar al profesor Ramírez. *Es ist mir eine große Freude, Professor Ramírez vorzustellen.*

Dentro de lo que **cabe** no estamos mal. *Alles in allem geht es uns nicht schlecht.*

Redewendungen

caber en un sitio *in etw. hineinpassen*
caber por a.c. *durch etw. hindurchpassen*
no caber duda (de que) *außer Frage stehen, (dass)*
no caber un alfiler *vollgestopft sein*
no caber de alegría *außer sich sein vor Freude*

Ähnliche Verben

coger *hineinpassen*
tener sitio *Platz haben*
quedar bien/mal *gut/schlecht passen*

Aufgepasst!

Das Verb caber ist sehr unregelmäßig. Trotzdem kann man sich Folgendes merken: Von der 1. Person Singular des Presente de indicativo (quepo) wird das Presente de subjuntivo abgeleitet: quepa, quepas ...

Das Indefinido wird wie bei den anderen Verben gebildet, die einen neuen Stamm mit -u haben, wie z. B. saber – supe.

Im Futuro simple entfällt das -e vor der Endung, genauso wie bei vielen anderen Verben: saber – sabrá, haber – habrá.

15 caer *fallen*

Indicativo

Presente	Perfecto	
caigo	he	caído
caes	has	caído
cae	ha	caído
caemos	hemos	caído
caéis	habéis	caído
caen	han	caído

Imperfecto	Pluscuamperfecto	
caía	había	caído
caías	habías	caído
caía	había	caído
caíamos	habíamos	caído
caíais	habíais	caído
caían	habían	caído

Indefinido	Pretérito anterior	
caí	hube	caído
caíste	hubiste	caído
cayó	hubo	caído
caímos	hubimos	caído
caísteis	hubisteis	caído
cayeron	hubieron	caído

Futuro simple	Futuro compuesto	
caeré	habré	caído
caerás	habrás	caído
caerá	habrá	caído
caeremos	habremos	caído
caeréis	habréis	caído
caerán	habrán	caído

Gerundio

Simple	Compuesto
cayendo	habiendo caído

Subjuntivo

Presente
caiga
caigas
caiga
caigamos
caigáis
caigan

Imperfecto
cayera/cayese
cayeras/cayeses
cayera/cayese
cayéramos/cayésemos
cayerais/cayeseis
cayeran/cayesen

Perfecto	
haya	caído
hayas	caído
haya	caído
hayamos	caído
hayáis	caído
hayan	caído

Pluscuamperfecto	
hubiera	caído
hubieras	caído
hubiera	caído
hubiéramos	caído
hubierais	caído
hubieran	caído

Participio

caído

Condicional

Simple
caería
caerías
caería
caeríamos
caeríais
caerían

Compuesto	
habría	caído
habrías	caído
habría	caído
habríamos	caído
habríais	caído
habrían	caído

Imperativo

(tú)	cae
(usted)	caiga
(nosotros)	caigamos
(vosotros)	caed
(ustedes)	caigan

Infinitivo compuesto

haber caído

Anwendungsbeispiele

En poco tiempo **ha caído** mucha nieve. *Innerhalb kurzer Zeit **ist** viel Schnee **gefallen**.*
Me caí y no me podía levantar. ***Ich bin umgefallen** und konnte nicht mehr aufstehen.*
Perdone, se le **ha caído** esto. *Entschuldigung, Ihnen **ist** das hier **heruntergefallen**.*
La Nochevieja **cae en** domingo. *Silvester **fällt auf** einen Sonntag.*
Lo siento, no **caigo**. *Tut mir leid, **ich komme** nicht **darauf**.*
No **caigo** de mi asombro. *Ich bin völlig überrascht.*
Cuando llueve mucho **se me cae** la casa encima. *Wenn es viel regnet, **fällt mir** die Decke auf den Kopf.*

Redewendungen

caer bien/mal a alg. *jdm. sympathisch/unsympathisch sein*
caer en la cuenta *begreifen*
caer en manos de alg. *in jds. Hände geraten*
caer en la tentación *der Versuchung erliegen*
caer en un error *einen Fehler begehen*
caerse de sueño *todmüde sein*
caerse el alma a los pies a alg. *sehr enttäuscht sein*
dejarse caer *sich fallen lassen*

Ähnliche Verben

decaer *verfallen, nachlassen, schwinden*
recaer *einen Rückfall erleiden, rückfällig werden*

Gebrauch

In der Bedeutung *umfallen*, *herunterfallen*, *stürzen*, *stolpern* wird caer meist reflexiv verwendet:
Me he **caído**. *Ich bin umgefallen.*

16 coger *nehmen*

-g → -j

Indicativo

Presente	Perfecto		Imperfecto	Pluscuamperfecto	
cojo	he	cogido	cogía	había	cogido
coges	has	cogido	cogías	habías	cogido
coge	ha	cogido	cogía	había	cogido
cogemos	hemos	cogido	cogíamos	habíamos	cogido
cogéis	habéis	cogido	cogíais	habíais	cogido
cogen	han	cogido	cogían	habían	cogido

Indefinido	Pretérito anterior		Futuro simple	Futuro compuesto	
cogí	hube	cogido	cogeré	habré	cogido
cogiste	hubiste	cogido	cogerás	habrás	cogido
cogió	hubo	cogido	cogerá	habrá	cogido
cogimos	hubimos	cogido	cogeremos	habremos	cogido
cogisteis	hubisteis	cogido	cogeréis	habréis	cogido
cogieron	hubieron	cogido	cogerán	habrán	cogido

Gerundio

Simple	Compuesto
cogiendo	habiendo cogido

Subjuntivo

Presente	Imperfecto
coja	cogiera/cogiese
cojas	cogieras/cogieses
coja	cogiera/cogiese
cojamos	cogiéramos/cogiésemos
cojáis	cogierais/cogieseis
cojan	cogieran/cogiesen

Perfecto		Pluscuamperfecto	
haya	cogido	hubiera	cogido
hayas	cogido	hubieras	cogido
haya	cogido	hubiera	cogido
hayamos	cogido	hubiéramos	cogido
hayáis	cogido	hubierais	cogido
hayan	cogido	hubieran	cogido

Participio

cogido

Condicional

Simple	Compuesto	
cogería	habría	cogido
cogerías	habrías	cogido
cogería	habría	cogido
cogeríamos	habríamos	cogido
cogeríais	habríais	cogido
cogerían	habrían	cogido

Imperativo

(tú)	coge
(usted)	coja
(nosotros)	cojamos
(vosotros)	coged
(ustedes)	cojan

Infinitivo compuesto

haber cogido

Anwendungsbeispiele

¿Puedes **coger** esto? *Kannst du das* ***nehmen****?*
Cójase de mi mano. ***Nehmen Sie*** *meine Hand.*
Pedro **ha cogido** tu móvil. *Pedro* ***hat*** *dein Handy* ***mitgenommen****.*
No **cojas** la comida del suelo. ***Heb*** *das Essen nicht vom Boden* ***auf****.*
Nunca **cojo** taxis. ***Ich nehme*** *nie ein Taxi.*
Cogió flores para ella. ***Er pflückte*** *Blumen für sie.*
Le **he cogido cariño.** ***Ich habe*** *ihn* ***liebgewonnen****.*
Le **cogí** miedo a volar. ***Ich bekam*** *Flugangst.*
No debes **coger** siempre al niño en brazos. *Du darfst das Kind nicht immer* ***hochnehmen****.*
Creo que **he cogido** frío. *Ich glaube,* ***ich habe mir*** *eine Erkältung* ***eingefangen****.*
¿**Has cogido** la indirecta? ***Hast du*** *die Anspielung* ***verstanden****?*

Witz

"Oiga, ¿este balneario es bueno para el reuma?"
"Pues claro, aquí lo cogí yo."

Ähnliche Verben

adquirir *erwerben*
agarrar *greifen, packen*
atrapar *fangen, fassen*
sujetar *festhalten*
tomar *nehmen*

acoger *aufnehmen*
escoger *aussuchen*
recoger *abholen, sammeln*

Aufgepasst!

Der Wechsel -g → -j ist eine orthografische Anpassung an die Aussprache des Infinitivs. Er betrifft alle Personen, die auf -o oder -a enden: die 1. Person des Presente de indicativo (cojo), das Presente de subjuntivo (coja, cojas ...) und die Imperativformen, die vom Presente de subjuntivo abgeleitet werden: (usted) coja, (nosotros) cojamos, (ustedes) cojan.

Tipps & Tricks

Das Verb coger ist in manchen Ländern Lateinamerikas tabu, weil es eine sexuelle Bedeutung hat. Mit den Synonymen tomar *nehmen* oder sujetar *festhalten* gehen Sie daher immer auf Nummer sicher.

17 conocer *kennen, kennenlernen*

-c → -zc

Indicativo

Presente	Perfecto		Imperfecto	Pluscuamperfecto	
conozco	he	conocido	conocía	había	conocido
conoces	has	conocido	conocías	habías	conocido
conoce	ha	conocido	conocía	había	conocido
conocemos	hemos	conocido	conocíamos	habíamos	conocido
conocéis	habéis	conocido	conocíais	habíais	conocido
conocen	han	conocido	conocían	habían	conocido

Indefinido	Pretérito anterior		Futuro simple	Futuro compuesto	
conocí	hube	conocido	conoceré	habré	conocido
conociste	hubiste	conocido	conocerás	habrás	conocido
conoció	hubo	conocido	conocerá	habrá	conocido
conocimos	hubimos	conocido	conoceremos	habremos	conocido
conocisteis	hubisteis	conocido	conoceréis	habréis	conocido
conocieron	hubieron	conocido	conocerán	habrán	conocido

Gerundio

Simple	Compuesto	
conociendo	habiendo	conocido

Subjuntivo

Presente	Imperfecto
conozca	conociera/conociese
conozcas	conocieras/conocieses
conozca	conociera/conociese
conozcamos	conociéramos/conociésemos
conozcáis	conocierais/conocieseis
conozcan	conocieran/conociesen

Perfecto		Pluscuamperfecto	
haya	conocido	hubiera	conocido
hayas	conocido	hubieras	conocido
haya	conocido	hubiera	conocido
hayamos	conocido	hubiéramos	conocido
hayáis	conocido	hubierais	conocido
hayan	conocido	hubieran	conocido

Participio

conocido

Condicional

Simple	Compuesto	
conocería	habría	conocido
conocerías	habrías	conocido
conocería	habría	conocido
conoceríamos	habríamos	conocido
conoceríais	habríais	conocido
conocerían	habrían	conocido

Imperativo

(tú)	conoce
(usted)	conozca
(nosotros)	conozcamos
(vosotros)	conoced
(ustedes)	conozcan

Infinitivo compuesto

haber conocido

Anwendungsbeispiele

¿**Conoces** Buenos Aires? ***Kennst du** Buenos Aires?*
Ya **conozco a** mucha gente en esta ciudad. ***Ich kenne** schon viele Leute in dieser Stadt.*
Lo siento, no te **conozco.** *Tut mir leid, **ich kenne** dich nicht.*
Conocí a Jordi en Barcelona. ***Ich lernte** Jordi in Barcelona **kennen.***
Me alegro mucho de **conocerle.** *Ich freue mich sehr, **Sie kennenzulernen.***
Me parece que la **conozco.** *Es kommt mir vor, als würde **ich** sie **kennen.***
La **conozco de** antes. ***Ich kenne** sie **von** früher.*
Nos **conocíamos de** vista. ***Wir kannten** uns **vom** Sehen.*
¿Te has dado ya a **conocer**? *Hast du dich schon **vorgestellt**?*
Conocemos la ciudad palmo a palmo. ***Wir kennen** jeden Winkel dieser Stadt.*
Se conoce que hoy no tiene tiempo. *Es sieht so aus, als ob er heute keine Zeit hätte.*

Sprichwörter

En las malas se conoce a los amigos. *In der Not erkennt man Freunde.*
Más vale lo malo conocido que lo bueno por conocer. *Das Bewährte ist besser als das Neue, auch wenn das Bewährte schlecht ist und das Neue vielleicht gut.*

Ähnliche Verben

desconocer *nicht wissen*
reconocer *erkennen*

Aufgepasst!

Der Wechsel -c → -zc betrifft alle Personen, die auf -o oder -a enden. Da die 1. Person des Presente de indicativo unregelmäßig ist (cono**zc**o), findet sich dieser Wechsel auch im Presente de subjuntivo (cono**zc**a, cono**zc**as ...) und in den Imperativformen, die vom Presente de subjuntivo abgeleitet sind: (usted) cono**zc**a, (nosotros) cono**zc**amos, (ustedes) cono**zc**an:
Los cono**zc**o desde hace tiempo. *Ich kenne sie seit langer Zeit.*

Tipps & Tricks

Den Wechsel -c → -zc gibt es auch bei anderen Verben, die auf -acer, -ecer oder -ucir enden: nacer *geboren werden*, ofrecer *anbieten*, lucir *leuchten*.

18 contar *zählen, erzählen*

-o → -ue

Indicativo

Presente	Perfecto		Imperfecto	Pluscuamperfecto	
cuento	he	contado	contaba	había	contado
cuentas	has	contado	contabas	habías	contado
cuenta	ha	contado	contaba	había	contado
contamos	hemos	contado	contábamos	habíamos	contado
contáis	habéis	contado	contabais	habíais	contado
cuentan	han	contado	contaban	habían	contado

Indefinido	Pretérito anterior		Futuro simple	Futuro compuesto	
conté	hube	contado	contaré	habré	contado
contaste	hubiste	contado	contarás	habrás	contado
contó	hubo	contado	contará	habrá	contado
contamos	hubimos	contado	contaremos	habremos	contado
contasteis	hubisteis	contado	contaréis	habréis	contado
contaron	hubieron	contado	contarán	habrán	contado

Gerundio

Simple	Compuesto	
contando	habiendo	contado

Subjuntivo

Presente	Imperfecto
cuente	contara/contase
cuentes	contaras/contases
cuente	contara/contase
contemos	contáramos/contásemos
contéis	contarais/contaseis
cuenten	contaran/contasen

Perfecto		Pluscuamperfecto	
haya	contado	hubiera	contado
hayas	contado	hubieras	contado
haya	contado	hubiera	contado
hayamos	contado	hubiéramos	contado
hayáis	contado	hubierais	contado
hayan	contado	hubieran	contado

Participio

contado

Condicional

Simple	Compuesto	
contaría	habría	contado
contarías	habrías	contado
contaría	habría	contado
contaríamos	habríamos	contado
contaríais	habríais	contado
contarían	habrían	contado

Imperativo

(tú)	cuenta
(usted)	cuente
(nosotros)	contemos
(vosotros)	contad
(ustedes)	cuenten

Infinitivo compuesto

haber contado

Anwendungsbeispiele

Sé **contar** hasta diez en ruso. *Ich kann auf Russisch bis zehn* ***zählen.***
Su opinión no **cuenta.** *Seine Meinung* ***zählt*** *nicht.*
Por fin nos **contó** lo que pasó. *Endlich* ***erzählte er*** *uns, was passiert ist.*
Cuéntamelo todo. ***Erzähl mir*** *alles.*
¿Qué te **cuentas**? *Was gibt's Neues bei dir?*
¡Qué me **cuentas**! *Wie kann das sein?*
Por poco ni lo **cuento.** *Ich wäre dabei fast gestorben.*
Eso **cuéntaselo a** tu abuela. *Das* ***kannst du*** *deiner Großmutter* ***erzählen.***
Mejor ni te **cuento.** *Ich erspare dir lieber die Details.*

Redewendungen

contar con a. c. *mit etw. rechnen*
contar con alg. *auf jdn. zählen*
contar un cuento *ein Märchen erzählen*
contar ovejas *Schäfchen zählen*

Ähnliche Verben

calcular *rechnen, einschätzen*
comentar *besprechen*
leer a. c. a alg. *jdm. etw. vorlesen*
referir *berichten*
relatar *erzählen, schildern*
tener en cuenta *berücksichtigen*

Aufgepasst!

Der Stammvokalwechsel von -o → -ue tritt in den stammbetonten Personen (1., 2., 3. Pers. Sing. und 3. Pers. Pl.) des Presente de indicativo und subjuntivo auf (**cuento**, **cuentas** ...). Folgende Imperativformen weisen dieselbe Unregelmäßigkeit auf: (tú) **cuenta**, (usted) **cuente**, (ustedes) **cuenten**. Die Endungen sind jedoch regelmäßig.

Tipps & Tricks

Folgende Verben werden wie contar konjugiert: acordarse *sich erinnern*, acostarse *ins Bett gehen*, costar *kosten*, demostrar *beweisen*, encontrar *finden*, probar *probieren*, soñar *träumen*.

19 continuar *fortsetzen*

-u → -ú

Indicativo

Presente	Perfecto	
continúo	he	continuado
continúas	has	continuado
continúa	ha	continuado
continuamos	hemos	continuado
continuáis	habéis	continuado
continúan	han	continuado

Imperfecto	Pluscuamperfecto	
continuaba	había	continuado
continuabas	habías	continuado
continuaba	había	continuado
continuábamos	habíamos	continuado
continuabais	habíais	continuado
continuaban	habían	continuado

Indefinido	Pretérito anterior	
continué	hube	continuado
continuaste	hubiste	continuado
continuó	hubo	continuado
continuamos	hubimos	continuado
continuasteis	hubisteis	continuado
continuaron	hubieron	continuado

Futuro simple	Futuro compuesto	
continuaré	habré	continuado
continuarás	habrás	continuado
continuará	habrá	continuado
continuaremos	habremos	continuado
continuaréis	habréis	continuado
continuarán	habrán	continuado

Gerundio

Simple	Compuesto	
continuando	habiendo	continuado

Subjuntivo

Presente

continúe
continúes
continúe
continuemos
continuéis
continúen

Imperfecto

continuara/continuase
continuaras/continuases
continuara/continuase
continuáramos/continuásemos
continuarais/continuaseis
continuaran/continuasen

Perfecto	
haya	continuado
hayas	continuado
haya	continuado
hayamos	continuado
hayáis	continuado
hayan	continuado

Pluscuamperfecto	
hubiera	continuado
hubieras	continuado
hubiera	continuado
hubiéramos	continuado
hubierais	continuado
hubieran	continuado

Participio

continuado

Condicional

Simple

continuaría
continuarías
continuaría
continuaríamos
continuaríais
continuarían

Compuesto	
habría	continuado
habrías	continuado
habría	continuado
habríamos	continuado
habríais	continuado
habrían	continuado

Imperativo

(tú)	continúa
(usted)	continúe
(nosotros)	continuemos
(vosotros)	continuad
(ustedes)	continúen

Infinitivo compuesto

haber continuado

Anwendungsbeispiele

La calle no **continúa.** *Die Straße **geht** hier nicht **weiter**.*

Antes el tren **continuaba por** la costa. *Früher **fuhr** der Zug **weiter an** der Küste entlang.*

El artículo **continúa en** la página diez. *Der Artikel **geht auf** Seite zehn **weiter**.*

En estas condiciones, no quiero **continuar.** *Unter diesen Bedingungen will ich nicht **weitermachen**.*

Emilio **continúa de** camarero. *Emilio **arbeitet weiter als** Kellner.*

¡Esto no puede **continuar** así! *So **geht** das nicht **weiter**!*

De **continuar** así, se pondrá enfermo. *Wenn er so **weitermacht**, wird er krank.*

Redewendungen

continuar el rumbo *auf Kurs bleiben*

continuar por buen camino *den rechten Weg einschlagen*

Ähnliche Verben

durar *(an)dauern*

mantener(se) *(sich) halten*

permanecer *sich aufhalten, bleiben*

persistir *beharren, andauern*

prolongar(se) *(sich) hinziehen, (sich) verlängern*

proseguir *fortführen*

seguir *weitermachen, folgen*

Aufgepasst!

Einen Akzent tragen die Personen des Singulars und die 3. Person Plural des Presente de indicativo (contin**ú**o, contin**ú**as, contin**ú**an ...) und des Presente de subjuntivo (contin**ú**e, contin**ú**es, contin**ú**en ...) sowie die Imperativformen (tú) contin**ú**a, (usted) contin**ú**e und (ustedes) contin**ú**en. Der Akzent signalisiert, dass bei -úo, -úa etc. das -ú getrennt vom folgenden Vokal auszusprechen ist: Contin**ú**a lloviendo desde este mañana. *Seit heute Vormittag regnet es.*

Tipps & Tricks

Folgende Verben lernen Sie am besten zusammen mit continuar: acentuar *betonen*, actuar *handeln*, atenuar *mindern*, devaluar *devaluieren*, evaluar *evaluieren*, habituar(se) *(sich) gewöhnen*, insinuar *andeuten*, situar *stellen*.

20 creer *glauben*

-i → -y

Indicativo

Presente	Perfecto	
creo	he	creído
crees	has	creído
cree	ha	creído
creemos	hemos	creído
creéis	habéis	creído
creen	han	creído

Imperfecto	Pluscuamperfecto	
creía	había	creído
creías	habías	creído
creía	había	creído
creíamos	habíamos	creído
creíais	habíais	creído
creían	habían	creído

Indefinido	Pretérito anterior	
creí	hube	creído
creíste	hubiste	creído
creyó	hubo	creído
creímos	hubimos	creído
creísteis	hubisteis	creído
creyeron	hubieron	creído

Futuro simple	Futuro compuesto	
creeré	habré	creído
creerás	habrás	creído
creerá	habrá	creído
creeremos	habremos	creído
creeréis	habréis	creído
creerán	habrán	creído

Gerundio

Simple	Compuesto	
creyendo	habiendo	creído

Subjuntivo

Presente

crea
creas
crea
creamos
creáis
crean

Imperfecto

creyera/creyese
creyeras/creyeses
creyera/creyese
creyéramos/creyésemos
creyerais/creyeseis
creyeran/creyesen

Perfecto	
haya	creído
hayas	creído
haya	creído
hayamos	creído
hayáis	creído
hayan	creído

Pluscuamperfecto	
hubiera	creído
hubieras	creído
hubiera	creído
hubiéramos	creído
hubierais	creído
hubieran	creído

Participio

creído

Condicional

Simple

creería
creerías
creería
creeríamos
creeríais
creerían

Compuesto	
habría	creído
habrías	creído
habría	creído
habríamos	creído
habríais	creído
habrían	creído

Imperativo

(tú)	cree
(usted)	crea
(nosotros)	creamos
(vosotros)	creed
(ustedes)	crean

Infinitivo compuesto

haber creído

Anwendungsbeispiele

Creo que tienes razón. ***Ich glaube***, *dass du recht hast.*
No te **creo**. ***Ich glaube*** *dir nicht.*
Creo en una fuerza superior. ***Ich glaube an*** *eine höhere Kraft.*
Creemos en ti. ***Wir glauben an*** *dich.*
No sé, no **creo**. *Ich weiß nicht,* ***ich glaube*** *nicht.*
No le **creo** capaz de hacer eso. ***Ich glaube*** *nicht, dass er dazu fähig ist.*
¡Pero qué **se habrá creído** Luis! *Was* ***hat*** *Luis* ***sich*** *bloß* ***gedacht****!*
¡Quién **iba** a **creerlo**! *Wer hätte das für möglich gehalten!*

Redewendungen

creer en a. c./alg. *an etw./jdn. glauben*
creer las palabras *den Worten glauben*
creer a. c./alg. a ciegas *etw./jdm. blind vertrauen*
creerse muy listo *sich für sehr schlau halten*
hacer creer a. c. a alg. *jdm. etw. weismachen*

Ähnliche Verben

figurarse *glauben, denken*
imaginarse *sich vorstellen*
opinar *meinen*
pensar *denken*
suponer *annehmen, vermuten*

Aufgepasst!

Aus phonetischen Gründen wird das -i der Endung zwischen zwei Vokalen zu -y. Diese Änderung betrifft die 3. Person Singular und Plural des Indefinido (cre**y**ó, cre**y**eron) sowie alle Formen des Imperfecto de subjuntivo (cre**y**era, cre**y**ese ...), das vom Indefinido abgeleitet wird. Auch im Gerundio steht das -y (cre**y**endo). Um den Stamm von der Endung phonetisch zu trennen, tragen manche Formen zusätzlich einen Akzent auf dem -í: cre**í**do.

Tipps & Tricks

Folgende Verben werden wie creer konjugiert: leer *lesen*, poseer *besitzen*, proveer *versorgen*.

21 cruzar *überqueren, durchkreuzen*

-z → -c

Indicativo

Presente	Perfecto	
cruzo	he	cruzado
cruzas	has	cruzado
cruza	ha	cruzado
cruzamos	hemos	cruzado
cruzáis	habéis	cruzado
cruzan	han	cruzado

Imperfecto	Pluscuamperfecto	
cruzaba	había	cruzado
cruzabas	habías	cruzado
cruzaba	había	cruzado
cruzábamos	habíamos	cruzado
cruzabais	habíais	cruzado
cruzaban	habían	cruzado

Indefinido	Pretérito anterior	
crucé	hube	cruzado
cruzaste	hubiste	cruzado
cruzó	hubo	cruzado
cruzamos	hubimos	cruzado
cruzasteis	hubisteis	cruzado
cruzaron	hubieron	cruzado

Futuro simple	Futuro compuesto	
cruzaré	habré	cruzado
cruzarás	habrás	cruzado
cruzará	habrá	cruzado
cruzaremos	habremos	cruzado
cruzaréis	habréis	cruzado
cruzarán	habrán	cruzado

Gerundio

Simple	Compuesto	
cruzando	habiendo	cruzado

Subjuntivo

Presente
cruce
cruces
cruce
crucemos
crucéis
crucen

Imperfecto
cruzara/cruzase
cruzaras/cruzases
cruzara/cruzase
cruzáramos/cruzásemos
cruzarais/cruzaseis
cruzaran/cruzasen

Perfecto	
haya	cruzado
hayas	cruzado
haya	cruzado
hayamos	cruzado
hayáis	cruzado
hayan	cruzado

Pluscuamperfecto	
hubiera	cruzado
hubieras	cruzado
hubiera	cruzado
hubiéramos	cruzado
hubierais	cruzado
hubieran	cruzado

Participio

cruzado

Condicional

Simple
cruzaría
cruzarías
cruzaría
cruzaríamos
cruzaríais
cruzarían

Compuesto	
habría	cruzado
habrías	cruzado
habría	cruzado
habríamos	cruzado
habríais	cruzado
habrían	cruzado

Imperativo

(tú)	cruza
(usted)	cruce
(nosotros)	crucemos
(vosotros)	cruzad
(ustedes)	crucen

Infinitivo compuesto

haber cruzado

Anwendungsbeispiele

Siga todo recto y **cruce** la calle. *Gehen Sie geradeaus und **überqueren Sie** die Straße.*

No se puede **cruzar por** la Plaza de Salamanca. Está cortada. *Wir können nicht **über** den Salamancaplatz **gehen**. Er ist gesperrt.*

Tenemos que **cruzar** el río. *Wir müssen den Fluss **überqueren**.*

Redewendungen

cruzar los brazos *die Arme verschränken*
cruzar las piernas *die Beine übereinanderschlagen*
cruzar la vista *schielen*
cruzar los dedos a alg. *jdm. die Daumen drücken*
cruzarle la cara a alg. *jdn. ohrfeigen*
cruzarse de acera *die Straßenseite wechseln*
cruzarse en el camino de alg. *sich jdm. in den Weg stellen*
cruzarse con alg. *jdn. zufällig treffen*
cruzarse de brazos *nichts tun, sich ruhig verhalten*
cruzarle la palabra a alg. *das Wort an jdn. richten*
cruzar el charco *den Atlantik überqueren*

Ähnliche Verben

atraversar *durchqueren*
atraversarse *in die Quere kommen*
pasar *durch etw. hindurchgehen*

Aufgepasst!

Die orthografische Anpassung an die Aussprache des Infinitivs (-z → -c) betrifft die Zeiten und Personen mit der Endung -e bzw. -é: die 1. Person des Indefinido (cruc**é**), das Presente de subjuntivo (cruc**e**, cruc**es** ...) sowie manche Formen des Imperativo: (usted) cruc**e**, (nosotros) cruc**emos**, (ustedes) cruc**en**. Abgesehen von dieser Anpassung ist cruzar regelmäßig.

Tipps & Tricks

Alle Verben, die auf -zar enden, werden wie cruzar konjugiert: adelgazar *abnehmen*, alcanzar *erreichen*, especializar(se) *(sich) spezialisieren*, organizar *organisieren*.

22 dar *geben*

Indicativo

Presente	Perfecto	
doy	he	dado
das	has	dado
da	ha	dado
damos	hemos	dado
dais	habéis	dado
dan	han	dado

Imperfecto	Pluscuamperfecto	
daba	había	dado
dabas	habías	dado
daba	había	dado
dábamos	habíamos	dado
dabais	habíais	dado
daban	habían	dado

Indefinido	Pretérito anterior	
di	hube	dado
diste	hubiste	dado
dio	hubo	dado
dimos	hubimos	dado
disteis	hubisteis	dado
dieron	hubieron	dado

Futuro simple	Futuro compuesto	
daré	habré	dado
darás	habrás	dado
dará	habrá	dado
daremos	habremos	dado
daréis	habréis	dado
darán	habrán	dado

Gerundio

Simple	Compuesto	
dando	habiendo	dado

Subjuntivo

Presente
dé
des
dé
demos
deis
den

Imperfecto
diera/diese
dieras/dieses
diera/diese
diéramos/diésemos
dierais/dieseis
dieran/diesen

Perfecto	
haya	dado
hayas	dado
haya	dado
hayamos	dado
hayáis	dado
hayan	dado

Pluscuamperfecto	
hubiera	dado
hubieras	dado
hubiera	dado
hubiéramos	dado
hubierais	dado
hubieran	dado

Participio

dado

Condicional

Simple
daría
darías
daría
daríamos
daríais
darían

Compuesto	
habría	dado
habrías	dado
habría	dado
habríamos	dado
habríais	dado
habrían	dado

Imperativo

(tú)	da
(usted)	dé
(nosotros)	demos
(vosotros)	dad
(ustedes)	den

Infinitivo compuesto

haber dado

Anwendungsbeispiele

¿Puedes **darme** la sal? *Kannst du **mir** bitte das Salz **geben**?*

Me **han dado** este calendario en el banco. ***Sie haben** mir diesen Kalender in der Bank **gegeben**.*

Este árbol **da** siempre muchas manzanas. *Dieser Baum **trägt** immer viele Äpfel.*

Redewendungen

dar la mano *die Hand geben*
dar un beso *einen Kuss geben*
dar un abrazo *umarmen*
dar a. c. por a. c. *etw. für etw. geben*
dar una patada *einen Fußtritt versetzen*
dar miedo *Angst machen*
dar pena *Mitleid erregen*
dar la bienvenida a alg. *jdn. willkommen heißen*
dar la enhorabuena *Glückwünsche aussprechen*
dar el pésame *Beileid aussprechen*
dar recuerdos *Grüße ausrichten*
dar con alg. *jdn. treffen*

Ähnliche Verben

entregar *aushändigen, überreichen*
pasar *weitergeben*

Aufgepasst!

Einsilbige Wörter haben im Spanischen meist keinen Akzent. Er wird nur verwendet, um ähnliche Wörter mit verschiedenen Funktionen voneinander zu unterscheiden („Unterscheidungsakzent"). Das ist z. B. der Fall bei dé (1. und 3. Person Singular des Presente de subjuntivo bzw. Höflichkeitsform des Imperativo) und de (Präposition *von*).

Tipps & Tricks

Das Verb dar steht im Spanischen in vielen festen Redewendungen, die im Deutschen ein anderes Verb erfordern. Lernen Sie diese Wendungen als Ganzes und versuchen Sie, sie dabei nicht Wort für Wort zu übersetzen.

23 decir *sagen*

Indicativo

Presente	Perfecto		Imperfecto	Pluscuamperfecto	
digo	he	dicho	decía	había	dicho
dices	has	dicho	decías	habías	dicho
dice	ha	dicho	decía	había	dicho
decimos	hemos	dicho	decíamos	habíamos	dicho
decís	habéis	dicho	decíais	habíais	dicho
dicen	han	dicho	decían	habían	dicho

Indefinido	Pretérito anterior		Futuro simple	Futuro compuesto	
dije	hube	dicho	diré	habré	dicho
dijiste	hubiste	dicho	dirás	habrás	dicho
dijo	hubo	dicho	dirá	habrá	dicho
dijimos	hubimos	dicho	diremos	habremos	dicho
dijisteis	hubisteis	dicho	diréis	habréis	dicho
dijeron	hubieron	dicho	dirán	habrán	dicho

Gerundio

Simple	Compuesto	
diciendo	habiendo	dicho

Subjuntivo

Presente	Imperfecto
diga	dijera/dijese
digas	dijeras/dijeses
diga	dijera/dijese
digamos	dijéramos/dijésemos
digáis	dijerais/dijeseis
digan	dijeran/dijesen

Perfecto		Pluscuamperfecto	
haya	dicho	hubiera	dicho
hayas	dicho	hubieras	dicho
haya	dicho	hubiera	dicho
hayamos	dicho	hubiéramos	dicho
hayáis	dicho	hubierais	dicho
hayan	dicho	hubieran	dicho

Participio

dicho

Condicional

Simple	Compuesto	
diría	habría	dicho
dirías	habrías	dicho
diría	habría	dicho
diríamos	habríamos	dicho
diríais	habríais	dicho
dirían	habrían	dicho

Imperativo

(tú)	di
(usted)	diga
(nosotros)	digamos
(vosotros)	decid
(ustedes)	digan

Infinitivo compuesto

haber dicho

Anwendungsbeispiele

Siempre me **dices** lo mismo. ***Du sagst*** *mir immer das Gleiche.*
Elena **ha dicho** que no viene. *Elena* ***hat gesagt****, dass sie nicht kommt.*
Aquí **dice** que no se puede aparcar. *Hier* ***steht****, dass man hier nicht parken darf.*
¿Cómo **dices/dice**? *Wie bitte?*
¿**Díga**(me)? *Ja, hallo?*
¡No **digas** tonterías! ***Rede*** *keinen Blödsinn!*
No **dijo** ni pío en la reunión. ***Er sagte*** *keinen Piep in der Besprechung.*
No tiene importancia, lo **he dicho** para mí. *Es ist nicht wichtig,* ***ich habe*** *es vor mich hin* ***gesagt****.*

Witz

¿Qué le dice la leche al azúcar? "En el café nos encontramos."

Ähnliche Verben

bendecir *segnen*
contradecir *widersprechen*
desdecir *nicht entsprechen*
maldecir *verfluchen*
predecir *voraussagen*

Aufgepasst!

Decir weist mehrere Unregelmäßigkeiten auf: die 1. Person Singular des Presente de indicativo mit -g, außerdem zwei verschiedene Stämme für das Indefinido (dij-) sowie für das Futuro und das Condicional simple (dir-). Die Ableitungen bendecir und maldecir haben jedoch ein regelmäßiges Futuro und Condicional: bendeciré, bendeciría, maldeciré, maldeciría.
Das Participio von decir ist ebenfalls unregelmäßig (dicho), bendecir hat ein regelmäßiges Participio (bendecido) und maldecir hat zwei Formen: maldecido, maldito. Maldito wird als Adjektiv verwendet.

24 dirigir *führen, leiten*

-g → -j

Indicativo

Presente	Perfecto	
dirijo	he	dirigido
diriges	has	dirigido
dirige	ha	dirigido
dirigimos	hemos	dirigido
dirigís	habéis	dirigido
dirigen	han	dirigido

Imperfecto	Pluscuamperfecto	
dirigía	había	dirigido
dirigías	habías	dirigido
dirigía	había	dirigido
dirigíamos	habíamos	dirigido
dirigíais	habíais	dirigido
dirigían	habían	dirigido

Indefinido	Pretérito anterior	
dirigí	hube	dirigido
dirigiste	hubiste	dirigido
dirigió	hubo	dirigido
dirigimos	hubimos	dirigido
dirigisteis	hubisteis	dirigido
dirigieron	hubieron	dirigido

Futuro simple	Futuro compuesto	
dirigiré	habré	dirigido
dirigirás	habrás	dirigido
dirigirá	habrá	dirigido
dirigiremos	habremos	dirigido
dirigiréis	habréis	dirigido
dirigirán	habrán	dirigido

Gerundio

Simple	Compuesto	
dirigiendo	habiendo	dirigido

Subjuntivo

Presente
dirija
dirijas
dirija
dirijamos
dirijáis
dirijan

Imperfecto
dirigiera/dirigiese
dirigieras/dirigieses
dirigiera/dirigiese
dirigiéramos/dirigiésemos
dirigierais/dirigieseis
dirigieran/dirigiesen

Perfecto	
haya	dirigido
hayas	dirigido
haya	dirigido
hayamos	dirigido
hayáis	dirigido
hayan	dirigido

Pluscuamperfecto	
hubiera	dirigido
hubieras	dirigido
hubiera	dirigido
hubiéramos	dirigido
hubierais	dirigido
hubieran	dirigido

Participio

dirigido

Condicional

Simple
dirigiría
dirigirías
dirigiría
dirigiríamos
dirigiríais
dirigirían

Compuesto	
habría	dirigido
habrías	dirigido
habría	dirigido
habríamos	dirigido
habríais	dirigido
habrían	dirigido

Imperativo

(tú)	dirige
(usted)	dirija
(nosotros)	dirijamos
(vosotros)	dirigid
(ustedes)	dirijan

Infinitivo compuesto

haber dirigido

Anwendungsbeispiele

Mi hermano **dirige** una empresa de construcción. *Mein Bruder* ***leitet*** *eine Baufirma.*

Los pasajeros **se dirigieron al** mostrador de Iberia. *Die Passagiere* ***begaben sich zum*** *Iberia-Schalter.*

Me dirijo a usted para presentarme como traductor. ***Ich wende mich an*** *Sie, um mich als Übersetzer zu bewerben.*

Redewendungen

dirigir una película *Regie führen*
dirigir la palabra a alg. *das Wort an jdn. richten*
dirigir la vista *den Blick auf etw. richten*
dirigir el tráfico *den Verkehr regeln*
dirigir una pregunta *eine Frage stellen*
dirigirse a un sitio *sich zu einem Ort begeben*
dirigirse a alg. *sich an jdn. wenden*
no dirigirse la palabra *nicht (mehr) miteinander sprechen*

Ähnliche Verben

conducir *führen*
estar encargado de a. c. *für etw. zuständig sein*
guiar *leiten*
llevar las riendas *die Zügel in der Hand haben*
ser responsable de a. c. *für etw. verantwortlich sein*
presidir *den Vorsitz haben, leiten*

Aufgepasst!

Der Wechsel -g → -j ist eine orthografische Anpassung an die Aussprache des Infinitivs, die vor -o (1. Person Singular des Presente de indicativo: dirijo) und -a (Presente de subjuntivo: dirija, dirijas ... sowie manche Imperativformen) erfolgt.

25 discernir *unterscheiden*

-e → -ie

Indicativo

Presente	Perfecto	
discierno	he	discernido
disciernes	has	discernido
discierne	ha	discernido
discernimos	hemos	discernido
discernís	habéis	discernido
disciernen	han	discernido

Imperfecto	Pluscuamperfecto	
discernía	había	discernido
discernías	habías	discernido
discernía	había	discernido
discerníamos	habíamos	discernido
discerníais	habíais	discernido
discernían	habían	discernido

Indefinido	Pretérito anterior	
discerní	hube	discernido
discerniste	hubiste	discernido
discernió	hubo	discernido
discernimos	hubimos	discernido
discernisteis	hubisteis	discernido
discernieron	hubieron	discernido

Futuro simple	Futuro compuesto	
discerniré	habré	discernido
discernirás	habrás	discernido
discernirá	habrá	discernido
discerniremos	habremos	discernido
discerniréis	habréis	discernido
discernirán	habrán	discernido

Gerundio

Simple	Compuesto	
discerniendo	habiendo	discernido

Subjuntivo

Presente

discierna
disciernas
discierna
discernamos
discernáis
disciernan

Imperfecto

discerniera/discerniese
discernieras/discernieses
discerniera/discerniese
discerniéramos/discerniésemos
discernierais/discernieseis
discernieran/discerniesen

Perfecto	
haya	discernido
hayas	discernido
haya	discernido
hayamos	discernido
hayáis	discernido
hayan	discernido

Pluscuamperfecto	
hubiera	discernido
hubieras	discernido
hubiera	discernido
hubiéramos	discernido
hubierais	discernido
hubieran	discernido

Participio

discernido

Condicional

Simple

discerniría
discernirías
discerniría
discerniríamos
discerniríais
discernirían

Compuesto	
habría	discernido
habrías	discernido
habría	discernido
habríamos	discernido
habríais	discernido
habrían	discernido

Imperativo

(tú)	discierne
(usted)	discierna
(nosotros)	discernamos
(vosotros)	discernid
(ustedes)	disciernan

Infinitivo compuesto

haber discernido

Anwendungsbeispiele

Hay que saber **discernir** bien un aspecto de otro. *Man muss den einen Aspekt gut von dem anderen **unterscheiden** können.*

No **disciernen** mentira de verdad. ***Sie machen keinen Unterschied** zwischen Lüge und Wahrheit.*

Redewendungen

discernir una cosa de otra *eine Sache von einer anderen unterscheiden*
discernir entre dos cosas *zwischen zwei Sachen unterscheiden*
discernir entre lo bueno y lo malo *zwischen Gut und Böse unterscheiden*
discernir un premio a alg. *jdm. einen Preis verleihen*
discernir la tutela a. alg. *jdm. die Vormundschaft übertragen*

Ähnliche Verben

diferenciar *differenzieren, unterscheiden*
distinguir *unterscheiden, auseinanderhalten*
hacer una distinción *einen Unterschied machen*
notar la diferencia *den Unterschied bemerken*
reconocer la diferencia *den Unterschied erkennen*
ver la diferencia *den Unterschied sehen*

Aufgepasst!

Die orthografische Anpassung -e → -ie betrifft hauptsächlich die Verben der 1. und 2. Konjugation.

Wie bei diesen Verben wird jedoch auch bei discernir (3. Konj.) das -e zu -ie in den stammbetonten Personen (1., 2., 3. Pers. Sing. und 3. Pers. Pl.) des Presente de indicativo (disc**ie**rno, disc**ie**rnes ...) und subjuntivo (disc**ie**rna, disc**ie**rnas ...). Die 1. und 2. Person Plural sind regelmäßig.

Die Imperativform (tú) disc**ie**rne sowie die Imperativformen, die vom Presente de subjuntivo abgeleitet werden, sind ebenfalls unregelmäßig: (usted) disc**ie**rna, (ustedes) disc**ie**rnan. Die Endungen sind jedoch regelmäßig.

Tipps & Tricks

Folgende Verben werden wie discernir konjugiert: cernir *sieben*, concernir *betreffen*. Sie werden selten in der Umgangssprache gebraucht, sie kommen vor allem in festen Wendungen vor: por lo que concierne a ... *betreffend ...*

26 distinguir *unterscheiden, erkennen*

-gu → -g

Indicativo

Presente	Perfecto	
distingo	he	distinguido
distingues	has	distinguido
distingue	ha	distinguido
distinguimos	hemos	distinguido
distinguís	habéis	distinguido
distinguen	han	distinguido

Imperfecto	Pluscuamperfecto	
distinguía	había	distinguido
distinguías	habías	distinguido
distinguía	había	distinguido
distinguíamos	habíamos	distinguido
distinguíais	habíais	distinguido
distinguían	habían	distinguido

Indefinido	Pretérito anterior	
distinguí	hube	distinguido
distinguiste	hubiste	distinguido
distinguió	hubo	distinguido
distinguimos	hubimos	distinguido
distinguisteis	hubisteis	distinguido
distinguieron	hubieron	distinguido

Futuro simple	Futuro compuesto	
distinguiré	habré	distinguido
distinguirás	habrás	distinguido
distinguirá	habrá	distinguido
distinguiremos	habremos	distinguido
distinguiréis	habréis	distinguido
distinguirán	habrán	distinguido

Gerundio

Simple	Compuesto	
distinguiendo	habiendo	distinguido

Subjuntivo

Presente

distinga
distingas
distinga
distingamos
distingáis
distingan

Imperfecto

distinguiera/distinguiese
distinguieras/distinguieses
distinguiera/distinguiese
distinguiéramos/distinguiésemos
distinguierais/distinguieseis
distinguieran/distinguiesen

Perfecto	
haya	distinguido
hayas	distinguido
haya	distinguido
hayamos	distinguido
hayáis	distinguido
hayan	distinguido

Pluscuamperfecto	
hubiera	distinguido
hubieras	distinguido
hubiera	distinguido
hubiéramos	distinguido
hubierais	distinguido
hubieran	distinguido

Participio

distinguido

Condicional

Simple

distinguiría
distinguirías
distinguiría
distinguiríamos
distinguiríais
distinguirían

Compuesto	
habría	distinguido
habrías	distinguido
habría	distinguido
habríamos	distinguido
habríais	distinguido
habrían	distinguido

Imperativo

(tú)	distingue
(usted)	distinga
(nosotros)	distingamos
(vosotros)	distinguid
(ustedes)	distingan

Infinitivo compuesto

haber distinguido

Anwendungsbeispiele

Es difícil **distinguir** lo que pone ahí. *Es ist schwer zu* ***erkennen****, was da steht.*
Tú no **distingues entre** un vino bueno y uno malo. *Du kannst nicht* ***zwischen*** *einem guten und einem schlechten Wein* ***unterscheiden****.*
El catedrático **distinguió** dos campos de investigación. *Der Professor* ***unterschied*** *zwei Forschungsgebiete.*
Puedes **distinguirlas por** la voz. *Du kannst* ***sie an*** *ihrer Stimme* ***erkennen****.*
Pilar **se distingue por** su elegancia. *Pilar* ***zeichnet sich durch*** *ihre Eleganz* ***aus****.*
Desde aquí **se distingue** el bosque. *Von hier aus kann man den Wald* ***erkennen****.*

Redewendungen

distinguir una cosa de la otra *eine Sache von einer anderen unterscheiden*
distinguir por a. c. *durch etw. unterscheiden*
no distinguir lo blanco de lo negro *sehr beschränkt sein*
distinguir a alg. con su confianza *jdn. durch sein Vertrauen ehren*
distinguirse *deutlich werden*

Ähnliche Verben

apreciar *wahrnehmen*
notar *(be)merken*
diferenciar *differenzieren, unterscheiden*
hacer una distinción *einen Unterschied machen*
reconocer (la diferencia) *(den Unterschied) erkennen*
ver la diferencia *den Unterschied sehen*

Aufgepasst!

Vor -o und -a wird -gu zu -g. Diese orthografische Anpassung an die Aussprache des Infinitivs betrifft die 1. Person Singular des Presente de indicativo, das Presente de subjuntivo sowie einige Imperativformen.

Tipps & Tricks

Lernen Sie zusammen mit distinguir das Verb extinguir *(einen Brand) löschen* und seine reflexive Form extinguirse *aussterben*. Beide Verben weisen die gleiche orthografische Besonderheit wie distinguir auf.

27 dormir *schlafen*

-o → -ue, -o → -u

Indicativo

Presente	Perfecto	
duermo	he	dormido
duermes	has	dormido
duerme	ha	dormido
dormimos	hemos	dormido
dormís	habéis	dormido
duermen	han	dormido

Imperfecto	Pluscuamperfecto	
dormía	había	dormido
dormías	habías	dormido
dormía	había	dormido
dormíamos	habíamos	dormido
dormíais	habíais	dormido
dormían	habían	dormido

Indefinido	Pretérito anterior	
dormí	hube	dormido
dormiste	hubiste	dormido
durmió	hubo	dormido
dormimos	hubimos	dormido
dormisteis	hubisteis	dormido
durmieron	hubieron	dormido

Futuro simple	Futuro compuesto	
dormiré	habré	dormido
dormirás	habrás	dormido
dormirá	habrá	dormido
dormiremos	habremos	dormido
dormiréis	habréis	dormido
dormirán	habrán	dormido

Gerundio

Simple	Compuesto
durmiendo	habiendo dormido

Subjuntivo

Presente
duerma
duermas
duerma
durmamos
durmáis
duerman

Imperfecto
durmiera/durmiese
durmieras/durmieses
durmiera/durmiese
durmiéramos/durmiésemos
durmierais/durmieseis
durmieran/durmiesen

Perfecto	
haya	dormido
hayas	dormido
haya	dormido
hayamos	dormido
hayáis	dormido
hayan	dormido

Pluscuamperfecto	
hubiera	dormido
hubieras	dormido
hubiera	dormido
hubiéramos	dormido
hubierais	dormido
hubieran	dormido

Participio

dormido

Condicional

Simple
dormiría
dormirías
dormiría
dormiríamos
dormiríais
dormirían

Compuesto	
habría	dormido
habrías	dormido
habría	dormido
habríamos	dormido
habríais	dormido
habrían	dormido

Imperativo

(tú)	duerme
(usted)	duerma
(nosotros)	durmamos
(vosotros)	dormid
(ustedes)	duerman

Infinitivo compuesto

haber dormido

Anwendungsbeispiele

Duermo normalmente siete horas. ***Ich schlafe*** *normalerweise sieben Stunden.*
No **ha dormido** nada en toda la noche. ***Er hat*** *die ganze Nacht nicht* ***geschlafen****.*
Antes **me dormía** enseguida. *Früher* ***konnte ich*** *sofort* ***einschlafen****.*
Se me ha dormido la pierna. ***Mir ist*** *das Bein* ***eingeschlafen****.*
¡Que **duermas** bien! ***Schlaf*** *gut!*
Tengo que **dormir** al bebé. *Ich muss das Baby zum Einschlafen bringen.*
No suele **dormir la siesta** en invierno. *Im Winter* ***macht er*** *normalerweise keinen* ***Mittagsschlaf****.*

Witz

El compañero de Jaimito se ha quedado dormido y el profesor le dice:
"¡Jaimito, despierta a tu compañero!"
"¡Despiértelo usted! Usted le ha dormido."

Andere Verben

despertar *aufwecken*
despertarse *aufwachen*
levantarse *aufstehen*
no coger el sueño *nicht einschlafen können*
no pegar ojo *kein Auge zumachen*

Aufgepasst!

Bei dormir treffen zwei Unregelmäßigkeiten aufeinander:
Der Vokalwechsel -o → -ue betrifft die stammbetonten Personen (1., 2., 3. Pers. Sing. und 3. Pers. Pl.) des Presente de indicativo und subjuntivo sowie manche Imperativformen.
Der Wechsel -o → -u kommt in der 3. Person Singular und Plural des Indefinido vor, im Imperfecto de subjuntivo, in der 1. und 2. Person Plural des Presente de subjuntivo sowie im Gerundio.

Tipps & Tricks

Wie dormir wird das Verb morir *sterben* konjugiert. Sein Partizip ist jedoch unregelmäßig: muerto.

28 elegir *(aus)wählen, aussuchen*

-e → -i, -g → -j

Indicativo

Presente	Perfecto	
elijo	he	elegido
eliges	has	elegido
elige	ha	elegido
elegimos	hemos	elegido
elegís	habéis	elegido
eligen	han	elegido

Imperfecto	Pluscuamperfecto	
elegía	había	elegido
elegías	habías	elegido
elegía	había	elegido
elegíamos	habíamos	elegido
elegíais	habíais	elegido
elegían	habían	elegido

Indefinido	Pretérito anterior	
elegí	hube	elegido
elegiste	hubiste	elegido
eligió	hubo	elegido
elegimos	hubimos	elegido
elegisteis	hubisteis	elegido
eligieron	hubieron	elegido

Futuro simple	Futuro compuesto	
elegiré	habré	elegido
elegirás	habrás	elegido
elegirá	habrá	elegido
elegiremos	habremos	elegido
elegiréis	habréis	elegido
elegirán	habrán	elegido

Gerundio

Simple	Compuesto	
eligiendo	habiendo	elegido

Subjuntivo

Presente
elija
elijas
elija
elijamos
elijáis
elijan

Imperfecto
eligiera/eligiese
eligieras/eligieses
eligiera/eligiese
eligiéramos/eligiésemos
eligierais/eligieseis
eligieran/eligiesen

Perfecto	
haya	elegido
hayas	elegido
haya	elegido
hayamos	elegido
hayáis	elegido
hayan	elegido

Pluscuamperfecto	
hubiera	elegido
hubieras	elegido
hubiera	elegido
hubiéramos	elegido
hubierais	elegido
hubieran	elegido

Participio

elegido

Condicional

Simple
elegiría
elegirías
elegiría
elegiríamos
elegiríais
elegirían

Compuesto	
habría	elegido
habrías	elegido
habría	elegido
habríamos	elegido
habríais	elegido
habrían	elegido

Imperativo

(tú)	elige
(usted)	elija
(nosotros)	elijamos
(vosotros)	elegid
(ustedes)	elijan

Infinitivo compuesto

haber elegido

Anwendungsbeispiele

Quiero **elegir** otro color. *Ich will eine andere Farbe* ***aussuchen.***
Espero que **elija** una buena universidad. *Ich hoffe, dass* ***er*** *eine gute Uni* ***aussucht.***
Fue elegido presidente. ***Er wurde*** *zum Präsidenten* ***gewählt.***
Han elegido capitana del equipo **a** Trini. ***Sie haben*** *Trini* ***zur*** *Spielführerin* ***gewählt.***

Redewendungen

elegir a alguien presidente *jdn. zum Präsidenten wählen*
elegir el camino más fácil/difícil *sich für den einfachsten/schwierigsten Weg entscheiden*
no tener dónde elegir *keine andere Wahl haben*
a elegir *nach Wahl, nach Belieben*

Ähnliche Verben

designar *aufstellen, bestimmen, bezeichnen*
escoger *aussuchen*
seleccionar *sortieren, auswählen*
votar *wählen, abstimmen*

Aufgepasst!

Das Verb elegir weist zwei Unregelmäßigkeiten auf:
Der Vokalwechsel -e → -i, der in der 3. Konjugation häufig vorkommt, betrifft die stammbetonten Personen (1., 2., 3. Pers. Sing. und 3. Pers. Pl.) des Presente de indicativo sowie alle Personen des Presente de subjuntivo und die von ihm abgeleiteten Imperativformen. Auch in der 3. Person Singular und Plural des Indefinido sowie im Gerundio finden Sie das -i vor.
Neben dem Vokalwechsel gibt es bei dem Verb elegir eine orthografische Anpassung an die Aussprache des Infinitivs: Vor den Endungen -o und -a wird das -g des Stammes zu -j.

Tipps & Tricks

Folgende Verben werden wie elegir konjugiert: corregir *korrigieren*, regir *regieren*.

29 empezar *beginnen*

-e → -ie, -z → -c

Indicativo

Presente	Perfecto	
empiezo	he	empezado
empiezas	has	empezado
empieza	ha	empezado
empezamos	hemos	empezado
empezáis	habéis	empezado
empiezan	han	empezado

Imperfecto	Pluscuamperfecto	
empezaba	había	empezado
empezabas	habías	empezado
empezaba	había	empezado
empezábamos	habíamos	empezado
empezabais	habíais	empezado
empezaban	habían	empezado

Indefinido	Pretérito anterior	
empecé	hube	empezado
empezaste	hubiste	empezado
empezó	hubo	empezado
empezamos	hubimos	empezado
empezasteis	hubisteis	empezado
empezaron	hubieron	empezado

Futuro simple	Futuro compuesto	
empezaré	habré	empezado
empezarás	habrás	empezado
empezará	habrá	empezado
empezaremos	habremos	empezado
empezaréis	habréis	empezado
empezarán	habrán	empezado

Gerundio

Simple	Compuesto	
empezando	habiendo	empezado

Subjuntivo

Presente
empiece
empieces
empiece
empecemos
empecéis
empiecen

Imperfecto
empezara/empezase
empezaras/empezases
empezara/empezase
empezáramos/empezásemos
empezarais/empezaseis
empezaran/empezasen

Perfecto	
haya	empezado
hayas	empezado
haya	empezado
hayamos	empezado
hayáis	empezado
hayan	empezado

Pluscuamperfecto	
hubiera	empezado
hubieras	empezado
hubiera	empezado
hubiéramos	empezado
hubierais	empezado
hubieran	empezado

Participio

empezado

Condicional

Simple
empezaría
empezarías
empezaría
empezaríamos
empezaríais
empezarían

Compuesto	
habría	empezado
habrías	empezado
habría	empezado
habríamos	empezado
habríais	empezado
habrían	empezado

Imperativo

(tú)	empieza
(usted)	empiece
(nosotros)	empecemos
(vosotros)	empezad
(ustedes)	empiecen

Infinitivo compuesto

haber empezado

Anwendungsbeispiele

He empezado ya mis estudios. ***Ich habe** mein Studium bereits **begonnen.***
La película **empieza a** las siete. *Der Film **fängt um** sieben Uhr **an.***
Empezaron a pensar en ello hace unos meses. ***Sie fingen** vor einigen Monaten **an,** daran **zu** denken.*
Empecé pintando paisajes. *Am Anfang **habe ich** (nur) Landschaften **gemalt.***

Redewendungen

empezar por a. c. *als Erstes mit etw. beginnen*
empezar a hacer a. c. *beginnen, etw. zu tun*
empezar una botella *eine Flasche anbrechen*
empezar de la nada *sich von ganz unten hocharbeiten*
empezar la carrera *mit dem Studium anfangen*
empezar el pan *das Brot anschneiden*
para empezar *zunächst (einmal)*

Ähnliche Verben

comenzar *anfangen, beginnen*
dar comienzo *eröffnen, einsteigen*
iniciar *beginnen, eröffnen*

Aufgepasst!

Das Verb empezar weist gleichzeitig einen Vokalwechsel und eine orthografische Veränderung auf.
Der Vokalwechsel -e → -ie, der in der 1. Konjugation bei manchen Verben auftritt, betrifft die stammbetonten Personen (1., 2., 3. Pers. Sing. und 3. Pers. Pl.) des Presente de indicativo und des Presente de subjuntivo sowie manche Imperativformen. Zusätzlich zum Vokalwechsel wird aus orthografischen Gründen das -z des Infinitivs vor einem -e bzw. -é immer zu -c. Das ist in der 1. Person Singular des Indefinido der Fall (empecé) und im Presente de subjuntivo (empiece, empieces ...) sowie bei manchen Imperativformen: (usted) empiece, (nosotros) empecemos ...

Tipps & Tricks

Folgende Verben werden wie empezar konjugiert: comenzar *beginnen*, tropezar *stolpern*. Lernen Sie außerdem den Wechsel -z → -c mit anderen Verben zusammen, die ebenfalls auf -zar enden.

30 enviar *senden, schicken*

-i → -í

Indicativo

Presente	Perfecto		Imperfecto	Pluscuamperfecto	
envío	he	enviado	enviaba	había	enviado
envías	has	enviado	enviabas	habías	enviado
envía	ha	enviado	enviaba	había	enviado
enviamos	hemos	enviado	enviábamos	habíamos	enviado
enviáis	habéis	enviado	enviabais	habíais	enviado
envían	han	enviado	enviaban	habían	enviado

Indefinido	Pretérito anterior		Futuro simple	Futuro compuesto	
envié	hube	enviado	enviaré	habré	enviado
enviaste	hubiste	enviado	enviarás	habrás	enviado
envió	hubo	enviado	enviará	habrá	enviado
enviamos	hubimos	enviado	enviaremos	habremos	enviado
enviasteis	hubisteis	enviado	enviaréis	habréis	enviado
enviaron	hubieron	enviado	enviarán	habrán	enviado

Gerundio

Simple	Compuesto	
enviando	habiendo	enviado

Subjuntivo

Presente	Imperfecto
envíe	enviara/enviase
envíes	enviaras/enviases
envíe	enviara/enviase
enviemos	enviáramos/enviásemos
enviéis	enviarais/enviaseis
envíen	enviaran/enviasen

Perfecto		Pluscuamperfecto	
haya	enviado	hubiera	enviado
hayas	enviado	hubieras	enviado
haya	enviado	hubiera	enviado
hayamos	enviado	hubiéramos	enviado
hayáis	enviado	hubierais	enviado
hayan	enviado	hubieran	enviado

Participio

enviado

Condicional

Simple	Compuesto	
enviaría	habría	enviado
enviarías	habrías	enviado
enviaría	habría	enviado
enviaríamos	habríamos	enviado
enviaríais	habríais	enviado
enviarían	habrían	enviado

Imperativo

(tú)	envía
(usted)	envíe
(nosotros)	enviemos
(vosotros)	enviad
(ustedes)	envíen

Infinitivo compuesto

haber enviado

Anwendungsbeispiele

Le **envío** mi currículum. ***Ich schicke*** *Ihnen meinen Lebenslauf.*
Envíame las fotos cuando puedas. ***Schick mir*** *bitte die Fotos, wenn du kannst.*
Puede **enviarme** la factura **por fax.** *Sie können* ***mir*** *die Rechnung* ***faxen.***

Redewendungen

enviar a alg. por a.c. *jdn. etw. holen lassen*
enviar una carta/un paquete *einen Brief/ein Paket schicken*
enviar un regalo *ein Geschenk schicken*
enviar un correo electrónico *eine E-Mail schicken*
enviar por correo *mit der Post schicken*
enviar por fax *faxen*
enviar por Internet *über das Internet schicken*
enviar una delegación *eine Delegation entsenden*
enviar a casa *nach Hause liefern*

Ähnliche Verben

entregar *zustellen*
mandar *absenden, schicken*
remitir *verschicken*

Aufgepasst!

Die Unregelmäßigkeit dieses Verbs besteht darin, dass manche Zeiten und Personen – im Unterschied zum Infinitiv – einen Akzent tragen: die Personen des Singulars und die 3. Person Plural des Presente de indicativo (envío, envías ...) und subjuntivo (envíe, envíes ...) sowie die Imperativformen (tú) envía, (usted) envíe und (ustedes) envíen. Der Akzent zeigt an, dass bei -ío, -ía etc. das -í getrennt vom folgenden Vokal auszusprechen ist:
Envía esta carta a Luis. *Schick Luis diesen Brief.*

Eine ähnliche Unregelmäßigkeit weisen die Verben auf, die auf -uar enden.

Tipps & Tricks

Folgende Verben werden wie enviar konjugiert: ampliar *vergrößern*, confiar *anvertrauen*, esquiar *Ski fahren*, fiarse *sich verlassen*, fotografiar *fotografieren*, guiar *führen*, vaciar *entleeren*.

31 erguir *(hoch)heben, aufrichten*

Indicativo

Presente	Perfecto		Imperfecto	Pluscuamperfecto	
yergo/irgo	he	erguido	erguía	había	erguido
yergues/irgues	has	erguido	erguías	habías	erguido
yergue/irgue	ha	erguido	erguía	había	erguido
erguimos	hemos	erguido	erguíamos	habíamos	erguido
erguís	habéis	erguido	erguíais	habíais	erguido
yerguen/irguen	han	erguido	erguían	habían	erguido

Indefinido	Pretérito anterior		Futuro simple	Futuro compuesto	
erguí	hube	erguido	erguiré	habré	erguido
erguiste	hubiste	erguido	erguirás	habrás	erguido
irguió	hubo	erguido	erguirá	habrá	erguido
erguimos	hubimos	erguido	erguiremos	habremos	erguido
erguisteis	hubisteis	erguido	erguiréis	habréis	erguido
irguieron	hubieron	erguido	erguirán	habrán	erguido

Gerundio

Simple	Compuesto	
irguiendo	habiendo	erguido

Subjuntivo

Presente	Imperfecto
yerga/irga	irguiera/irguiese
yergas/irgas	irguieras/irguieses
yerga/irga	irguiera/irguiese
yergamos/irgamos	irguiéramos/irguiésemos
yergáis/irgáis	irguierais/irguieseis
yergan/irgan	irguieran/irguiesen

Perfecto		Pluscuamperfecto	
haya	erguido	hubiera	erguido
hayas	erguido	hubieras	erguido
haya	erguido	hubiera	erguido
hayamos	erguido	hubiéramos	erguido
hayáis	erguido	hubierais	erguido
hayan	erguido	hubieran	erguido

Participio

erguido

Condicional

Simple	Compuesto	
erguiría	habría	erguido
erguirías	habrías	erguido
erguiría	habría	erguido
erguiríamos	habríamos	erguido
erguiríais	habríais	erguido
erguirían	habrían	erguido

Imperativo

(tú)	yergue/irgue
(usted)	yerga/irga
(nosotros)	yergamos/irgamos
(vosotros)	erguid
(ustedes)	yergan/irgan

Infinitivo compuesto

haber erguido

Anwendungsbeispiele

A lo lejos **se yergue** la torre de la iglesia. *In der Ferne* ***ragt*** *der Kirchturm* ***empor****.*

El caballo **se irguió sobre** las patas traseras. *Das Pferd* ***ging auf*** *die Hinterbeine.*

Redewendungen

erguir la cabeza *den Kopf heben*
erguir el cuello *den Hals strecken*
erguirse *sich aufrichten, sich strecken*

Ähnliche Verben

alzar *hochheben, erheben, emporragen*
destacar *herausragen*
elevar *heben, steigern*
empinar *aufstellen*
enderezar *geradestellen*
levantar *(hoch)heben*
sobresalir *hervorstehen, herausragen*

Aufgepasst!

Erguir folgt zwei Mustern: dem der Verben, die den Vokalwechsel -e → -ie haben, und dem der Verben, die den Vokalwechsel -e → -i aufweisen.
Die Besonderheit bei erguir besteht darin, dass der Diphthong -ie zu -ye wird – wie sonst häufig im Spanischen auch bei Substantiven. Mit -y oder -i beginnen die stammbetonten Personen (1., 2., 3. Pers. Sing. und 3. Pers. Pl.) des Presente de indicativo, das Presente de subjuntivo, die 2. Person Singular des Imperativo sowie die Imperativformen, die vom Presente de subjuntivo abgeleitet sind. Der Wechsel -e → -i kommt außerdem in der 3. Person des Indefinido vor sowie im Gerundio.
Die Formen mit -y werden häufiger verwendet als die mit -i.

32 esparcir *verstreuen, verbreiten*

-c → -z

Indicativo

Presente	Perfecto		Imperfecto	Pluscuamperfecto	
esparzo	he	esparcido	esparcía	había	esparcido
esparces	has	esparcido	esparcías	habías	esparcido
esparce	ha	esparcido	esparcía	había	esparcido
esparcimos	hemos	esparcido	esparcíamos	habíamos	esparcido
esparcís	habéis	esparcido	esparcíais	habíais	esparcido
esparcen	han	esparcido	esparcían	habían	esparcido

Indefinido	Pretérito anterior		Futuro simple	Futuro compuesto	
esparcí	hube	esparcido	esparciré	habré	esparcido
esparciste	hubiste	esparcido	esparcirás	habrás	esparcido
esparció	hubo	esparcido	esparcirá	habrá	esparcido
esparcimos	hubimos	esparcido	esparciremos	habremos	esparcido
esparcisteis	hubisteis	esparcido	esparciréis	habréis	esparcido
esparcieron	hubieron	esparcido	esparcirán	habrán	esparcido

Gerundio

Simple
esparciendo

Compuesto
habiendo esparcido

Subjuntivo

Presente
esparza
esparzas
esparza
esparzamos
esparzáis
esparzan

Imperfecto
esparciera/esparciese
esparcieras/esparcieses
esparciera/esparciese
esparciéramos/esparciésemos
esparcierais/esparcieseis
esparcieran/esparciesen

Perfecto		Pluscuamperfecto	
haya	esparcido	hubiera	esparcido
hayas	esparcido	hubieras	esparcido
haya	esparcido	hubiera	esparcido
hayamos	esparcido	hubiéramos	esparcido
hayáis	esparcido	hubierais	esparcido
hayan	esparcido	hubieran	esparcido

Participio

esparcido

Condicional

Simple
esparciría
esparcirías
esparciría
esparciríamos
esparciríais
esparcirían

Compuesto	
habría	esparcido
habrías	esparcido
habría	esparcido
habríamos	esparcido
habríais	esparcido
habrían	esparcido

Imperativo

(tú)	esparce
(usted)	esparza
(nosotros)	esparzamos
(vosotros)	esparcid
(ustedes)	esparzan

Infinitivo compuesto

haber esparcido

Anwendungsbeispiele

El viento **esparció** las hojas. *Der Wind **wehte** die Blätter **weg**.*
¡No **esparzas** la sal **por** la mesa! ***Streu** bitte das Salz nicht **auf** den Tisch!*
Los campesinos **esparcen** las semillas en primavera. *Die Bauern **säen** im Frühling.*
El olor **se esparció** rápidamente. *Der Duft **verbreitete sich** rasch.*
Di un paseo para **esparcirme** un poco. *Ich ging spazieren, um **mich** ein bisschen zu **entspannen**.*

Redewendungen

esparcir agua *Wasser sprengen*
esparcir semillas *säen*
esparcir las cenizas de alg. *jds. Asche verstreuen*
esparcir una mancha *einen Fleck größer machen*
esparcir una noticia *eine Nachricht verbreiten*
esparcirse como el humo *sich in Windeseile verbreiten*

Ähnliche Verben

difundir(se) *(sich) ausbreiten, (sich) verbreiten*
distribuir(se) *(sich) verteilen*
divulgar(se) *(sich) verbreiten*
extender(se) *(sich) ausbreiten, verstreichen*
repartir(se) *(sich) verteilen, (sich) aufteilen*

Aufgepasst!

Die orthografische Anpassung an die Aussprache des Infinitivs (-c → -z) betrifft die Formen mit der Endung -o bzw. -a. Es handelt sich hier um die 1. Person des Presente de indicativo (espar**z**o), alle Formen des Presente de subjuntivo (espar**z**a, espar**z**as etc.) sowie die Imperativformen, die vom Presente de subjuntivo abgeleitet werden: (usted) espar**z**a, (nosotros) espar**z**amos, (ustedes) espar**z**an.

33 forzar *zwingen*

-o → -ue, -z → -c

Indicativo

Presente	Perfecto		Imperfecto	Pluscuamperfecto	
fuerzo	he	forzado	forzaba	había	forzado
fuerzas	has	forzado	forzabas	habías	forzado
fuerza	ha	forzado	forzaba	había	forzado
forzamos	hemos	forzado	forzábamos	habíamos	forzado
forzáis	habéis	forzado	forzabais	habíais	forzado
fuerzan	han	forzado	forzaban	habían	forzado

Indefinido	Pretérito anterior		Futuro simple	Futuro compuesto	
forcé	hube	forzado	forzaré	habré	forzado
forzaste	hubiste	forzado	forzarás	habrás	forzado
forzó	hubo	forzado	forzará	habrá	forzado
forzamos	hubimos	forzado	forzaremos	habremos	forzado
forzasteis	hubisteis	forzado	forzaréis	habréis	forzado
forzaron	hubieron	forzado	forzarán	habrán	forzado

Gerundio

Simple	Compuesto
forzando	habiendo forzado

Subjuntivo

Presente	Imperfecto
fuerce	forzara/forzase
fuerces	forzaras/forzases
fuerce	forzara/forzase
forcemos	forzáramos/forzásemos
forcéis	forzarais/forzaseis
fuercen	forzaran/forzasen

Perfecto		Pluscuamperfecto	
haya	forzado	hubiera	forzado
hayas	forzado	hubieras	forzado
haya	forzado	hubiera	forzado
hayamos	forzado	hubiéramos	forzado
hayáis	forzado	hubierais	forzado
hayan	forzado	hubieran	forzado

Participio

forzado

Condicional

Simple	Compuesto	
forzaría	habría	forzado
forzarías	habrías	forzado
forzaría	habría	forzado
forzaríamos	habríamos	forzado
forzaríais	habríais	forzado
forzarían	habrían	forzado

Imperativo

(tú)	**fuerza**
(usted)	**fuerce**
(nosotros)	**forcemos**
(vosotros)	forzad
(ustedes)	**fuercen**

Infinitivo compuesto

haber forzado

Anwendungsbeispiele

No queremos **forzar** a nadie. *Wir wollen niemanden* ***zwingen.***
Le **fuerzan a** tomar la decisión. ***Sie zwingen*** *ihn, die Entscheidung* ***zu*** *fällen.*
Forzaron la puerta y entraron en el piso. ***Sie brachen*** *die Tür* ***auf*** *und traten in die Wohnung ein.*

Redewendungen

forzar la amistad *die Freundschaft überstrapazieren*
forzar a alg. *jdn. vergewaltigen*
forzar una situación *eine Situation erzwingen*
forzar un resultado *ein Ergebnis erzwingen*
forzar la voz *die Stimme überanstrengen*
forzar a alg. a entrar *jdn. zwingen, hineinzugehen*
forzarse a comer *sich zum Essen zwingen*

Ähnliche Verben

esforzar *anstrengen, beanspruchen*
esforzarse *sich bemühen, sich anstrengen*
reforzar *verstärken*

Aufgepasst!

Der Vokalwechsel -o → -ue betrifft die stammbetonten Personen (1., 2., 3. Pers. Sing. und 3. Pers. Pl.) des Presente de indicativo (**fuer**zo, **fuer**zas ...) und subjuntivo (**fuer**ce, **fuer**ces ...) sowie folgende Imperativformen: (tú) **fuer**za, (usted) **fuer**ce, (ustedes) **fuer**cen.

Die orthografische Anpassung an die Aussprache des Infinitivs (-z → -c) betrifft die Zeiten und Personen mit der Endung -e bzw. -é: die 1. Person des Indefinido (for**cé**), alle Formen des Presente de subjuntivo (fuer**ces**, fuer**ce** ...) sowie einige Imperativformen: (usted) fuer**ce**, (nosotros) for**ce**mos, (ustedes) fuer**cen**. In allen anderen Formen ist das Verb forzar dagegen regelmäßig.

Tipps & Tricks

Wie (re)forzar wird auch almorzar *zu Mittag essen* konjugiert. Ähnliche Verben können Sie sich durch Reime einprägen: No almuerzo, si antes no me esfuerzo. *Ich esse nicht zu Mittag, wenn ich mich vorher nicht anstrenge.*

34 hacer *tun, machen*

Indicativo

Presente	Perfecto		Imperfecto	Pluscuamperfecto	
hago	he	hecho	hacía	había	hecho
haces	has	hecho	hacías	habías	hecho
hace	ha	hecho	hacía	había	hecho
hacemos	hemos	hecho	hacíamos	habíamos	hecho
hacéis	habéis	hecho	hacíais	habíais	hecho
hacen	han	hecho	hacían	habían	hecho

Indefinido	Pretérito anterior		Futuro simple	Futuro compuesto	
hice	hube	hecho	haré	habré	hecho
hiciste	hubiste	hecho	harás	habrás	hecho
hizo	hubo	hecho	hará	habrá	hecho
hicimos	hubimos	hecho	haremos	habremos	hecho
hicisteis	hubisteis	hecho	haréis	habréis	hecho
hicieron	hubieron	hecho	harán	habrán	hecho

Gerundio

Simple	Compuesto	
haciendo	habiendo	hecho

Subjuntivo

Presente	Imperfecto
haga	hiciera/hiciese
hagas	hicieras/hicieses
haga	hiciera/hiciese
hagamos	hiciéramos/hiciésemos
hagáis	hicierais/hicieseis
hagan	hicieran/hiciesen

Perfecto		Pluscuamperfecto	
haya	hecho	hubiera	hecho
hayas	hecho	hubieras	hecho
haya	hecho	hubiera	hecho
hayamos	hecho	hubiéramos	hecho
hayáis	hecho	hubierais	hecho
hayan	hecho	hubieran	hecho

Participio

hecho

Condicional

Simple	Compuesto	
haría	habría	hecho
harías	habrías	hecho
haría	habría	hecho
haríamos	habríamos	hecho
haríais	habríais	hecho
harían	habrían	hecho

Imperativo

(tú)	haz
(usted)	haga
(nosotros)	hagamos
(vosotros)	haced
(ustedes)	hagan

Infinitivo compuesto

haber hecho

Anwendungsbeispiele

Siempre **hacen** lo que quieren. ***Sie machen*** *immer, was sie wollen.*
¿Y ahora qué **hago**? *Und was* ***mache ich*** *jetzt?*
Hace frío. ***Es ist*** *kalt.*
La conocí **hace** una semana. *Ich lernte sie vor einer Woche kennen.*
Voy a **hacer** la maleta. *Ich werde den Koffer* ***packen.***
¿Puedes **hacerme** un favor? *Kannst du* ***mir*** *einen Gefallen* ***tun****?*
Vuestro regalo **me ha hecho** mucha **ilusión**. ***Ich habe mich*** *sehr über euer Geschenk* ***gefreut.***
Rafael siempre **se hace** el sueco. *Rafael* ***stellt sich*** *immer dumm.*

Sprichwörter

Nunca es tarde para hacer bien. *Es ist nie zu spät, um etwas Gutes zu tun.*
Hazte de miel y te comerán las moscas. *Wer mit den Wölfen heult, wird von den Wölfen gefressen.*
Quien hace la ley, hace la trampa. *Jedes Gesetz hat seine Hintertürchen.*

Ähnliche Verben

contrahacer *nachahmen, fälschen*
deshacer *lösen, zerlegen, auftrennen*
rehacer *noch einmal machen, wiederherstellen*

Gebrauch

Das Verb hacer wird nicht nur in vielen festen Redewendungen und Sprichwörtern verwendet, sondern auch als unpersönliche Form, um über das Wetter zu sprechen:
Hace buen/mal tiempo. *Es ist gutes/schlechtes Wetter.*
Hace frío/calor. *Es ist kalt/warm.*
Außerdem wird die Form hace/hacía als Präposition verwendet, um Zeitangaben zu machen:
hace un mes *vor einem Monat*, desde hace unos días *seit ein paar Tagen.*

35 influir *beeinflussen*

-i → -y

Indicativo

Presente	Perfecto		Imperfecto	Pluscuamperfecto	
influyo	he	influido	influía	había	influido
influyes	has	influido	influías	habías	influido
influye	ha	influido	influía	había	influido
influimos	hemos	influido	influíamos	habíamos	influido
influís	habéis	influido	influíais	habíais	influido
influyen	han	influido	influían	habían	influido

Indefinido	Pretérito anterior		Futuro simple	Futuro compuesto	
influí	hube	influido	influiré	habré	influido
influiste	hubiste	influido	influirás	habrás	influido
influyó	hubo	influido	influirá	habrá	influido
influimos	hubimos	influido	influiremos	habremos	influido
influisteis	hubisteis	influido	influiréis	habréis	influido
influyeron	hubieron	influido	influirán	habrán	influido

Gerundio

Simple	Compuesto	
influyendo	habiendo	influido

Subjuntivo

Presente	Imperfecto
influya	influyera/influyese
influyas	influyeras/influyeses
influya	influyera/influyese
influyamos	influyéramos/influyésemos
influyáis	influyerais/influyeseis
influyan	influyeran/influyesen

Perfecto		Pluscuamperfecto	
haya	influido	hubiera	influido
hayas	influido	hubieras	influido
haya	influido	hubiera	influido
hayamos	influido	hubiéramos	influido
hayáis	influido	hubierais	influido
hayan	influido	hubieran	influido

Participio

influido

Condicional

Simple	Compuesto	
influiría	habría	influido
influirías	habrías	influido
influiría	habría	influido
influiríamos	habríamos	influido
influiríais	habríais	influido
influirían	habrían	influido

Imperativo

(tú)	influye
(usted)	influya
(nosotros)	influyamos
(vosotros)	influid
(ustedes)	influyan

Infinitivo compuesto

haber influido

Anwendungsbeispiele

El efecto invernadero **influye en** el cambio climático. *Der Treibhauseffekt **beeinflusst** den Klimawandel.*

Su situación laboral le **influyó** mucho. *Seine Arbeitssituation **beeinflusste** ihn sehr.*

¡No te dejes **influir por** ellos! *Lass dich nicht **von** ihnen **beeinflussen**!*

Redewendungen

influir en una decisión *eine Entscheidung beeinflussen*

influir en la vida de alg. *jds. Leben beeinflussen*

influir en un resultado *ein Ergebnis beeinflussen*

Ähnliche Verben

cooperar *mithelfen, beitragen*

empujar *drängen*

incitar *anstiften*

inducir *verleiten*

insistir *beharren, drängen*

instar *inständig bitten*

mediatizar *einschränken, mediatisieren*

obligar *zwingen*

tener influencia *Einfluss haben*

Aufgepasst!

Der Wechsel -i → -y betrifft alle Formen, deren Endung nicht mit -i beginnt: die stammbetonten Personen (1., 2., 3. Pers. Sing. und 3. Pers. Pl.) des Presente de indicativo (influ**y**o, influ**y**es ...), das Presente de subjuntivo (influ**y**a, influ**y**as ...) und folgende Imperativformen: (tú) influ**y**e, (usted) influ**y**a, (nosotros) influ**y**amos, (ustedes) influ**y**an. Unregelmäßig sind auch die 3. Person Singular und Plural des Indefinido (influ**y**ó, influ**y**eron), das Imperfecto de subjuntivo (influ**y**era ...) und das Gerundio (influ**y**endo).

Tipps & Tricks

Lernen Sie das Verb influir mit allen Verben zusammen, deren Infinitiv auf -uir endet, z. B.: construir *bauen*, concluir *abschließen*, destruir *zerstören*, excluir *ausschließen*, incluir *einschließen*, sustituir *ersetzen*.

36 ir *gehen, fahren*

Indicativo

Presente	Perfecto	
voy	he	ido
vas	has	ido
va	ha	ido
vamos	hemos	ido
vais	habéis	ido
van	han	ido

Imperfecto	Pluscuamperfecto	
iba	había	ido
ibas	habías	ido
iba	había	ido
íbamos	habíamos	ido
ibais	habíais	ido
iban	habían	ido

Indefinido	Pretérito anterior	
fui	hube	ido
fuiste	hubiste	ido
fue	hubo	ido
fuimos	hubimos	ido
fuisteis	hubisteis	ido
fueron	hubieron	ido

Futuro simple	Futuro compuesto	
iré	habré	ido
irás	habrás	ido
irá	habrá	ido
iremos	habremos	ido
iréis	habréis	ido
irán	habrán	ido

Gerundio

Simple	Compuesto	
yendo	habiendo	ido

Subjuntivo

Presente
vaya
vayas
vaya
vayamos
vayáis
vayan

Imperfecto
fuera/fuese
fueras/fueses
fuera/fuese
fuéramos/fuésemos
fuerais/fueseis
fueran/fuesen

Perfecto	
haya	ido
hayas	ido
haya	ido
hayamos	ido
hayáis	ido
hayan	ido

Pluscuamperfecto	
hubiera	ido
hubieras	ido
hubiera	ido
hubiéramos	ido
hubierais	ido
hubieran	ido

Participio

ido

Condicional

Simple
iría
irías
iría
iríamos
iríais
irían

Compuesto	
habría	ido
habrías	ido
habría	ido
habríamos	ido
habríais	ido
habrían	ido

Imperativo

(tú)	ve
(usted)	vaya
(nosotros)	vayamos
(vosotros)	id
(ustedes)	vayan

Infinitivo compuesto

haber ido

Anwendungsbeispiele

Voy mucho **a** bailar. ***Ich gehe*** *oft tanzen.*
¿Cómo **vas a** Italia? ¿**Vas en** coche, **en** tren o **en** avión? *Wie **fährst du nach** Italien? **Fährst du mit** dem Auto oder dem Zug oder **fliegst du**?*
Ese color no **me va**. *Diese Farbe **mag ich** nicht/**passt mir** nicht.*
¿Pero de qué **vas**? *Was ist mit dir los?*
Un momento, **vayamos por** partes. *Einen Moment, **gehen wir** schrittweise **vor**.*
El sábado **vamos a ir al** cine. *Samstag **werden wir ins** Kino **gehen**.*
Voy haciendo las maletas para el viaje. *Ich packe langsam für die Reise.*
¿Ya **te vas**? Todavía es pronto. ***Gehst du** schon (**weg**)? Es ist noch früh.*

Witz

"¿Cómo le van los estudios de violín a tu hijo?"
"Pues muy bien. Le van a dar una beca para ir a estudiar a Austria."
"¿Quién le va a dar la beca? ¿El Gobierno?"
"No, los vecinos."

Andere Verben

frenar *bremsen*
pararse *anhalten*
retroceder *zurückgehen*
volver *zurückkehren*

Gebrauch

Die Verben *gehen*, *fahren*, *fliegen* entsprechen einem einzigen Verb im Spanischen: ir. Außerdem wird ir vor einem Infinitiv verwendet, um über zukünftige Handlungen zu sprechen, die einen Plan beeinhalten:
Le **van** a dar una beca. *Er wird ein Stipendium bekommen.*
Vor einem Gerundio steht ir ebenfalls, um den allmählichen Verlauf einer Handlung auszudrücken:
Vamos saliendo de la crisis. *Wir kommen langsam aus der Krise heraus.*

Tipps & Tricks

Arbeiten Sie mit Karteikarten, eine Karte pro Verbzeit: Auf der Vorderseite steht der Infinitiv (z. B. ir) und die Zeit (z. B. Presente), auf die Rückseite schreiben Sie alle Personen.

37 jugar *spielen*

-u → -ue, -g → -gu

Indicativo

Presente	Perfecto		Imperfecto	Pluscuamperfecto	
juego	he	jugado	jugaba	había	jugado
juegas	has	jugado	jugabas	habías	jugado
juega	ha	jugado	jugaba	había	jugado
jugamos	hemos	jugado	jugábamos	habíamos	jugado
jugáis	habéis	jugado	jugabais	habíais	jugado
juegan	han	jugado	jugaban	habían	jugado

Indefinido	Pretérito anterior		Futuro simple	Futuro compuesto	
jugué	hube	jugado	jugaré	habré	jugado
jugaste	hubiste	jugado	jugarás	habrás	jugado
jugó	hubo	jugado	jugará	habrá	jugado
jugamos	hubimos	jugado	jugaremos	habremos	jugado
jugasteis	hubisteis	jugado	jugaréis	habréis	jugado
jugaron	hubieron	jugado	jugarán	habrán	jugado

Gerundio

Simple	Compuesto	
jugando	habiendo	jugado

Subjuntivo

Presente	Imperfecto
juegue	jugara/jugase
juegues	jugaras/jugases
juegue	jugara/jugase
juguemos	jugáramos/jugásemos
juguéis	jugarais/jugaseis
jueguen	jugaran/jugasen

Perfecto		Pluscuamperfecto	
haya	jugado	hubiera	jugado
hayas	jugado	hubieras	jugado
haya	jugado	hubiera	jugado
hayamos	jugado	hubiéramos	jugado
hayáis	jugado	hubierais	jugado
hayan	jugado	hubieran	jugado

Participio

jugado

Condicional

Simple	Compuesto	
jugaría	habría	jugado
jugarías	habrías	jugado
jugaría	habría	jugado
jugaríamos	habríamos	jugado
jugaríais	habríais	jugado
jugarían	habrían	jugado

Imperativo

(tú)	juega
(usted)	juegue
(nosotros)	juguemos
(vosotros)	jugad
(ustedes)	jueguen

Infinitivo compuesto

haber jugado

Anwendungsbeispiele

¿Queréis **jugar con** nosotros? *Wollt ihr **mit** uns **spielen**?*
Teo **juega** muy bien **al** fútbol. *Teo **spielt** sehr gut Fußball.*
Ayer **jugué a** las cartas y gané. *Gestern **spielte ich** Karten und gewann.*
¿Qué te **juegas**? *Wollen wir wetten?*

Redewendungen

jugar al tenis *Tennis spielen*
jugar de portero *als Torwart spielen*
jugar limpio/sucio *fair/unfair spielen*
jugar un papel *eine Rolle spielen*
jugar un partido de fútbol *an einem Fußballspiel teilnehmen*
jugar una partida de ajedrez *eine Partie Schach spielen*
jugar en bolsa *an der Börse spekulieren*
jugarse el todo por el todo *alles auf eine Karte setzen*
jugársela *alles riskieren*

Ähnliche Verben

actuar *eine Rolle (im Kino, Theater) spielen*
interpretar *eine Rolle (im Kino, Theater) interpretieren*
juguetear *herumspielen*
tocar *ein Instrument spielen*

Aufgepasst!

Der Wechsel -u → -ue betrifft die stammbetonten Personen (1., 2., 3. Pers. Sing. und 3. Pers. Pl.) des Presente de indicativo (**jue**go, **jue**gas ...) und subjuntivo (**jue**gue, **jue**gues ...) sowie folgende Imperativformen: (tú) **jue**ga, (usted) **jue**gue, (ustedes) **jue**guen.

Hinzu kommt eine orthografische Anpassung an die Aussprache des Infinitivs bei den Formen mit der Endung -é bzw. -e: 1. Person des Indefinido (ju**gué**), das Presente de subjuntivo (jue**gue**, jue**gues** ...) sowie einige Imperativformen.

38 llegar *ankommen*

-g → -gu

Indicativo

Presente	Perfecto		Imperfecto	Pluscuamperfecto		Indefinido	Pretérito anterior		Futuro simple	Futuro compuesto	
llego	he	llegado	llegaba	había	llegado	**llegué**	hube	llegado	llegaré	habré	llegado
llegas	has	llegado	llegabas	habías	llegado	llegaste	hubiste	llegado	llegarás	habrás	llegado
llega	ha	llegado	llegaba	había	llegado	llegó	hubo	llegado	llegará	habrá	llegado
llegamos	hemos	llegado	llegábamos	habíamos	llegado	llegamos	hubimos	llegado	llegaremos	habremos	llegado
llegáis	habéis	llegado	llegabais	habíais	llegado	llegasteis	hubisteis	llegado	llegaréis	habréis	llegado
llegan	han	llegado	llegaban	habían	llegado	llegaron	hubieron	llegado	llegarán	habrán	llegado

Subjuntivo

Presente	Imperfecto	Perfecto		Pluscuamperfecto	
llegue	llegara/llegase	haya	llegado	hubiera	llegado
llegues	llegaras/llegases	hayas	llegado	hubieras	llegado
llegue	llegara/llegase	haya	llegado	hubiera	llegado
lleguemos	llegáramos/llegásemos	hayamos	llegado	hubiéramos	llegado
lleguéis	llegarais/llegaseis	hayáis	llegado	hubierais	llegado
lleguen	llegaran/llegasen	hayan	llegado	hubieran	llegado

Condicional

Simple	Compuesto	
llegaría	habría	llegado
llegarías	habrías	llegado
llegaría	habría	llegado
llegaríamos	habríamos	llegado
llegaríais	habríais	llegado
llegarían	habrían	llegado

Imperativo

(tú)	llega
(usted)	**llegue**
(nosotros)	**lleguemos**
(vosotros)	llegad
(ustedes)	**lleguen**

Infinitivo compuesto

haber llegado

Gerundio

Simple	Compuesto	
llegando	habiendo	llegado

Participio

llegado

Anwendungsbeispiele

El tren **ha llegado** a tiempo. *Der Zug **ist** rechzeitig **angekommen**.*

Llegué a Granada a las cinco. ***Ich kam** um fünf Uhr **in** Granada **an**.*

No **llego al** techo de la habitación. ***Ich komme** nicht **an** die Zimmerdecke.*

El dinero que gano no **me llega** para nada. *Das Geld, das ich verdiene, **reicht mir** nicht.*

Llegamos a pensar que habías tenido un accidente. ***Wir haben** sogar **gedacht**, dass du einen Unfall hattest.*

Redewendungen

llegar a un sitio *einen Ort erreichen*
llegar a la meta *ans Ziel kommen*
llegar a un acuerdo *eine Vereinbarung treffen, sich einigen*
llegar a ser *werden*
llegar a viejo *alt werden*
llegar a la conclusión *zu dem Schluss kommen*
llegar tarde/pronto *spät/früh ankommen*
llegar y besar el santo *im Nu etw. erledigen können*
estar al llegar *jeden Augenblick ankommen*
llegar al alma *unter die Haut gehen*

Ähnliche Verben

alcanzar *reichen*
conseguir *erreichen*

Aufgepasst!

Der Wechsel -g → -gu betrifft alle Formen mit der Endung -é bzw. -e: die 1. Person des Indefinido (lle**gué**), das Presente de subjuntivo (lle**gue**, lle**gues** ...) und die Imperativformen, die vom Presente de subjuntivo abgeleitet werden: (usted) lle**gue**, (nosotros) lle**gue**mos, (ustedes) lle**gue**n. Das Verb ist abgesehen von dieser Ausnahme regelmäßig.

Tipps & Tricks

Sie kennen bestimmt andere Verben der 1. Konjugation, die auf -gar enden (apagar *ausschalten*, navegar *navigieren*, entregar *abgeben*, pagar *zahlen*). Beachten Sie auch hier die Schreibung -gu vor -é bzw. -e.

39 lucir *leuchten*

-c → -zc

Indicativo

Presente	Perfecto		Imperfecto	Pluscuamperfecto	
luzco	he	lucido	lucía	había	lucido
luces	has	lucido	lucías	habías	lucido
luce	ha	lucido	lucía	había	lucido
lucimos	hemos	lucido	lucíamos	habíamos	lucido
lucís	habéis	lucido	lucíais	habíais	lucido
lucen	han	lucido	lucían	habían	lucido

Indefinido	Pretérito anterior		Futuro simple	Futuro compuesto	
lucí	hube	lucido	luciré	habré	lucido
luciste	hubiste	lucido	lucirás	habrás	lucido
lució	hubo	lucido	lucirá	habrá	lucido
lucimos	hubimos	lucido	luciremos	habremos	lucido
lucisteis	hubisteis	lucido	luciréis	habréis	lucido
lucieron	hubieron	lucido	lucirán	habrán	lucido

Gerundio

Simple	Compuesto	
luciendo	habiendo	lucido

Subjuntivo

Presente	Imperfecto
luzca	luciera/luciese
luzcas	lucieras/lucieses
luzca	luciera/luciese
luzcamos	luciéramos/luciésemos
luzcáis	lucierais/lucieseis
luzcan	lucieran/luciesen

Perfecto		Pluscuamperfecto	
haya	lucido	hubiera	lucido
hayas	lucido	hubieras	lucido
haya	lucido	hubiera	lucido
hayamos	lucido	hubiéramos	lucido
hayáis	lucido	hubierais	lucido
hayan	lucido	hubieran	lucido

Participio

lucido

Condicional

Simple	Compuesto	
luciría	habría	lucido
lucirías	habrías	lucido
luciría	habría	lucido
luciríamos	habríamos	lucido
luciríais	habríais	lucido
lucirían	habrían	lucido

Imperativo

(tú)	luce
(usted)	luzca
(nosotros)	luzcamos
(vosotros)	lucid
(ustedes)	luzcan

Infinitivo compuesto

haber lucido

Anwendungsbeispiele

Hoy **luce** mucho el sol. *Heute **scheint** die Sonne besonders stark.*
Las estrellas **lucen en** la noche. *Die Sterne **leuchten in** der Nacht.*
Esta bombilla no **luce** casi nada. *Diese Glühbirne **gibt** fast kein **Licht**.*
Le **luce** la felicidad en la mirada. *Sein Blick **strahlt** vor Glück.*
Limpio, pero no **me luce**. *Ich mache sauber, aber man sieht nicht viel davon.*
Espero que nos **luzcamos** con la cena. *Ich hoffe, dass wir mit dem Abendessen gut **ankommen**.*
El trabajo que hacen no **luce**. *Die Arbeit, die sie machen, **zahlt sich** nicht **aus**.*
Ahora sí que nos **hemos lucido**. *Jetzt haben wir uns aber wirklich dumm angestellt.*

Redewendungen

lucir con orgullo a.c. *mit Stolz etw. tragen*
lucirse al lado de alg. *sich gerne an jds. Seite zeigen*

Ähnliche Verben

brillar *glänzen*
dar luz *beleuchten*
exhibirse *sich zeigen*
iluminar *erleuchten*
resplandecer *funkeln*
deslucir *verderben, abnutzen*
enlucir *verputzen*
relucir *leuchten, glänzen*
traslucir *durchschimmern, durchscheinen*

Aufgepasst!

Wie bei anderen Verben der 2. und 3. Konjugation, deren Stamm auf -c endet, wird bei lucir und dessen Ableitungen das -c zu -zc vor -o bzw. -a. Dies ist der Fall bei der 1. Person des Presente de indicativo (**luzc**o), dem Presente de subjuntivo (**luzc**a, **luzc**as ...) und bei den Imperativformen, die vom Presente de subjuntivo abgeleitet werden: (usted) **luzc**a, (nosotros) **luzc**amos, (ustedes) **luzc**an.
Im Unterschied zu anderen Verben auf -ucir ist bei lucir und seinen Ableitungen das Indefinido regelmäßig: lució, deslució.

40 mover *bewegen*

-o → -ue

Indicativo

Presente	Perfecto		Imperfecto	Pluscuamperfecto	
muevo	he	movido	movía	había	movido
mueves	has	movido	movías	habías	movido
mueve	ha	movido	movía	había	movido
movemos	hemos	movido	movíamos	habíamos	movido
movéis	habéis	movido	movíais	habíais	movido
mueven	han	movido	movían	habían	movido

Indefinido	Pretérito anterior		Futuro simple	Futuro compuesto	
moví	hube	movido	moveré	habré	movido
moviste	hubiste	movido	moverás	habrás	movido
movió	hubo	movido	moverá	habrá	movido
movimos	hubimos	movido	moveremos	habremos	movido
movisteis	hubisteis	movido	moveréis	habréis	movido
movieron	hubieron	movido	moverán	habrán	movido

Gerundio

Simple	Compuesto
moviendo	habiendo movido

Subjuntivo

Presente	Imperfecto
mueva	moviera/moviese
muevas	movieras/movieses
mueva	moviera/moviese
movamos	moviéramos/moviésemos
mováis	movierais/movieseis
muevan	movieran/moviesen

Perfecto		Pluscuamperfecto	
haya	movido	hubiera	movido
hayas	movido	hubieras	movido
haya	movido	hubiera	movido
hayamos	movido	hubiéramos	movido
hayáis	movido	hubierais	movido
hayan	movido	hubieran	movido

Participio

movido

Condicional

Simple	Compuesto	
movería	habría	movido
moverías	habrías	movido
movería	habría	movido
moveríamos	habríamos	movido
moveríais	habríais	movido
moverían	habrían	movido

Imperativo

(tú)	**mueve**
(usted)	**mueva**
(nosotros)	movamos
(vosotros)	moved
(ustedes)	**muevan**

Infinitivo compuesto

haber movido

Anwendungsbeispiele

No **he movido** el coche en toda la semana. ***Ich habe*** *das Auto die ganze Woche nicht* ***bewegt.***
¿Por qué **mueves** así el pie? *Warum* ***bewegst du*** *deinen Fuß so?*
Me gusta **moverme** y hacer deporte. *Ich* ***bewege mich*** *gerne und treibe gerne Sport.*
No te muevas, he oído algo raro. ***Bleib stehen,*** *ich habe etwas Seltsames gehört.*
Se me está moviendo un diente. ***Mein*** *Zahn* ***wackelt.***
¡Venga, **muévete!** *Los,* ***mach schon!***

Redewendungen

mover la cabeza *den Kopf schütteln*
mover la cola *mit dem Schwanz wedeln*
mover las caderas *die Hüften wiegen*
mover a alg. a hacer a. c. *jdn. dazu bringen, etw. zu tun*
mover a compasión *Mitleid erregen*
no mover un dedo *keinen Finger rühren*

Ähnliche Verben

conmover *rühren, erschüttern*
promover *erheben, anstrengen, befördern*
remover *umrühren, aufwühlen*

Aufgepasst!

Der Vokalwechsel -o → -ue betrifft die stammbetonten Personen (1., 2., 3. Pers. Sing. und 3. Pers. Pl.) des Presente de indicativo (m**ue**vo, m**ue**ves ...) und des Presente de subjuntivo (m**ue**va, m**ue**vas ...) sowie folgende Imperativformen: (tú) m**ue**ve, (usted) m**ue**va, (ustedes) m**ue**van. Dieselbe Unregelmäßigkeit weisen auch einige andere Verben der 1. Konjugation auf. Diese Verben sind im Übrigen jedoch regelmäßig.

41 nacer *geboren werden, auf die Welt kommen*

-c → -zc

Indicativo

Presente	Perfecto		Imperfecto	Pluscuamperfecto	
nazco	he	nacido	nacía	había	nacido
naces	has	nacido	nacías	habías	nacido
nace	ha	nacido	nacía	había	nacido
nacemos	hemos	nacido	nacíamos	habíamos	nacido
nacéis	habéis	nacido	nacíais	habíais	nacido
nacen	han	nacido	nacían	habían	nacido

Indefinido	Pretérito anterior		Futuro simple	Futuro compuesto	
nací	hube	nacido	naceré	habré	nacido
naciste	hubiste	nacido	nacerás	habrás	nacido
nació	hubo	nacido	nacerá	habrá	nacido
nacimos	hubimos	nacido	naceremos	habremos	nacido
nacisteis	hubisteis	nacido	naceréis	habréis	nacido
nacieron	hubieron	nacido	nacerán	habrán	nacido

Gerundio

Simple	Compuesto
naciendo	habiendo nacido

Subjuntivo

Presente	Imperfecto
nazca	naciera/naciese
nazcas	nacieras/nacieses
nazca	naciera/naciese
nazcamos	naciéramos/naciésemos
nazcáis	nacierais/nacieseis
nazcan	nacieran/naciesen

Perfecto		Pluscuamperfecto	
haya	nacido	hubiera	nacido
hayas	nacido	hubieras	nacido
haya	nacido	hubiera	nacido
hayamos	nacido	hubiéramos	nacido
hayáis	nacido	hubierais	nacido
hayan	nacido	hubieran	nacido

Participio

nacido

Condicional

Simple	Compuesto	
nacería	habría	nacido
nacerías	habrías	nacido
nacería	habría	nacido
naceríamos	habríamos	nacido
naceríais	habríais	nacido
nacerían	habrían	nacido

Imperativo

(tú)	nace
(usted)	nazca
(nosotros)	nazcamos
(vosotros)	naced
(ustedes)	nazcan

Infinitivo compuesto

haber nacido

Anwendungsbeispiele

Isabel **nació** el 15 de mayo de 1997. *Isabel **wurde** am 15. Mai 1997 **geboren**.*
Deseamos que **nazca en** abril. *Wir wünschen uns, dass **er im** April **geboren wird**.*
En España **nacen** cada vez menos niños. *In Spanien **werden** immer weniger Kinder **geboren**.*
Naciste para escribir. ***Du bist zum** Schreiben **geboren**.*
El río Guadalquivir **nace en** la Sierra de Cazorla. *Der Fluss Guadalquivir **entspringt** im Cazorlagebirge.*
Con este tratamiento **he vuelto a nacer**. *Nach dieser Behandlung **bin ich ein neuer Mensch**.*
Están naciendo tulipanes en el jardín. *Im Garten **sprießen gerade** die Tulpen.*

Sprichwörter

La duda nace de la ignorancia. *Der Zweifel entsteht aus Unwissenheit.*
Dime no con quién naces, sino con quién paces. *Sag mir nicht, bei wem du geboren bist, sondern mit wem du zusammenlebst.*

Andere Verben

desembocar *münden*
fallecer *sterben, verscheiden*
morir *sterben*
perecer *vergehen*
perder la vida *ums Leben kommen*

Gebrauch

Im Gegensatz zum deutschen *geboren werden* ist das Verb nacer im Spanischen aktiv: yo nazco, tú naces. Aufgrund seiner Bedeutung werden viele Personen, Zeiten und Modi kaum verwendet: Die 1. Person Singular des Presente de subjuntivo (yo nazca) gibt es z. B. nur in literarischen Texten. Die Imperativformen werden nie gebraucht.

Tipps & Tricks

Lernen Sie dieses Verb und andere, die auf -acer enden (renacer *wiedergeboren werden*, pacer *grasen, das Gras abfressen*), zusammen mit den Verben auf -ecer und -ocer.

42 negar *verneinen*

-e → -ie, -g → -gu

Indicativo

Presente	Perfecto	
niego	he	negado
niegas	has	negado
niega	ha	negado
negamos	hemos	negado
negáis	habéis	negado
niegan	han	negado

Imperfecto	Pluscuamperfecto	
negaba	había	negado
negabas	habías	negado
negaba	había	negado
negábamos	habíamos	negado
negabais	habíais	negado
negaban	habían	negado

Indefinido	Pretérito anterior	
negué	hube	negado
negaste	hubiste	negado
negó	hubo	negado
negamos	hubimos	negado
negasteis	hubisteis	negado
negaron	hubieron	negado

Futuro simple	Futuro compuesto	
negaré	habré	negado
negarás	habrás	negado
negará	habrá	negado
negaremos	habremos	negado
negaréis	habréis	negado
negarán	habrán	negado

Gerundio

Simple	Compuesto	
negando	habiendo	negado

Subjuntivo

Presente

niegue
niegues
niegue
neguemos
neguéis
nieguen

Imperfecto

negara/negase
negaras/negases
negara/negase
negáramos/negásemos
negarais/negaseis
negaran/negasen

Perfecto	
haya	negado
hayas	negado
haya	negado
hayamos	negado
hayáis	negado
hayan	negado

Pluscuamperfecto	
hubiera	negado
hubieras	negado
hubiera	negado
hubiéramos	negado
hubierais	negado
hubieran	negado

Participio

negado

Condicional

Simple

negaría
negarías
negaría
negaríamos
negaríais
negarían

Compuesto	
habría	negado
habrías	negado
habría	negado
habríamos	negado
habríais	negado
habrían	negado

Imperativo

(tú)	niega
(usted)	niegue
(nosotros)	neguemos
(vosotros)	negad
(ustedes)	nieguen

Infinitivo compuesto

haber negado

Anwendungsbeispiele

Niegan lo que hicieron. ***Sie leugnen,*** *was sie getan haben.*
No niego que no tengas razón. ***Ich sage nicht,*** *dass du nicht recht hast.*
No me lo **niegues,** por favor. ***Streite*** *das bitte nicht* ***ab.***
Se negó a hablar conmigo. ***Er weigerte sich,*** *mit mir* ***zu*** *reden.*

Redewendungen

negar a. c. a alg. *jdm. etw. verweigern*
negarle la palabra a alg. *jdm. den Mund verbieten*
negarle el saludo a alg. *jdn. nicht begrüßen wollen*
negar el paso *den Zutritt verbieten*
negar con la cabeza *den Kopf schütteln*
negar un crédito *einen Kredit verweigern*
negar un documento *ein Dokument verweigern*
negarse a hacer a. c. *sich weigern, etw. zu tun*

Andere Verben

aceptar *akzeptieren, annehmen*
afirmar *bejahen, bestätigen*
asentir *zustimmen*
asentir con la cabeza *nicken*
consentir *einwilligen*
decir que sí *Ja sagen*

Aufgepasst!

Das Verb **negar** weist einen Vokalwechsel (**-e → -ie**) und eine orthografische Besonderheit (**-g → -gu**) auf. Das **-e** wird zu **-ie** in den stammbetonten Personen (1., 2., 3. Pers. Sing. und 3. Pers. Pl.) des Presente de indicativo und im Presente de subjuntivo sowie in manchen Imperativformen. Die orthografische Anpassung an die Aussprache des Infinitivs (**-g → -gu**) erfolgt vor der Endung **-é** bzw. **-e.**

Tipps & Tricks

Folgende Verben werden wie **negar** konjugiert: **fregar** *wischen*, **regar** *gießen*. Bilden Sie Sätze mit diesen Verben in den Personen und Zeiten, die unregelmäßig sind, z. B.: **Riego las plantas.** *Ich gieße die Pflanzen.*

43 ofrecer *anbieten*

-c → -zc

Indicativo

Presente	Perfecto	
ofrezco	he	ofrecido
ofreces	has	ofrecido
ofrece	ha	ofrecido
ofrecemos	hemos	ofrecido
ofrecéis	habéis	ofrecido
ofrecen	han	ofrecido

Imperfecto	Pluscuamperfecto	
ofrecía	había	ofrecido
ofrecías	habías	ofrecido
ofrecía	había	ofrecido
ofrecíamos	habíamos	ofrecido
ofrecíais	habíais	ofrecido
ofrecían	habían	ofrecido

Indefinido	Pretérito anterior	
ofrecí	hube	ofrecido
ofreciste	hubiste	ofrecido
ofreció	hubo	ofrecido
ofrecimos	hubimos	ofrecido
ofrecisteis	hubisteis	ofrecido
ofrecieron	hubieron	ofrecido

Futuro simple	Futuro compuesto	
ofreceré	habré	ofrecido
ofrecerás	habrás	ofrecido
ofrecerá	habrá	ofrecido
ofreceremos	habremos	ofrecido
ofreceréis	habréis	ofrecido
ofrecerán	habrán	ofrecido

Gerundio

Simple	Compuesto	
ofreciendo	habiendo	ofrecido

Subjuntivo

Presente

ofrezca
ofrezcas
ofrezca
ofrezcamos
ofrezcáis
ofrezcan

Imperfecto

ofreciera/ofreciese
ofrecieras/ofrecieses
ofreciera/ofreciese
ofreciéramos/ofreciésemos
ofrecierais/ofrecieseis
ofrecieran/ofreciesen

Perfecto	
haya	ofrecido
hayas	ofrecido
haya	ofrecido
hayamos	ofrecido
hayáis	ofrecido
hayan	ofrecido

Pluscuamperfecto	
hubiera	ofrecido
hubieras	ofrecido
hubiera	ofrecido
hubiéramos	ofrecido
hubierais	ofrecido
hubieran	ofrecido

Participio

ofrecido

Condicional

Simple

ofrecería
ofrecerías
ofrecería
ofreceríamos
ofreceríais
ofrecerían

Compuesto	
habría	ofrecido
habrías	ofrecido
habría	ofrecido
habríamos	ofrecido
habríais	ofrecido
habrían	ofrecido

Imperativo

(tú)	ofrece
(usted)	ofrezca
(nosotros)	ofrezcamos
(vosotros)	ofreced
(ustedes)	ofrezcan

Infinitivo compuesto

haber ofrecido

Anwendungsbeispiele

Te **ofrezco** mi casa para cuando estés en Sevilla. ***Ich biete** dir meine Wohnung **an** für die Zeit, in der du in Sevilla bist.*
¿Qué puedo **ofreceros**? *Was kann ich **euch** (zum Essen oder Trinken) **bringen**?*
El plan **ofrece** nuevas perspectivas. *Der Plan **eröffnet** neue Perspektiven.*
Se ofreció para ayudarnos en la mudanza. ***Er bot sich an**, uns beim Umzug zu helfen.*

Redewendungen

ofrecer ayuda *Hilfe anbieten*
ofrecer garantías *Garantien bieten*
ofrecer dificultades *Schwierigkeiten bereiten*
ofrecer dinero *Geld anbieten*
ofrecer un banquete *ein Essen geben*
ofrecerse para/a hacer a.c. *sich anbieten, etw. zu tun*
no ofrecer ninguna duda *alle Zweifel ausräumen*

Ähnliche Verben

brindarse *sich anbieten*
dar *geben*
dejar *lassen, ausleihen*
invitar *einladen*
presentar *zeigen, vorstellen*
proporcionar *bringen, versorgen*

Aufgepasst!

Der Wechsel -c → -zc betrifft alle Personen, die auf -o oder -a enden: die 1. Person des Presente de indicativo (ofre**zc**o), alle Formen des Presente de subjuntivo (ofre**zc**a, ofre**zc**as ...) und die Imperativformen, die vom Presente de subjuntivo abgeleitet werden: (usted) ofre**zc**a, (nosotros) ofre**zc**amos, (ustedes) ofre**zc**an.

44 oír *hören*

Indicativo

Presente	Perfecto		Imperfecto	Pluscuamperfecto	
oigo	he	oído	oía	había	oído
oyes	has	oído	oías	habías	oído
oye	ha	oído	oía	había	oído
oímos	hemos	oído	oíamos	habíamos	oído
oís	habéis	oído	oíais	habíais	oído
oyen	han	oído	oían	habían	oído

Indefinido	Pretérito anterior		Futuro simple	Futuro compuesto	
oí	hube	oído	oiré	habré	oído
oíste	hubiste	oído	oirás	habrás	oído
oyó	hubo	oído	oirá	habrá	oído
oímos	hubimos	oído	oiremos	habremos	oído
oísteis	hubisteis	oído	oiréis	habréis	oído
oyeron	hubieron	oído	oirán	habrán	oído

Gerundio

Simple	Compuesto	
oyendo	habiendo	oído

Subjuntivo

Presente	Imperfecto
oiga	oyera/oyese
oigas	oyeras/oyeses
oiga	oyera/oyese
oigamos	oyéramos/oyésemos
oigáis	oyerais/oyeseis
oigan	oyeran/oyesen

Perfecto		Pluscuamperfecto	
haya	oído	hubiera	oído
hayas	oído	hubieras	oído
haya	oído	hubiera	oído
hayamos	oído	hubiéramos	oído
hayáis	oído	hubierais	oído
hayan	oído	hubieran	oído

Participio

oído

Condicional

Simple	Compuesto	
oiría	habría	oído
oirías	habrías	oído
oiría	habría	oído
oiríamos	habríamos	oído
oiríais	habríais	oído
oirían	habrían	oído

Imperativo

(tú)	oye
(usted)	oiga
(nosotros)	oigamos
(vosotros)	oíd
(ustedes)	oigan

Infinitivo compuesto

haber oído

Anwendungsbeispiele

Berta no **oye** bien. *Berta **hört** nicht gut.*

Desde aquí **se oye** el río. *Von hier aus **kann man** den Fluss **hören.***

¿Me **oyes**? ***Hörst du** mich?*

¿Pero es que no me **oyes**? ***Hörst du** schlecht?*

Oímos un ruido y salimos corriendo. ***Wir hörten** ein Geräusch und gingen schnell hinaus.*

He oído (decir) que vive en Lisboa. ***Ich habe gehört,** dass er in Lissabon wohnt.*

Redewendungen

oír por/en la radio *im Radio hören*

oír las noticias *die Nachrichten hören*

oír campanas y no saber dónde *nicht wissen, wo hinten und vorne ist*

oír, ver y callar *nichts verraten wollen*

no oírse ni una mosca *eine Stecknadel fallen hören*

Ähnliche Verben

escuchar *zuhören*

notar *wahrnehmen, bemerken*

percibir *wahrnehmen*

desoír *überhören*

entreoír *undeutlich hören*

Aufgepasst!

Das Verb **oír** ist sehr unregelmäßig. Trotzdem kann man sich Folgendes merken: Von der 1. Person Singular des Presente de indicativo (**oigo**) wird das Presente de subjuntivo abgeleitet (**oiga**, **oigas** ...) sowie die Imperativformen, die wiederum vom Presente de subjuntivo abgeleitet sind: **(usted) oiga**, **(nosotros) oigamos**, **(ustedes) oigan**. In einigen Personen ersetzt ein **-y** das **-i**: in der 2. und 3. Person Singular und der 3. Person Plural des Presente de indicativo (**oyes**, **oye**, **oyen**), der 3. Person Singular und Plural des Indefinido (**oyó**, **oyeron**), im Imperfecto de subjuntivo (**oyera**), im Imperativo (**oye**) und im Gerundio (**oyendo**).

45 oler *riechen*

-o → -hue

Indicativo

Presente

huelo	he olido
hueles	has olido
huele	ha olido
olemos	hemos olido
oléis	habéis olido
huelen	han olido

Imperfecto / **Pluscuamperfecto**

Imperfecto	Pluscuamperfecto
olía	había olido
olías	habías olido
olía	había olido
olíamos	habíamos olido
olíais	habíais olido
olían	habían olido

Indefinido	Pretérito anterior
olí	hube olido
oliste	hubiste olido
olió	hubo olido
olimos	hubimos olido
olisteis	hubisteis olido
olieron	hubieron olido

Futuro simple	Futuro compuesto
oleré	habré olido
olerás	habrás olido
olerá	habrá olido
oleremos	habremos olido
oleréis	habréis olido
olerán	habrán olido

Gerundio

Simple	Compuesto
oliendo	habiendo olido

Subjuntivo

Presente	Imperfecto	Perfecto	Pluscuamperfecto
huela	oliera/oliese	haya olido	hubiera olido
huelas	olieras/olieses	hayas olido	hubieras olido
huela	oliera/oliese	haya olido	hubiera olido
olamos	oliéramos/oliésemos	hayamos olido	hubiéramos olido
oláis	olierais/olieseis	hayáis olido	hubierais olido
huelan	olieran/oliesen	hayan olido	hubieran olido

Participio

olido

Condicional

Simple	Compuesto
olería	habría olido
olerías	habrías olido
olería	habría olido
oleríamos	habríamos olido
oleríais	habríais olido
olerían	habrían olido

Imperativo

(tú)	huele
(usted)	huela
(nosotros)	olamos
(vosotros)	oled
(ustedes)	huelan

Infinitivo compuesto

haber olido

Anwendungsbeispiele

¡Qué bien **huele** la paella! *Die Paella **riecht** aber gut!*

Estoy constipada y no **huelo** nada. ***Ich** bin erkältet und **rieche** nichts.*

¿A qué **huele**? *Wonach **riecht** es?*

Aquí **huele a** lavanda. *Hier **riecht es nach** Lavendel.*

Redewendungen

oler bien/mal *gut/schlecht riechen*

oler el peligro *die Gefahr wittern*

oler que apesta *stinken*

oler a perfume *nach Parfüm riechen*

oler a chamusquina *suspekt sein*

oler a quemado *angebrannt riechen*

oler a huevos podridos *nach faulen Eiern riechen*

olerse a. c. *etw. ahnen, etw. riechen*

Ähnliche Verben

apestar *stinken*

despedir olor *Geruch verbreiten*

desprender olor *Geruch verbreiten*

husmear *wittern, schnüffeln*

olfatear *beschnuppern*

olisquear *beschnüffeln*

percibir olor *riechen*

Aufgepasst!

Vor Wörter, die im Spanischen mit -ue beginnen, wird immer ein -h gestellt – auch bei den Formen von oler mit dem Vokalwechsel -o → -ue: den stammbetonten Personen (1., 2., 3. Pers. Sing. und 3. Pers. Pl.) des Presente de indicativo (**huel**o, **huel**es ...) und subjuntivo (**huel**a, **huel**as ...) sowie folgenden Formen des Imperativo: (tú) **huel**e, (usted) **huel**a, (ustedes) **huel**an.

Tipps & Tricks

Merken Sie sich diese orthografische Besonderheit des Verbs oler mit anderen spanischen Wörtern, die mit -hue anfangen. Listen Sie alle auf, die Sie bereits kennen: huele *es riecht*, huevo *Ei*, hueso *Knochen* ...

46 pedir *bitten, bestellen, verlangen*

-e → -i

Indicativo

Presente	Perfecto	
pido	he	pedido
pides	has	pedido
pide	ha	pedido
pedimos	hemos	pedido
pedís	habéis	pedido
piden	han	pedido

Imperfecto	Pluscuamperfecto	
pedía	había	pedido
pedías	habías	pedido
pedía	había	pedido
pedíamos	habíamos	pedido
pedíais	habíais	pedido
pedían	habían	pedido

Indefinido	Pretérito anterior	
pedí	hube	pedido
pediste	hubiste	pedido
pidió	hubo	pedido
pedimos	hubimos	pedido
pedisteis	hubisteis	pedido
pidieron	hubieron	pedido

Futuro simple	Futuro compuesto	
pediré	habré	pedido
pedirás	habrás	pedido
pedirá	habrá	pedido
pediremos	habremos	pedido
pediréis	habréis	pedido
pedirán	habrán	pedido

Gerundio

Simple	Compuesto	
pidiendo	habiendo	pedido

Subjuntivo

Presente
pida
pidas
pida
pidamos
pidáis
pidan

Imperfecto
pidiera/pidiese
pidieras/pidieses
pidiera/pidiese
pidiéramos/pidiésemos
pidierais/pidieseis
pidieran/pidiesen

Perfecto	
haya	pedido
hayas	pedido
haya	pedido
hayamos	pedido
hayáis	pedido
hayan	pedido

Pluscuamperfecto	
hubiera	pedido
hubieras	pedido
hubiera	pedido
hubiéramos	pedido
hubierais	pedido
hubieran	pedido

Participio

pedido

Condicional

Simple
pediría
pedirías
pediría
pediríamos
pediríais
pedirían

Compuesto	
habría	pedido
habrías	pedido
habría	pedido
habríamos	pedido
habríais	pedido
habrían	pedido

Imperativo

(tú)	pide
(usted)	pida
(nosotros)	pidamos
(vosotros)	pedid
(ustedes)	pidan

Infinitivo compuesto

haber pedido

Anwendungsbeispiele

Les **he pedido** dinero a mis padres. ***Ich habe*** *meine Eltern um Geld* ***gebeten.***
La semana pasada **pedimos** ese libro en la librería. *Letzte Woche* ***haben wir*** *dieses Buch in der Buchhandlung* ***bestellt.***
Yo no **he pedido** sopa de pescado. ***Ich habe*** *keine Fischsuppe* ***bestellt.***
Piden demasiado por el piso. ***Sie verlangen*** *viel zu viel für die Wohnung.*
Te **pido** que no se lo cuentes a mi hermana. ***Ich bitte*** *dich darum, es meiner Schwester nicht zu erzählen.*

Redewendungen

pedir hora *einen Termin vereinbaren*
pedir un favor *um einen Gefallen bitten*
pedir un imposible *etw. Unmögliches verlangen*
pedir peras al olmo *das Unmögliche verlangen*
pedir la mano de alg. *um jds. Hand anhalten*
pedir la cuenta *nach der Rechnung fragen*
pedir la opinión *nach der Meinung fragen*
pedir perdón *um Verzeihung bitten*
pedir la palabra *um das Wort bitten*

Ähnliche Verben

despedir(se) *(sich) verabschieden*
impedir *vermeiden*

Aufgepasst!

Der Vokalwechsel -e → -i betrifft die stammbetonten Personen (1., 2., 3. Pers. Sing. und 3. Pers. Pl.) des Presente de indicativo (pido, pides ...), das Presente de subjuntivo (pida, pidas ...), die 3. Person Singular und Plural des Indefinido (pidió, pidieron), das Imperfecto de subjuntivo (pidiera ...), das Gerundio (pidiendo) sowie folgende Imperativformen: (tú) pide, (usted) pida, (nosotros) pidamos, (ustedes) pidan.

Tipps & Tricks

Schreiben Sie die unregelmäßigen Zeiten eines Musterverbs auf ein Blatt Papier (pedir, Presente: pido, pides ...) und konjugieren Sie daneben andere Verben nach dem Muster (medir *messen*, repetir *wiederholen*).

47 pensar *denken*

-e → -ie

Indicativo

Presente	Perfecto	
pienso	he	pensado
piensas	has	pensado
piensa	ha	pensado
pensamos	hemos	pensado
pensáis	habéis	pensado
piensan	han	pensado

Imperfecto	Pluscuamperfecto	
pensaba	había	pensado
pensabas	habías	pensado
pensaba	había	pensado
pensábamos	habíamos	pensado
pensabais	habíais	pensado
pensaban	habían	pensado

Indefinido	Pretérito anterior	
pensé	hube	pensado
pensaste	hubiste	pensado
pensó	hubo	pensado
pensamos	hubimos	pensado
pensasteis	hubisteis	pensado
pensaron	hubieron	pensado

Futuro simple	Futuro compuesto	
pensaré	habré	pensado
pensarás	habrás	pensado
pensará	habrá	pensado
pensaremos	habremos	pensado
pensaréis	habréis	pensado
pensarán	habrán	pensado

Gerundio

Simple	Compuesto	
pensando	habiendo	pensado

Subjuntivo

Presente
piense
pienses
piense
pensemos
penséis
piensen

Imperfecto
pensara/pensase
pensaras/pensases
pensara/pensase
pensáramos/pensásemos
pensarais/pensaseis
pensaran/pensasen

Perfecto	
haya	pensado
hayas	pensado
haya	pensado
hayamos	pensado
hayáis	pensado
hayan	pensado

Pluscuamperfecto	
hubiera	pensado
hubieras	pensado
hubiera	pensado
hubiéramos	pensado
hubierais	pensado
hubieran	pensado

Participio

pensado

Condicional

Simple
pensaría
pensarías
pensaría
pensaríamos
pensaríais
pensarían

Compuesto	
habría	pensado
habrías	pensado
habría	pensado
habríamos	pensado
habríais	pensado
habrían	pensado

Imperativo

(tú)	piensa
(usted)	piense
(nosotros)	pensemos
(vosotros)	pensad
(ustedes)	piensen

Infinitivo compuesto

haber pensado

Anwendungsbeispiele

Pienso mucho **en** mi infancia. ***Ich denke*** *oft* ***an*** *meine Kindheit.*
Hemos pensado ya el regalo de María. ***Wir haben uns*** *schon Marias Geschenk* ***überlegt****.*
Lo **pensaré.** ***Ich werde*** *darüber* ***nachdenken.***
Piensa bien lo que vas a hacer. ***Überleg dir*** *gut, was du tun wirst.*
Pensaban ir a verte, pero no tuvieron tiempo. ***Sie hatten vor****, dich zu besuchen, aber sie hatten keine Zeit.*

Redewendungen

pensar hacer a. c. *vorhaben, etw. zu tun*
pensar bien/mal de a. c./alg. *eine gute/schlechte Meinung von etw./jdm. haben*
pensar en voz alta *laut denken*
sin pensar *ohne nachzudenken*
dar que pensar *zu denken geben*
no pensar en los demás *nicht an die anderen denken*
pensarse a. c. *sich etw. überlegen*
pensarse a. c. dos veces *sich etw. zweimal überlegen*

Ähnliche Verben

creer *denken*
figurarse *sich vorstellen, sich denken*
imaginar(se) *sich vorstellen, denken, sich einbilden*
reflexionar *nachdenken, sich überlegen*

Aufgepasst!

Das Verb pensar hat einen Vokalwechsel (-e → -ie), der die stammbetonten Personen (1., 2., 3. Pers. Sing. und 3. Pers. Pl.) des Presente de indicativo (**pie**nso, **pie**nsas ...) und subjuntivo (**pie**nse, **pie**nses ...) sowie folgende Imperativformen betrifft: (tú) **pie**nsa, (usted) **pie**nse, (ustedes) **pie**nsen.

Tipps & Tricks

Folgende Verben werden wie pensar konjugiert: cerrar *schließen*, despertar *aufwecken*, recomendar *empfehlen*. Lernen Sie diese Verben zusammen mit ähnlichen Verben der 2. Konjugation.

48 perder *verlieren*

-e → -ie

Indicativo

Presente	Perfecto		Imperfecto	Pluscuamperfecto	
pierdo	he	perdido	perdía	había	perdido
pierdes	has	perdido	perdías	habías	perdido
pierde	ha	perdido	perdía	había	perdido
perdemos	hemos	perdido	perdíamos	habíamos	perdido
perdéis	habéis	perdido	perdíais	habíais	perdido
pierden	han	perdido	perdían	habían	perdido

Indefinido	Pretérito anterior		Futuro simple	Futuro compuesto	
perdí	hube	perdido	perderé	habré	perdido
perdiste	hubiste	perdido	perderás	habrás	perdido
perdió	hubo	perdido	perderá	habrá	perdido
perdimos	hubimos	perdido	perderemos	habremos	perdido
perdisteis	hubisteis	perdido	perderéis	habréis	perdido
perdieron	hubieron	perdido	perderán	habrán	perdido

Gerundio

Simple	Compuesto	
perdiendo	habiendo	perdido

Subjuntivo

Presente	Imperfecto
pierda	perdiera/perdiese
pierdas	perdieras/perdieses
pierda	perdiera/perdiese
perdamos	perdiéramos/perdiésemos
perdáis	perdierais/perdieseis
pierdan	perdieran/perdiesen

Perfecto		Pluscuamperfecto	
haya	perdido	hubiera	perdido
hayas	perdido	hubieras	perdido
haya	perdido	hubiera	perdido
hayamos	perdido	hubiéramos	perdido
hayáis	perdido	hubierais	perdido
hayan	perdido	hubieran	perdido

Participio

perdido

Condicional

Simple	Compuesto	
perdería	habría	perdido
perderías	habrías	perdido
perdería	habría	perdido
perderíamos	habríamos	perdido
perderíais	habríais	perdido
perderían	habrían	perdido

Imperativo

(tú)	pierde
(usted)	pierda
(nosotros)	perdamos
(vosotros)	perded
(ustedes)	pierdan

Infinitivo compuesto

haber perdido

Anwendungsbeispiele

He perdido el monedero. ***Ich habe*** *meinen Geldbeutel* ***verloren.***
Si **pierdes** el autobús, coge un taxi. *Wenn* ***du*** *den Bus* ***verpasst,*** *nimm ein Taxi.*
No quiero **perder**te. *Ich will dich nicht* ***verlieren.***
Mi equipo **pierde** siempre. *Meine Mannschaft* ***verliert*** *immer.*

Redewendungen

perder tiempo *Zeit verlieren*
perder terreno *zurückfallen*
perder el control *die Kontrolle verlieren*
perder la razón *den Verstand verlieren*
perder la costumbre de a.c. *sich etw. abgewöhnen*
perder el curso *das Schuljahr wiederholen müssen*
perder la vida *ums Leben kommen*
no tener nada que perder *nichts zu verlieren haben*
tener todas las de perder *keine guten Karten haben*
perderse en un sitio *sich verlaufen, verfahren*
perderse a.c. *etw. versäumen*

Andere Verben

dar con a.c. *auf etw. kommen*
descubrir *entdecken*
encontrar *finden*
ganar *gewinnen*
recuperar *wiedererlangen, zurückgewinnen*

Aufgepasst!

Bei den stammbetonten Personen (1., 2., 3. Pers. Sing. und 3. Pers. Pl.) des Presente de indicativo (**pier**do ...) und subjuntivo (**pier**da ...) sowie bei den folgenden Imperativformen kommt der Vokalwechsel -e → -ie vor: (tú) **pierde**, (usted) **pierda**, (ustedes) **pierdan**.

Tipps & Tricks

Lernen Sie auch gleichzeitig andere Verben mit, die perder als Muster haben, z.B. entender *verstehen*.

49 poder *können*

Indicativo

Presente	Perfecto	
puedo	he	podido
puedes	has	podido
puede	ha	podido
podemos	hemos	podido
podéis	habéis	podido
pueden	han	podido

Imperfecto	Pluscuamperfecto	
podía	había	podido
podías	habías	podido
podía	había	podido
podíamos	habíamos	podido
podíais	habíais	podido
podían	habían	podido

Indefinido	Pretérito anterior	
pude	hube	podido
pudiste	hubiste	podido
pudo	hubo	podido
pudimos	hubimos	podido
pudisteis	hubisteis	podido
pudieron	hubieron	podido

Futuro simple	Futuro compuesto	
podré	habré	podido
podrás	habrás	podido
podrá	habrá	podido
podremos	habremos	podido
podréis	habréis	podido
podrán	habrán	podido

Gerundio

Simple	Compuesto	
pudiendo	habiendo	podido

Subjuntivo

Presente
pueda
puedas
pueda
podamos
podáis
puedan

Imperfecto
pudiera/pudiese
pudieras/pudieses
pudiera/pudiese
pudiéramos/pudiésemos
pudierais/pudieseis
pudieran/pudiesen

Perfecto	
haya	podido
hayas	podido
haya	podido
hayamos	podido
hayáis	podido
hayan	podido

Pluscuamperfecto	
hubiera	podido
hubieras	podido
hubiera	podido
hubiéramos	podido
hubierais	podido
hubieran	podido

Participio

podido

Condicional

Simple
podría
podrías
podría
podríamos
podríais
podrían

Compuesto	
habría	podido
habrías	podido
habría	podido
habríamos	podido
habríais	podido
habrían	podido

Imperativo

(tú)	puede
(usted)	pueda
(nosotros)	podamos
(vosotros)	poded
(ustedes)	puedan

Infinitivo compuesto

haber podido

Anwendungsbeispiele

Si quieres, **puedo** escribir la carta. *Wenn du willst,* ***kann ich*** *den Brief schreiben.*
No **podemos** ir a tu fiesta. ***Wir können*** *nicht zu deinem Fest kommen.*
Preguntad, a lo mejor **podéis** pasar. *Fragt mal, vielleicht* ***dürft ihr*** *hineingehen.*
No **puede** con su alma. *Er ist hundemüde.*
Tere no nos **puede** ver. *Tere* ***kann*** *uns nicht leiden.*
Yo te **puedo.** *Ich* ***bin stärker*** *als du.*

Sprichwörter

Querer es poder. *Wer will, der kann.*
El amor todo lo puede. *Mit Liebe kann man alles erreichen.*
No se puede servir a dos señores. *Man kann nicht zwei Herren dienen.*
No se puede tener todo en esta vida. *Man kann nicht alles im Leben haben.*

Ähnliche Verben

estar en condiciones de hacer a. c. *in der Lage sein, etw. zu tun*
ser capaz *fähig sein*
ser posible *möglich sein*
tener permiso *die Genehmigung haben, dürfen*

Gebrauch

Poder entspricht im Deutschen dem Verb *können* im Sinne von *fähig sein, die Möglichkeit haben* und *dürfen*:
Si **puedes,** lee ese libro. *Wenn* ***du kannst,*** *lies dieses Buch.*
No **se puede** aparcar aquí. *Hier* ***darf man*** *nicht parken.*
Aber das Verb *können* wird wiederum nicht immer mit poder übersetzt. Wenn *können* eine erlernte Fähigkeit bezeichnet, entspricht es dem spanischen Verb saber *wissen*. Das ist zum Beispiel der Fall, wenn man über Sprachkenntnisse oder andere Fähigkeiten spricht:
¿**Sabes** inglés? ***Kannst du*** *Englisch?*
Yo **sé** cocinar muy bien. *Ich* ***kann*** *sehr gut kochen.*

50 poner *setzen, stellen, legen*

Indicativo

Presente	Perfecto	
pongo	he	puesto
pones	has	puesto
pone	ha	puesto
ponemos	hemos	puesto
ponéis	habéis	puesto
ponen	han	puesto

Imperfecto	Pluscuamperfecto	
ponía	había	puesto
ponías	habías	puesto
ponía	había	puesto
poníamos	habíamos	puesto
poníais	habíais	puesto
ponían	habían	puesto

Indefinido	Pretérito anterior	
puse	hube	puesto
pusiste	hubiste	puesto
puso	hubo	puesto
pusimos	hubimos	puesto
pusisteis	hubisteis	puesto
pusieron	hubieron	puesto

Futuro simple	Futuro compuesto	
pondré	habré	puesto
pondrás	habrás	puesto
pondrá	habrá	puesto
pondremos	habremos	puesto
pondréis	habréis	puesto
pondrán	habrán	puesto

Gerundio

Simple	Compuesto	
poniendo	habiendo	puesto

Subjuntivo

Presente
ponga
pongas
ponga
pongamos
pongáis
pongan

Imperfecto
pusiera/pusiese
pusieras/pusieses
pusiera/pusiese
pusiéramos/pusiésemos
pusierais/pusieseis
pusieran/pusiesen

Perfecto	
haya	puesto
hayas	puesto
haya	puesto
hayamos	puesto
hayáis	puesto
hayan	puesto

Pluscuamperfecto	
hubiera	puesto
hubieras	puesto
hubiera	puesto
hubiéramos	puesto
hubierais	puesto
hubieran	puesto

Participio

puesto

Condicional

Simple
pondría
pondrías
pondría
pondríamos
pondríais
pondrían

Compuesto	
habría	puesto
habrías	puesto
habría	puesto
habríamos	puesto
habríais	puesto
habrían	puesto

Imperativo

(tú)	pon
(usted)	ponga
(nosotros)	pongamos
(vosotros)	poned
(ustedes)	pongan

Infinitivo compuesto

haber puesto

Anwendungsbeispiele

Siempre **pongo** los bolígrafos ahí. ***Ich lege*** *die Kugelschreiber immer dorthin.*
Hoy **ponen en** la televisión una película argentina. *Heute* ***wird im*** *Fernsehen ein argentinischer Film* ***gezeigt.***
Voy a ponerme el vestido negro. ***Ich werde*** *das schwarze Kleid* ***anziehen.***
Nos **pusimos** muy contentos con la noticia. *Die Nachricht machte uns sehr glücklich.*
De repente **se puso a** llover. *Plötzlich* ***fing es an zu*** *regnen.*

Redewendungen

poner la mesa *den Tisch decken*
poner a. c. en las manos de alg. *etw in jds. Hände legen*
poner a. c. a disposición de alg. *jdm. etw. zur Verfügung stellen*
poner en marcha *in Gang bringen*
poner al día *auf den neuesten Stand bringen*
ponerse a. c. *sich etw. anziehen*
ponerse cómodo *es sich bequem machen*
ponerse enfermo/bien *krank/gesund werden*
ponerse contento/triste *glücklich/traurig werden*

Ähnliche Verben

colocar *aufstellen*
volverse *werden*

Gebrauch

Poner bedeutet *hinlegen*, *hinstellen*, *hinsetzen*, *aufhängen*. In Verbindung mit einem Adjektiv entspricht die reflexive Form ponerse dem deutschen Verb *werden*: ponerse nervioso *nervös werden*. Gefolgt von einem zweiten Verb im Infinitiv bildet es eine verbale Wendung, die den plötzlichen Beginn einer Handlung bzw. eines Vorgangs ausdrückt: ponerse a trabajar *schnell mit der Arbeit anfangen, sich an die Arbeit machen*.

51 producir *herstellen, produzieren, erzeugen*

-c → -zc, -c → -j

Indicativo

Presente	Perfecto	
produzco	he	producido
produces	has	producido
produce	ha	producido
producimos	hemos	producido
producís	habéis	producido
producen	han	producido

Imperfecto	Pluscuamperfecto	
producía	había	producido
producías	habías	producido
producía	había	producido
producíamos	habíamos	producido
producíais	habíais	producido
producían	habían	producido

Indefinido	Pretérito anterior	
produje	hube	producido
produjiste	hubiste	producido
produjo	hubo	producido
produjimos	hubimos	producido
produjisteis	hubisteis	producido
produjeron	hubieron	producido

Futuro simple	Futuro compuesto	
produciré	habré	producido
producirás	habrás	producido
producirá	habrá	producido
produciremos	habremos	producido
produciréis	habréis	producido
producirán	habrán	producido

Gerundio

Simple	Compuesto	
produciendo	habiendo	producido

Subjuntivo

Presente
produzca
produzcas
produzca
produzcamos
produzcáis
produzcan

Imperfecto
produjera/produjese
produjeras/produjeses
produjera/produjese
produjéramos/produjésemos
produjerais/produjeseis
produjeran/produjesen

Perfecto	
haya	producido
hayas	producido
haya	producido
hayamos	producido
hayáis	producido
hayan	producido

Pluscuamperfecto	
hubiera	producido
hubieras	producido
hubiera	producido
hubiéramos	producido
hubierais	producido
hubieran	producido

Participio

producido

Condicional

Simple
produciría
producirías
produciría
produciríamos
produciríais
producirían

Compuesto	
habría	producido
habrías	producido
habría	producido
habríamos	producido
habríais	producido
habrían	producido

Imperativo

(tú)	produce
(usted)	produzca
(nosotros)	produzcamos
(vosotros)	producid
(ustedes)	produzcan

Infinitivo compuesto

haber producido

Anwendungsbeispiele

La empresa **ha producido** este año un 5% más de coches. *Die Firma* ***hat*** *dieses Jahr 5 % mehr Autos* ***hergestellt****.*
En España **se produce** energía eólica. *In Spanien* ***wird*** *Windenergie* ***erzeugt****.*
No creo que ese modelo **se produzca** todavía. *Ich glaube nicht, dass dieses Modell noch* ***produziert wird****.*
Se produjo una crisis familiar. ***Es kam zu*** *einer Familienkrise.*

Redewendungen

producir tristeza *traurig machen*
producir en serie *in Serie produzieren*
producir a medida *nach Maß fertigen*
producir buena/mala impresión *einen guten/schlechten Eindruck machen*
producirse una mejora *zu einer Verbesserung führen*
producirse un empeoramiento *sich verschlechtern*

Ähnliche Verben

fabricar *herstellen*
hacer *machen*
efectuar *ausführen*
crear *erschaffen*
realizar *verwirklichen, durchführen*

Aufgepasst!

Der Wechsel -c → -zc betrifft alle Personen, die auf -o oder -a enden: die 1. Person des Presente de indicativo (produ**zc**o), das Presente de subjuntivo (produ**zc**a, produ**zc**as ...) und die Imperativformen, die vom Presente de subjuntivo abgeleitet sind: (usted) produ**zc**a, (nosotros) produ**zc**amos, (ustedes) produ**zc**an. Im Unterschied zu anderen Verben mit dem Wechsel -c → -zc (z. B. conocer) sind das Indefinido sowie das Imperfecto de subjuntivo der Verben auf -ucir ebenfalls unregelmäßig (produjo ...).

52 prohibir *verbieten*

-i → -í

Indicativo

Presente	Perfecto		Imperfecto	Pluscuamperfecto	
prohíbo	he	prohibido	prohibía	había	prohibido
prohíbes	has	prohibido	prohibías	habías	prohibido
prohíbe	ha	prohibido	prohibía	había	prohibido
prohibimos	hemos	prohibido	prohibíamos	habíamos	prohibido
prohibís	habéis	prohibido	prohibíais	habíais	prohibido
prohíben	han	prohibido	prohibían	habían	prohibido

Indefinido	Pretérito anterior		Futuro simple	Futuro compuesto	
prohibí	hube	prohibido	prohibiré	habré	prohibido
prohibiste	hubiste	prohibido	prohibirás	habrás	prohibido
prohibió	hubo	prohibido	prohibirá	habrá	prohibido
prohibimos	hubimos	prohibido	prohibiremos	habremos	prohibido
prohibisteis	hubisteis	prohibido	prohibiréis	habréis	prohibido
prohibieron	hubieron	prohibido	prohibirán	habrán	prohibido

Gerundio

Simple	Compuesto	
prohibiendo	habiendo	prohibido

Subjuntivo

Presente	Imperfecto
prohíba	prohibiera/prohibiese
prohíbas	prohibieras/prohibieses
prohíba	prohibiera/prohibiese
prohibamos	prohibiéramos/prohibiésemos
prohibáis	prohibierais/prohibieseis
prohíban	prohibieran/prohibiesen

Perfecto		Pluscuamperfecto	
haya	prohibido	hubiera	prohibido
hayas	prohibido	hubieras	prohibido
haya	prohibido	hubiera	prohibido
hayamos	prohibido	hubiéramos	prohibido
hayáis	prohibido	hubierais	prohibido
hayan	prohibido	hubieran	prohibido

Participio

prohibido

Condicional

Simple	Compuesto	
prohibiría	habría	prohibido
prohibirías	habrías	prohibido
prohibiría	habría	prohibido
prohibiríamos	habríamos	prohibido
prohibiríais	habríais	prohibido
prohibirían	habrían	prohibido

Imperativo

(tú)	**prohíbe**
(usted)	**prohíba**
(nosotros)	prohibamos
(vosotros)	prohibid
(ustedes)	**prohíban**

Infinitivo compuesto

haber prohibido

Anwendungsbeispiele

Nos **prohibieron** la entrada en **ese** local. ***Sie haben*** *uns den Zutritt zu diesem Lokal* ***verboten.***
Aquí **se prohíbe** fumar. *Hier* ***herrscht*** *Rauchverbot.*
Te **prohíbo** que digas eso. ***Ich verbiete*** *dir, das zu sagen.*

Redewendungen

prohibir el alcohol *den Alkohol verbieten*
prohibir el paso *den Durchgang verbieten*
prohibir aparcar *das Parken verbieten*
prohibir fumar *das Rauchen verbieten*
prohibir hablar *das Sprechen verbieten*

Andere Verben

abrir la mano *erlauben*
aceptar *annehmen, akzeptieren*
aprobar *bewilligen*
autorizar *offiziell gestatten, bevollmächtigen*
consentir *einwilligen, gestatten*
dejar *(zu)lassen*
permitir *erlauben, gestatten*
tolerar *dulden*

Aufgepasst!

Das Verb prohibir hat lediglich eine orthografische Unregelmäßigkeit: Manche Personen tragen einen Akzent auf dem -í des Stammes. Betroffen sind die stammbetonten Personen (1., 2., 3. Pers. Sing. und 3. Pers. Pl.) des Presente de indicativo (prohíbo, prohíbes ...) und subjuntivo (prohíba, prohíbas ...) sowie folgende Imperativformen: (tú) prohíbe, (usted) prohíba und (ustedes) prohíban. Der Akzent zeigt, dass bei -ohí das -í getrennt vom -o auszusprechen ist. Abgesehen von dieser Besonderheit ist prohibir regelmäßig.

53 querer *wollen, lieben*

Indicativo

Presente	Perfecto	
quiero	he	querido
quieres	has	querido
quiere	ha	querido
queremos	hemos	querido
queréis	habéis	querido
quieren	han	querido

Imperfecto	Pluscuamperfecto	
quería	había	querido
querías	habías	querido
quería	había	querido
queríamos	habíamos	querido
queríais	habíais	querido
querían	habían	querido

Indefinido	Pretérito anterior	
quise	hube	querido
quisiste	hubiste	querido
quiso	hubo	querido
quisimos	hubimos	querido
quisisteis	hubisteis	querido
quisieron	hubieron	querido

Futuro simple	Futuro compuesto	
querré	habré	querido
querrás	habrás	querido
querrá	habrá	querido
querremos	habremos	querido
querréis	habréis	querido
querrán	habrán	querido

Gerundio

Simple	Compuesto	
queriendo	habiendo	querido

Subjuntivo

Presente
quiera
quieras
quiera
queramos
queráis
quieran

Imperfecto
quisiera/quisiese
quisieras/quisieses
quisiera/quisiese
quisiéramos/quisiésemos
quisierais/quisieseis
quisieran/quisiesen

Perfecto	
haya	querido
hayas	querido
haya	querido
hayamos	querido
hayáis	querido
hayan	querido

Pluscuamperfecto	
hubiera	querido
hubieras	querido
hubiera	querido
hubiéramos	querido
hubierais	querido
hubieran	querido

Participio

querido

Condicional

Simple
querría
querrías
querría
querríamos
querríais
querrían

Compuesto	
habría	querido
habrías	querido
habría	querido
habríamos	querido
habríais	querido
habrían	querido

Imperativo

(tú)	quiere
(usted)	quiera
(nosotros)	queramos
(vosotros)	quered
(ustedes)	quieran

Infinitivo compuesto

haber querido

Anwendungsbeispiele

Quiero ese bolso de ahí. ***Ich will*** *diese Tasche da haben.*
Te **quiero.** ***Ich liebe*** *dich.*
Si **quieres,** te ayudo. *Wenn* ***du willst,*** *helfe ich dir.*
Queremos que invites a Santi. ***Wir möchten,*** *dass du Santi einlädst.*
Quieren ir a México. ***Sie wollen*** *nach Mexiko fliegen.*
No **quería** hacerlo. ***Ich wollte*** *es nicht tun.*

Redewendungen

querer a alg. *jdn. lieben*
querer con locura a alg. *ganz verrückt nach jdm. sein*
querer decir *bedeuten, meinen*
querer dinero por a. c. *für etw. Geld verlangen*
hacer a. c. sin querer *etw. ohne Absicht machen*
hacer a. c. queriendo *etw. absichtlich machen*
dejar de querer *nicht mehr lieben*

Andere Verben

aborrecer *verabscheuen*
desistir *aufgeben, Abstand nehmen*
detestar *verabscheuen*
odiar *hassen*
renunciar *verzichten*

Gebrauch

Mit der Bedeutung *jdn. lieben* wird querer vor allem in Spanien häufiger als amar *lieben* verwendet.
Um einen Wunsch auszudrücken oder um nach etwas zu fragen, z. B. in einem Geschäft, werden die Formen des Imperfecto de indicativo, des Condicional und des Imperfecto de subjuntivo bevorzugt, da sie höflicher sind als die des Presente: quería *ich wollte*, querría *ich hätte gerne*, quisiera *ich hätte gerne*.

Tipps & Tricks

In Briefen können Sie die Begrüßung querido verwenden. Je nach Situation ist sie jedoch zu persönlich. Für geschäftliche Beziehungen sollte man estimado verwenden, in privater Korrespondenz genügt ein einfaches hola.

54 reír *lachen*

Indicativo

Presente	Perfecto		Imperfecto	Pluscuamperfecto	
río	he	reído	reía	había	reído
ríes	has	reído	reías	habías	reído
ríe	ha	reído	reía	había	reído
reímos	hemos	reído	reíamos	habíamos	reído
reís	habéis	reído	reíais	habíais	reído
ríen	han	reído	reían	habían	reído

Indefinido	Pretérito anterior		Futuro simple	Futuro compuesto	
reí	hube	reído	reiré	habré	reído
reíste	hubiste	reído	reirás	habrás	reído
rió	hubo	reído	reirá	habrá	reído
reímos	hubimos	reído	reiremos	habremos	reído
reísteis	hubisteis	reído	reiréis	habréis	reído
rieron	hubieron	reído	reirán	habrán	reído

Gerundio

Simple	Compuesto	
riendo	habiendo	reído

Subjuntivo

Presente	Imperfecto
ría	riera/riese
rías	rieras/rieses
ría	riera/riese
riamos	riéramos/riésemos
riais	rierais/rieseis
rían	rieran/riesen

Perfecto		Pluscuamperfecto	
haya	reído	hubiera	reído
hayas	reído	hubieras	reído
haya	reído	hubiera	reído
hayamos	reído	hubiéramos	reído
hayáis	reído	hubierais	reído
hayan	reído	hubieran	reído

Participio

reído

Condicional

Simple	Compuesto	
reiría	habría	reído
reirías	habrías	reído
reiría	habría	reído
reiríamos	habríamos	reído
reiríais	habríais	reído
reirían	habrían	reído

Imperativo

(tú)	ríe
(usted)	ría
(nosotros)	riamos
(vosotros)	reíd
(ustedes)	rían

Infinitivo compuesto

haber reído

Anwendungsbeispiele

Reír es bueno para la salud. ***Lachen** ist gut für die Gesundheit.*
Nos reímos mucho con Teresa. ***Wir lachen** viel mit Teresa.*
No **te rías de** mí. ***Lach** mich bitte nicht **aus**.*
Me reí a carcajadas con la película. ***Ich lachte** aus vollem Hals über den Film.*
Fernando siempre le **ríe** las gracias a Raúl. *Fernando schmeichelt sich immer bei Raúl ein.*

Redewendungen

echarse a reír *auflachen*
reírse de alg. *jdn. auslachen*
reírse a carcajadas *aus vollem Hals lachen*
reírse hasta de la sombra de uno *über jede Kleinigkeit lachen*
reírle las gracias a alg. *sich bei jdm. einschmeicheln*

Ähnliche Verben

burlarse *verspotten*
ironizar *ironisieren, lächerlich machen*
morirse de risa *sich totlachen*
partirse de risa *sich totlachen*
sonreír *lächeln*

Aufgepasst!

Der Vokalwechsel -e → -i betrifft die stammbetonten Personen (1., 2., 3. Pers. Sing. und 3. Pers. Pl.) des Presente de indicativo (río, ríes ...), das Presente de subjuntivo (ría, rías ...), die 3. Person Singular und Plural des Indefinido (rio, rieron), das Imperfecto de subjuntivo (riera, rieras ...), das Gerundio (riendo) sowie folgende Imperativformen: (tú) ríe, (usted) ría, (nosotros) riamos, (ustedes) rían.
Im Unterschied zu den anderen Verben dieser Gruppe trägt reír auf betontem -i einen Akzent. Er zeigt an, dass das -i getrennt von dem folgenden Vokal auszusprechen ist: río, ríes ... Durch die Betonung und den Akzent werden die Zeiten unterschieden: río *ich lache* – rio *er lachte*.

Tipps & Tricks

Überlegen Sie sich, in welchen Situationen Sie am häufigsten ein Verb verwenden, und merken Sie sich die Formen innerhalb eines Beispielsatzes: ¿Por qué **te ríes**? *Warum lachst du?* ¡No **te rías** así! *Lach nicht so!*

55 reunir *(ver)sammeln, vereinigen*

-u → -ú

Indicativo

Presente
reúno
reúnes
reúne
reunimos
reunís
reúnen

Perfecto
he	reunido
has	reunido
ha	reunido
hemos	reunido
habéis	reunido
han	reunido

Imperfecto
reunía
reunías
reunía
reuníamos
reuníais
reunían

Pluscuamperfecto
había	reunido
habías	reunido
había	reunido
habíamos	reunido
habíais	reunido
habían	reunido

Indefinido
reuní
reuniste
reunió
reunimos
reunisteis
reunieron

Pretérito anterior
hube	reunido
hubiste	reunido
hubo	reunido
hubimos	reunido
hubisteis	reunido
hubieron	reunido

Futuro simple
reuniré
reunirás
reunirá
reuniremos
reuniréis
reunirán

Futuro compuesto
habré	reunido
habrás	reunido
habrá	reunido
habremos	reunido
habréis	reunido
habrán	reunido

Gerundio

Simple
reuniendo

Compuesto
habiendo reunido

Subjuntivo

Presente
reúna
reúnas
reúna
reunamos
reunáis
reúnan

Imperfecto
reuniera/reuniese
reunieras/reunieses
reuniera/reuniese
reuniéramos/reuniésemos
reunierais/reunieseis
reunieran/reuniesen

Perfecto
haya	reunido
hayas	reunido
haya	reunido
hayamos	reunido
hayáis	reunido
hayan	reunido

Pluscuamperfecto
hubiera	reunido
hubieras	reunido
hubiera	reunido
hubiéramos	reunido
hubierais	reunido
hubieran	reunido

Participio
reunido

Condicional

Simple
reuniría
reunirías
reuniría
reuniríamos
reuniríais
reunirían

Compuesto
habría	reunido
habrías	reunido
habría	reunido
habríamos	reunido
habríais	reunido
habrían	reunido

Imperativo
(tú)	reúne
(usted)	reúna
(nosotros)	reunamos
(vosotros)	reunid
(ustedes)	reúnan

Infinitivo compuesto
haber reunido

Anwendungsbeispiele

Hemos reunido algo de dinero para ti. ***Wir haben*** *etwas Geld für dich* ***gesammelt.***

Está reuniendo dinero para el piso. ***Sie spart gerade*** *Geld für die Wohnung.*

Podemos **reunirnos en** mi despacho. *Wir können* ***uns in*** *meinem Zimmer* ***treffen.***

Redewendungen

reunir a la familia *die Familie versammeln*

reunir dinero *Geld sammeln, sparen*

reunir experiencias *Erfahrungen sammeln*

reunir firmas *Unterschriften sammeln*

reunirse con alg. *sich mit jdm. treffen*

Ähnliche Verben

coleccionar *(aus Liebhaberei) sammeln*

enganchar *koppeln*

fusionar *fusionieren*

juntar *miteinander verbinden*

recaudar *(Geld) sammeln*

recoger *zusammentragen*

recolectar *(Beeren) sammeln*

reunificar *wiedervereinigen*

unir *verbinden*

Aufgepasst!

Einen Akzent tragen die Personen des Singulars und die 3. Person Plural des Presente de indicativo (re**ú**no ...) und des Presente de subjuntivo (re**ú**na ...) sowie die Imperativformen (tú) re**ú**ne, (usted) re**ú**na und (ustedes) re**ú**nan. Der Akzent zeigt, dass das -u betont ist und getrennt vom -e auszusprechen ist. Abgesehen von dem Akzent ist reunir regelmäßig.

56 rogar *(höflich) bitten*

-o → -ue, -g → -gu

Indicativo

Presente	Perfecto	
ruego	he	rogado
ruegas	has	rogado
ruega	ha	rogado
rogamos	hemos	rogado
rogáis	habéis	rogado
ruegan	han	rogado

Imperfecto	Pluscuamperfecto	
rogaba	había	rogado
rogabas	habías	rogado
rogaba	había	rogado
rogábamos	habíamos	rogado
rogabais	habíais	rogado
rogaban	habían	rogado

Indefinido	Pretérito anterior	
rogué	hube	rogado
rogaste	hubiste	rogado
rogó	hubo	rogado
rogamos	hubimos	rogado
rogasteis	hubisteis	rogado
rogaron	hubieron	rogado

Futuro simple	Futuro compuesto	
rogaré	habré	rogado
rogarás	habrás	rogado
rogará	habrá	rogado
rogaremos	habremos	rogado
rogaréis	habréis	rogado
rogarán	habrán	rogado

Gerundio

Simple	Compuesto	
rogando	habiendo	rogado

Subjuntivo

Presente
ruegue
ruegues
ruegue
roguemos
roguéis
rueguen

Imperfecto
rogara/rogase
rogaras/rogases
rogara/rogase
rogáramos/rogásemos
rogarais/rogaseis
rogaran/rogasen

Perfecto	
haya	rogado
hayas	rogado
haya	rogado
hayamos	rogado
hayáis	rogado
hayan	rogado

Pluscuamperfecto	
hubiera	rogado
hubieras	rogado
hubiera	rogado
hubiéramos	rogado
hubierais	rogado
hubieran	rogado

Participio

rogado

Condicional

Simple
rogaría
rogarías
rogaría
rogaríamos
rogaríais
rogarían

Compuesto	
habría	rogado
habrías	rogado
habría	rogado
habríamos	rogado
habríais	rogado
habrían	rogado

Imperativo

(tú)	ruega
(usted)	ruegue
(nosotros)	roguemos
(vosotros)	rogad
(ustedes)	rueguen

Infinitivo compuesto

haber rogado

Anwendungsbeispiele

Les **ruego** que me reserven una habitación en su hotel. ***Ich bitte** Sie **höflich**, mir ein Zimmer in Ihrem Hotel zu reservieren.*
Haz eso, te lo **ruego**. *Erledige das, **ich bitte** dich darum.*
Rogad por él. ***Betet** für ihn.*

Redewendungen

rogar contestación inmediata *um sofortige Beantwortung bitten*
rogar la atención de alg. *jdn. um seine Aufmerksamkeit bitten*
rogar por alg. *für jdn. beten*
hacerse de rogar *sich gerne bitten lassen*

Ähnliche Verben

desear *wünschen, verlangen*
exigir *fordern*
pedir encarecidamente *inständig bitten*
reclamar *reklamieren, verlangen*
solicitar *ersuchen, beantragen*
suplicar *inständig bitten, anflehen*

Aufgepasst!

Bei dem Verb rogar treten zwei Unregelmäßigkeiten gemeinsam auf:
Der Stammvokalwechsel -o → -ue, den einige Verben der 1. Konjugation aufweisen, betrifft die stammbetonten Personen (1., 2., 3. Pers. Sing. und 3. Pers. Pl.) des Presente de indicativo (**rue**go, **rue**gas ...) und das Presente de subjuntivo (**rue**gue, **rue**gues ...) sowie einige Imperativformen.
Hinzu kommt die orthografische Anpassung an die Aussprache des Infinitivs bei den Formen mit der Endung -é bzw. -e, die die Verben auf -gar haben. Diese Besonderheit tritt in der 1. Person des Indefinido (ro**gué**) und im Presente de subjuntivo (rue**gue**, rue**gues** ...) auf sowie bei folgenden Imperativformen:
(usted) rue**gue**, (nosotros) ro**gue**mos, (ustedes) rue**gue**n.

57 saber *wissen, können, schmecken*

Indicativo

Presente	Perfecto	
sé	he	sabido
sabes	has	sabido
sabe	ha	sabido
sabemos	hemos	sabido
sabéis	habéis	sabido
saben	han	sabido

Imperfecto	Pluscuamperfecto	
sabía	había	sabido
sabías	habías	sabido
sabía	había	sabido
sabíamos	habíamos	sabido
sabíais	habíais	sabido
sabían	habían	sabido

Indefinido	Pretérito anterior	
supe	hube	sabido
supiste	hubiste	sabido
supo	hubo	sabido
supimos	hubimos	sabido
supisteis	hubisteis	sabido
supieron	hubieron	sabido

Futuro simple	Futuro compuesto	
sabré	habré	sabido
sabrás	habrás	sabido
sabrá	habrá	sabido
sabremos	habremos	sabido
sabréis	habréis	sabido
sabrán	habrán	sabido

Gerundio

Simple	Compuesto	
sabiendo	habiendo	sabido

Subjuntivo

Presente
sepa
sepas
sepa
sepamos
sepáis
sepan

Imperfecto
supiera/supiese
supieras/supieses
supiera/supiese
supiéramos/supiésemos
supierais/supieseis
supieran/supiesen

Perfecto	
haya	sabido
hayas	sabido
haya	sabido
hayamos	sabido
hayáis	sabido
hayan	sabido

Pluscuamperfecto	
hubiera	sabido
hubieras	sabido
hubiera	sabido
hubiéramos	sabido
hubierais	sabido
hubieran	sabido

Participio

sabido

Condicional

Simple
sabría
sabrías
sabría
sabríamos
sabríais
sabrían

Compuesto	
habría	sabido
habrías	sabido
habría	sabido
habríamos	sabido
habríais	sabido
habrían	sabido

Imperativo

(tú)	sabe
(usted)	sepa
(nosotros)	sepamos
(vosotros)	sabed
(ustedes)	sepan

Infinitivo compuesto

haber sabido

Anwendungsbeispiele

Sabemos la verdad sobre ese asunto. ***Wir kennen*** *die Wahrheit über diese Angelegenheit.*
No lo **sé**. ***Ich weiß*** *es nicht.*
¿**Sabes** italiano? ***Kannst du*** *Italienisch?*
Lo **supimos** anoche. ***Wir erfuhren*** *es gestern Abend.*
Él no **sabe** la "o" con un canuto. *Er hat keine Ahnung.*
Esto **sabe a** ajo. *Das* ***schmeckt nach*** *Knoblauch.*
Esta ensalada **sabe a** rayos. *Dieser Salat* ***schmeckt*** *scheußlich.*

Redewendungen

saber más que nadie *sehr schlau sein*
no saber ni jota *keine Ahnung haben*
saber bien/mal *gut/schlecht schmecken*
saber a. c. a poco *nicht genug von etw. haben*
saberse algo de memoria *etw. auswendig können*
saber a. c. de buena tinta *etw. aus sicherer Quelle wissen*

Ähnliche Verben

conocer *kennen*
gustar (comida) *schmecken*
enterarse *erfahren*
estar informado *Bescheid wissen, informiert sein*

Gebrauch

Saber hat zwei sehr unterschiedliche Bedeutungen: Einerseits bedeutet es *wissen*, *erfahren*, *können*, andererseits *schmecken*. Saber bedeutet nur bei erlernten Fähigkeiten *können*, wie z. B. bei Sprachkenntnissen. Außerdem kann saber je nach Kontext, vor allem je nach Zeit, mit *wissen* bzw. *erfahren* übersetzt werden:
No lo **sabía**. ***Ich wusste*** *es nicht.*
No lo **supe** hasta ayer. ***Ich erfuhr*** *es erst gestern.*

58 salir *hinausgehen, abfahren*

-l → -lg, -l → -ld

Indicativo

Presente	Perfecto	
salgo	he	salido
sales	has	salido
sale	ha	salido
salimos	hemos	salido
salís	habéis	salido
salen	han	salido

Imperfecto	Pluscuamperfecto	
salía	había	salido
salías	habías	salido
salía	había	salido
salíamos	habíamos	salido
salíais	habíais	salido
salían	habían	salido

Indefinido	Pretérito anterior	
salí	hube	salido
saliste	hubiste	salido
salió	hubo	salido
salimos	hubimos	salido
salisteis	hubisteis	salido
salieron	hubieron	salido

Futuro simple	Futuro compuesto	
saldré	habré	salido
saldrás	habrás	salido
saldrá	habrá	salido
saldremos	habremos	salido
saldréis	habréis	salido
saldrán	habrán	salido

Gerundio

Simple	Compuesto	
saliendo	habiendo	salido

Subjuntivo

Presente
salga
salgas
salga
salgamos
salgáis
salgan

Imperfecto
saliera/saliese
salieras/salieses
saliera/saliese
saliéramos/saliésemos
salierais/salieseis
salieran/saliesen

Perfecto	
haya	salido
hayas	salido
haya	salido
hayamos	salido
hayáis	salido
hayan	salido

Pluscuamperfecto	
hubiera	salido
hubieras	salido
hubiera	salido
hubiéramos	salido
hubierais	salido
hubieran	salido

Participio

salido

Condicional

Simple
saldría
saldrías
saldría
saldríamos
saldríais
saldrían

Compuesto	
habría	salido
habrías	salido
habría	salido
habríamos	salido
habríais	salido
habrían	salido

Imperativo

(tú)	sal
(usted)	salga
(nosotros)	salgamos
(vosotros)	salid
(ustedes)	salgan

Infinitivo compuesto

haber salido

Anwendungsbeispiele

No **salgo** esta noche, estoy cansada. ***Ich gehe*** *heute nicht* ***aus****, ich bin müde.*
¿Cómo **salimos** de aquí? *Wie* ***kommen wir*** *von hier* ***nach draußen****?*
El tren **sale a** las cinco. *Der Zug* ***fährt um*** *fünf Uhr* ***ab****.*
¡**Sal** ya de la ducha, por favor! ***Kommt*** *bitte aus der Dusche* ***heraus****!*
Todo me **sale** mal. *Bei mir* ***läuft*** *alles schief.*

Redewendungen

salir de algún sitio *hinausgehen*
salir por ahí *ausgehen*
salir con alg. *mit jdm. gehen, mit jdm. eine Beziehung haben*
salir adelante *weiterkommen*
salir bien/mal *gut/schlecht laufen*
salir pitando *davonlaufen*
salir ganando *jdm. von Nutzen sein*
salir a su hora *pünktlich abfahren, pünktlich gehen*
salir a relucir *zur Sprache kommen*
salir a la luz *ans Licht kommen*
salirse con la suya *sich durchsetzen*

Andere Verben

entrar *hineingehen*
ingresar *eintreten, eingeliefert werden*

Aufgepasst!

In der 1. Person des Presente de indicativo von salir wird ein **-g** zwischen Stamm und Endung eingefügt (sal**g**o). Von dieser Person werden das Presente de subjuntivo (sal**ga**, sal**ga**s ...) sowie einige Imperativformen abgeleitet: (usted) sal**ga**, (nosotros) sal**ga**mos, (ustedes) sal**ga**n. Die Person (tú) sal des Imperativo ist ebenfalls unregelmäßig. Das Futuro und das Condicional haben einen anderen Stamm: saldr-.

Tipps & Tricks

Die gleichen Unregelmäßigkeiten treten bei dem Verb valer *wert sein* (2. Konj.) und seiner Ableitung equivaler *gleichkommen* auf.

59 satisfacer *zufriedenstellen, erfüllen*

Indicativo

Presente	Perfecto	
satisfago	he	satisfecho
satisfaces	has	satisfecho
satisface	ha	satisfecho
satisfacemos	hemos	satisfecho
satisfacéis	habéis	satisfecho
satisfacen	han	satisfecho

Imperfecto	Pluscuamperfecto	
satisfacía	había	satisfecho
satisfacías	habías	satisfecho
satisfacía	había	satisfecho
satisfacíamos	habíamos	satisfecho
satisfacíais	habíais	satisfecho
satisfacían	habían	satisfecho

Indefinido	Pretérito anterior	
satisfice	hube	satisfecho
satisficiste	hubiste	satisfecho
satisfizo	hubo	satisfecho
satisficimos	hubimos	satisfecho
satisficisteis	hubisteis	satisfecho
satisficieron	hubieron	satisfecho

Futuro simple	Futuro compuesto	
satisfaré	habré	satisfecho
satisfarás	habrás	satisfecho
satisfará	habrá	satisfecho
satisfaremos	habremos	satisfecho
satisfaréis	habréis	satisfecho
satisfarán	habrán	satisfecho

Gerundio

Simple	Compuesto	
satisfaciendo	habiendo	satisfecho

Subjuntivo

Presente
satisfaga
satisfagas
satisfaga
satisfagamos
satisfagáis
satisfagan

Imperfecto
satisficiera/satisficiese
satisficieras/satisficieses
satisficiera/satisficiese
satisficiéramos/satisficiésemos
satisficierais/satisficieseis
satisficieran/satisficiesen

Perfecto	
haya	satisfecho
hayas	satisfecho
haya	satisfecho
hayamos	satisfecho
hayáis	satisfecho
hayan	satisfecho

Pluscuamperfecto	
hubiera	satisfecho
hubieras	satisfecho
hubiera	satisfecho
hubiéramos	satisfecho
hubierais	satisfecho
hubieran	satisfecho

Participio

satisfecho

Condicional

Simple
satisfaría
satisfarías
satisfaría
satisfaríamos
satisfaríais
satisfarían

Compuesto	
habría	satisfecho
habrías	satisfecho
habría	satisfecho
habríamos	satisfecho
habríais	satisfecho
habrían	satisfecho

Imperativo

(tú)	satisfaz/satisface
(usted)	satisfaga
(nosotros)	satisfagamos
(vosotros)	satisfaced
(ustedes)	satisfagan

Infinitivo compuesto

haber satisfecho

Anwendungsbeispiele

Su respuesta no me **satisfizo.** *Seine Antwort **stellte** mich nicht **zufrieden.***
Me gusta **satisfacer** los deseos de mis hijos. *Ich **erfülle** gerne die Wünsche meiner Kinder.*
Esperamos **satisfacer a** nuestros clientes. *Wir hoffen, unsere Kunden **zufriedenzustellen.***

Redewendungen

satisfacer un deseo *einen Wunsch erfüllen*
satisfacer las necesidades *die Bedürfnisse befriedigen*
satisfacer la curiosidad *die Neugier befriedigen*
satisfacer el hambre *den Hunger stillen*
satisfacer la sed *den Durst löschen*
satisfacer la demanda *die Nachfrage decken*

Ähnliche Verben

contentar *zufriedenstellen*
cumplir *erfüllen*
llenar *erfüllen*
saciar/apagar el hambre *den Hunger stillen*
saciar/apagar la sed *den Durst löschen*

Aufgepasst!

Das Verb satisfacer ist eine Ableitung von einer alten Form des Verbs hacer *machen*, *tun*. Seine Unregelmäßigkeiten orientieren sich daher an denen von hacer: Bei der 1. Person Singular des Presente de indicativo und dem Presente de subjuntivo sowie manchen Imperativformen wird ein -g eingefügt (satisfa**g**o, satisfa**g**a, satisfa**g**amos ...) und das Indefinido hat einen neuen Stamm (**satisfic-**), von dem auch das Imperfecto de subjuntivo abgeleitet wird (**satisfic**ieron, **satisfic**iera). Das Futuro und das Condicional werden mit dem Stamm **satisfar-** gebildet. Auch das Participio erinnert an hacer: satis**fecho**.

60 seguir *folgen, fortfahren*

-e → -i, -gu → -g

Indicativo

Presente	Perfecto	
sigo	he	seguido
sigues	has	seguido
sigue	ha	seguido
seguimos	hemos	seguido
seguís	habéis	seguido
siguen	han	seguido

Imperfecto	Pluscuamperfecto	
seguía	había	seguido
seguías	habías	seguido
seguía	había	seguido
seguíamos	habíamos	seguido
seguíais	habíais	seguido
seguían	habían	seguido

Indefinido	Pretérito anterior	
seguí	hube	seguido
seguiste	hubiste	seguido
siguió	hubo	seguido
seguimos	hubimos	seguido
seguisteis	hubisteis	seguido
siguieron	hubieron	seguido

Futuro simple	Futuro compuesto	
seguiré	habré	seguido
seguirás	habrás	seguido
seguirá	habrá	seguido
seguiremos	habremos	seguido
seguiréis	habréis	seguido
seguirán	habrán	seguido

Gerundio

Simple	Compuesto	
siguiendo	habiendo	seguido

Subjuntivo

Presente

siga
sigas
siga
sigamos
sigáis
sigan

Imperfecto

siguiera/siguiese
siguieras/siguieses
siguiera/siguiese
siguiéramos/siguiésemos
siguierais/siguieseis
siguieran/siguiesen

Perfecto	
haya	seguido
hayas	seguido
haya	seguido
hayamos	seguido
hayáis	seguido
hayan	seguido

Pluscuamperfecto	
hubiera	seguido
hubieras	seguido
hubiera	seguido
hubiéramos	seguido
hubierais	seguido
hubieran	seguido

Participio

seguido

Condicional

Simple

seguiría
seguirías
seguiría
seguiríamos
seguiríais
seguirían

Compuesto	
habría	seguido
habrías	seguido
habría	seguido
habríamos	seguido
habríais	seguido
habrían	seguido

Imperativo

(tú)	sigue
(usted)	siga
(nosotros)	sigamos
(vosotros)	seguid
(ustedes)	sigan

Infinitivo compuesto

haber seguido

Anwendungsbeispiele

Para ir al Palacio Real **sigan** todo recto. *Um zum Königsschloss zu gelangen, **gehen Sie** geradeaus **weiter**.*
¡**Siga** ese taxi! ***Folgen Sie** dem Taxi da!*
Sigo enfermo. ***Ich bin immer noch** krank.*
Seguimos viviendo en Segovia. ***Wir wohnen weiterhin** in Segovia.*

Redewendungen

seguir adelante *weitermachen*
seguir bien/mal *sich weiterhin gut/schlecht fühlen*
seguir enfermo/contento/triste *weiterhin krank/zufrieden/traurig sein*
seguir viviendo/estudiando/viajando *immer noch wohnen/studieren/reisen*
seguir sin saber *etw. immer noch nicht wissen*
seguir un curso *einen Kurs besuchen*
seguir las instrucciones *die Anleitungen befolgen*
seguir un objetivo *ein Ziel verfolgen*
seguir las huellas de alg. *in jds. Fußstapfen treten*

Ähnliche Verben

conseguir *erreichen*
perseguir *verfolgen*
proseguir *fortsetzen, fortführen*

Aufgepasst!

Seguir wird wie pedir *bitten* konjugiert und hat ebenfalls den Vokalwechsel -e → -i in den stammbetonten Personen (1., 2., 3. Pers. Sing. und 3. Pers. Pl.) des Presente de indicativo, im Presente de subjuntivo, in der 3. Person Singular und Plural des Indefinido, im Gerundio sowie bei den folgenden Imperativformen: (tú) **sigue**, (usted) **siga**, (nosotros) **sigamos**, (ustedes) **sigan**. Hinzu kommt eine orthografische Anpassung an die Aussprache des Infinitivs bei den Zeiten und Personen mit den Endungen -o und -a: Das -u nach dem -g entfällt.

61 sentir *fühlen, bedauern*

-e → -ie, -e → -i

Indicativo

Presente	Perfecto	
siento	he	sentido
sientes	has	sentido
siente	ha	sentido
sentimos	hemos	sentido
sentís	habéis	sentido
sienten	han	sentido

Imperfecto	Pluscuamperfecto	
sentía	había	sentido
sentías	habías	sentido
sentía	había	sentido
sentíamos	habíamos	sentido
sentíais	habíais	sentido
sentían	habían	sentido

Indefinido	Pretérito anterior	
sentí	hube	sentido
sentiste	hubiste	sentido
sintió	hubo	sentido
sentimos	hubimos	sentido
sentisteis	hubisteis	sentido
sintieron	hubieron	sentido

Futuro simple	Futuro compuesto	
sentiré	habré	sentido
sentirás	habrás	sentido
sentirá	habrá	sentido
sentiremos	habremos	sentido
sentiréis	habréis	sentido
sentirán	habrán	sentido

Gerundio

Simple	Compuesto	
sintiendo	habiendo	sentido

Subjuntivo

Presente
sienta
sientas
sienta
sintamos
sintáis
sientan

Imperfecto
sintiera/sintiese
sintieras/sintieses
sintiera/sintiese
sintiéramos/sintiésemos
sintierais/sintieseis
sintieran/sintiesen

Perfecto	
haya	sentido
hayas	sentido
haya	sentido
hayamos	sentido
hayáis	sentido
hayan	sentido

Pluscuamperfecto	
hubiera	sentido
hubieras	sentido
hubiera	sentido
hubiéramos	sentido
hubierais	sentido
hubieran	sentido

Participio

sentido

Condicional

Simple
sentiría
sentirías
sentiría
sentiríamos
sentiríais
sentirían

Compuesto	
habría	sentido
habrías	sentido
habría	sentido
habríamos	sentido
habríais	sentido
habrían	sentido

Imperativo

(tú)	siente
(usted)	sienta
(nosotros)	sintamos
(vosotros)	sentid
(ustedes)	sientan

Infinitivo compuesto

haber sentido

Anwendungsbeispiele

Siento frío. *Mir ist kalt.*
Ellos **sienten** lo que pasó. *Sie* **bedauern**, *was passiert ist.*
Lo **siento**. *Es tut mir leid.*

Redewendungen

sentir compasión por alg. *Mitleid für jdn. empfinden*
sentir la tentación *sich versucht fühlen*
sentirse bien/mal *sich gut/schlecht fühlen*
sentirse responsable de/por alg. *sich für jdn. verantwortlich fühlen*
sentirse como nuevo *sich wie neu geboren fühlen*

Ähnliche Verben

asentir *zustimmen*
consentir *zulassen, nachgeben*
presentir *ahnen*
resentirse *leiden*

Aufgepasst!

Bei sentir treten zwei Unregelmäßigkeiten auf:
Der Vokalwechsel -e → -ie betrifft die stammbetonten Personen (1., 2., 3. Pers. Sing. und 3. Pers. Pl.) des Presente de indicativo (**siento**, **sientes** ...) und subjuntivo (**sienta**, **sientas** ...) sowie folgende Imperativformen: (tú) **siente**, (usted) **sienta**, (ustedes) **sientan**.
Der Vokalwechsel -e → -i tritt bei den endungsbetonten Personen (1. und 2. Pers. Pl.) des Presente de subjuntivo (**sintamos**, **sintáis**), bei der Imperativform (nosotros) **sintamos** sowie bei der 3. Person Singular und Plural des Indefinido (**sintió**, **sintieron**) auf. Das Imperfecto de subjuntivo wird wie immer von der 3. Person Plural des Indefinido abgeleitet und ist daher auch unregelmäßig (**sintiera**, **sintiese** ...). Auch im Gerundio tritt der Wechsel -e → -i (**sintiendo**) auf.

Tipps & Tricks

Folgende Verben werden wie sentir konjugiert: advertir *bemerken*, arrepentirse *bereuen*, divertirse *sich amüsieren*, herir *verletzen*, mentir *lügen* und preferir *vorziehen*.

62 soler *pflegen*

-o → -ue;
unvollständiges Verb

Indicativo

Presente	Perfecto
suelo	–
sueles	–
suele	–
solemos	–
soléis	–
suelen	–

Imperfecto	Pluscuamperfecto
solía	–
solías	–
solía	–
solíamos	–
solíais	–
solían	–

Indefinido	Pretérito anterior
solí	–
soliste	–
solió	–
solimos	–
solisteis	–
solieron	–

Futuro simple	Futuro compuesto
–	–
–	–
–	–
–	–
–	–
–	–

Gerundio

Simple	Compuesto
–	–

Subjuntivo

Presente
suela
suelas
suela
solamos
soláis
suelan

Imperfecto
soliera/soliese
solieras/solieses
soliera/soliese
soliéramos/soliésemos
solierais/solieseis
solieran/soliesen

Perfecto
–
–
–
–
–
–

Pluscuamperfecto
–
–
–
–
–
–

Participio

–

Condicional

Simple
–
–
–
–
–
–

Compuesto
–
–
–
–
–
–

Imperativo

–
–
–
–
–

Infinitivo compuesto

–

Anwendungsbeispiele

Solemos ir a pescar los domingos. ***Wir pflegen** sonntags angeln **zu gehen.***
Antes **solía ver a** Silvia a menudo. *Früher **traf ich** Silvia **für gewöhnlich** oft.*
No **suele venir** los lunes. ***Er kommt normalerweise** nicht am Montag.*
Las tiendas **suelen cerrar** a las ocho. *Die Geschäfte **schließen normalerweise** um acht Uhr.*
Cuando era más joven, **solía jugar** al fútbol. *Als ich jünger war, **spielte ich für gewöhnlich** Fußball.*

Redewendungen

soler decir *zu sagen pflegen*
soler ocurrir *häufig vorkommen*
soler pasar *(normalerweise) geschehen*

Ähnliche Verben

acostrumbrar a hacer a. c. *etw. für gewöhnlich tun*
acostrumbarse a a. c. *sich an etw. gewöhnen*
estar acostrumbrado a a. c. *an etw. gewöhnt sein*
hacer normalmente a. c. *etw. normalerweise tun*
tener la costumbre de hacer a. c. *die Gewohnheit haben, etw. zu tun*

Gebrauch

Das Verb soler ist ein Modalverb, das nur mit einem Infinitiv zusammen verwendet wird. Im Spanischen wird es oft gebraucht, um auszudrücken, dass eine Handlung oder ein Vorgang häufig stattfindet. Im Deutschen steht meist ein Verb ohne *pflegen (zu)*, begleitet von einem Adverb der Häufigkeit wie *gewöhnlich*, *normalerweise* etc.:
Suelo hacer deporte los sábados. ***Normalerweise treibe ich** samstags **Sport**.*
Soler ist aufgrund seiner Bedeutung ein unvollständiges Verb, d. h., es wird nur in folgenden Zeiten und Modi konjugiert: im Presente de indicativo und subjuntivo, im Imperfecto de indicativo und subjuntivo sowie im Indefinido.

63 tener *haben*

Indicativo

Presente	Perfecto	
tengo	he	tenido
tienes	has	tenido
tiene	ha	tenido
tenemos	hemos	tenido
tenéis	habéis	tenido
tienen	han	tenido

Imperfecto	Pluscuamperfecto	
tenía	había	tenido
tenías	habías	tenido
tenía	había	tenido
teníamos	habíamos	tenido
teníais	habíais	tenido
tenían	habían	tenido

Indefinido	Pretérito anterior	
tuve	hube	tenido
tuviste	hubiste	tenido
tuvo	hubo	tenido
tuvimos	hubimos	tenido
tuvisteis	hubisteis	tenido
tuvieron	hubieron	tenido

Futuro simple	Futuro compuesto	
tendré	habré	tenido
tendrás	habrás	tenido
tendrá	habrá	tenido
tendremos	habremos	tenido
tendréis	habréis	tenido
tendrán	habrán	tenido

Gerundio

Simple	Compuesto	
teniendo	habiendo	tenido

Subjuntivo

Presente
tenga
tengas
tenga
tengamos
tengáis
tengan

Imperfecto
tuviera/tuviese
tuvieras/tuvieses
tuviera/tuviese
tuviéramos/tuviésemos
tuvierais/tuvieseis
tuvieran/tuviesen

Perfecto	
haya	tenido
hayas	tenido
haya	tenido
hayamos	tenido
hayáis	tenido
hayan	tenido

Pluscuamperfecto	
hubiera	tenido
hubieras	tenido
hubiera	tenido
hubiéramos	tenido
hubierais	tenido
hubieran	tenido

Participio

tenido

Condicional

Simple
tendría
tendrías
tendría
tendríamos
tendríais
tendrían

Compuesto	
habría	tenido
habrías	tenido
habría	tenido
habríamos	tenido
habríais	tenido
habrían	tenido

Imperativo

(tú)	ten
(usted)	tenga
(nosotros)	tengamos
(vosotros)	tened
(ustedes)	tengan

Infinitivo compuesto

haber tenido

Anwendungsbeispiele

Tenemos una casa en la sierra. ***Wir haben*** *ein Haus in den Bergen.*
Jaime **tenía** un buen trabajo, pero lo perdió. *Jaime* ***hatte*** *einen guten Job, aber er verlor ihn.*
¿**Tienes** frío? ***Ist dir*** *kalt?*
Tengo treinta años. ***Ich bin*** *dreißig Jahre* ***alt****.*
Tuvo que ir al médico. ***Er musste*** *zum Arzt gehen.*
Yo no **tengo** la culpa. *Ich* ***trage*** *keine Schuld.*
¡Que **tengas** mucha suerte! *Viel Glück!*

Witz

En un hotel:
"El Sr. Miranda tiene un ataque de risa. ¿Llamo a un médico?"
"No, no tienes que llamar a nadie, Jorge. En la recepción tenemos una lista de los verbos irregulares en español para esos casos."

Ähnliche Verben

detener *anhalten*
obtener *erhalten*, *gewinnen*
retener *beschlagnahmen*
sostener *festhalten*, *stützen*

Gebrauch

Tener ist ein Vollverb, das dem deutschen *haben*, *besitzen* entspricht. In der Vergangenheit kann es unterschiedliche Bedeutungen – je nach Zeitform – haben:
Antes **tenía** muchos amigos. *Früher* ***hatte ich*** *viele Freunde.*
Ayer **tuvimos** una buena noticia. *Gestern* ***erhielten wir*** *eine gute Nachricht.*
Tener que + Infinitivo bedeutet *müssen*:
Tiene que volver. ***Er muss*** *zurückkommen.*
Im Gegensatz zum Verb deber *müssen* wird tener que + Infinitivo verwendet, wenn es sich um eine notwendige Handlung oder ein Bedürfnis handelt.

64 torcer *abbiegen, drehen*

-o → -ue, -c → -z

Indicativo

Presente	Perfecto		Imperfecto	Pluscuamperfecto	
tuerzo	he	torcido	torcía	había	torcido
tuerces	has	torcido	torcías	habías	torcido
tuerce	ha	torcido	torcía	había	torcido
torcemos	hemos	torcido	torcíamos	habíamos	torcido
torcéis	habéis	torcido	torcíais	habíais	torcido
tuercen	han	torcido	torcían	habían	torcido

Indefinido	Pretérito anterior		Futuro simple	Futuro compuesto	
torcí	hube	torcido	torceré	habré	torcido
torciste	hubiste	torcido	torcerás	habrás	torcido
torció	hubo	torcido	torcerá	habrá	torcido
torcimos	hubimos	torcido	torceremos	habremos	torcido
torcisteis	hubisteis	torcido	torceréis	habréis	torcido
torcieron	hubieron	torcido	torcerán	habrán	torcido

Gerundio

Simple	Compuesto	
torciendo	habiendo	torcido

Subjuntivo

Presente	Imperfecto
tuerza	torciera/torciese
tuerzas	torcieras/torcieses
tuerza	torciera/torciese
torzamos	torciéramos/torciésemos
torzáis	torcierais/torcieseis
tuerzan	torcieran/torciesen

Perfecto		Pluscuamperfecto	
haya	torcido	hubiera	torcido
hayas	torcido	hubieras	torcido
haya	torcido	hubiera	torcido
hayamos	torcido	hubiéramos	torcido
hayáis	torcido	hubierais	torcido
hayan	torcido	hubieran	torcido

Participio

torcido

Condicional

Simple	Compuesto	
torcería	habría	torcido
torcerías	habrías	torcido
torcería	habría	torcido
torceríamos	habríamos	torcido
torceríais	habríais	torcido
torcerían	habrían	torcido

Imperativo

(tú)	tuerce
(usted)	tuerza
(nosotros)	torzamos
(vosotros)	torced
(ustedes)	tuerzan

Infinitivo compuesto

haber torcido

Anwendungsbeispiele

He torcido la llave al abrir la puerta. ***Ich habe*** *den Schlüssel* ***verbogen****, als ich die Tür geöffnet habe.*

Tuerza la segunda calle a la derecha. ***Biegen Sie*** *die zweite Straße rechts* ***ab****.*

El espejo **tuerce** los rayos de luz. *Der Spiegel* ***lenkt*** *die Lichtstrahlen* ***um****.*

Redewendungen

torcer un alambre *einen Draht verbiegen*
torcer los ojos *die Augen verdrehen*
torcer la cabeza *den Kopf drehen*
torcer la vista *schielen*
torcer el gesto *den Mund verziehen*
torcer un plan *einen Plan zum Scheitern bringen*
torcerse un pie *mit dem Fuß umknicken*

Ähnliche Verben

desviar *umlenken*
doblar *biegen, krümmen*
girar *abbiegen*

Aufgepasst!

Der Vokalwechsel -o → -ue betrifft die stammbetonten Personen (1., 2., 3. Pers. Sing. und 3. Pers. Pl.) des Presente de indicativo (**tue**rzo, **tue**rces ...) und subjuntivo (**tue**rza, **tue**rzas ...) sowie folgende Imperativformen: (tú) **tue**rce, (usted) **tue**rza, (ustedes) **tue**rzan.

Das Verb torcer weist aber auch eine orthografische Anpassung an die Aussprache des Infinitivs bei den Zeiten und Personen auf, die auf -o bzw. -a enden. Das sind die 1. Person Singular des Presente de indicativo (tuer**z**o), alle Formen des Presente de subjuntivo (tuer**z**a ...) sowie die Imperativformen, die vom Presente de subjuntivo abgeleitet werden: (usted) tuer**z**a, (nosotros) tor**z**amos, (ustedes) tuer**z**an.

65 traer *(her)bringen, (mit)bringen*

Indicativo

Presente	Perfecto		Imperfecto	Pluscuamperfecto	
traigo	he	traído	traía	había	traído
traes	has	traído	traías	habías	traído
trae	ha	traído	traía	había	traído
traemos	hemos	traído	traíamos	habíamos	traído
traéis	habéis	traído	traíais	habíais	traído
traen	han	traído	traían	habían	traído

Indefinido	Pretérito anterior		Futuro simple	Futuro compuesto	
traje	hube	traído	traeré	habré	traído
trajiste	hubiste	traído	traerás	habrás	traído
trajo	hubo	traído	traerá	habrá	traído
trajimos	hubimos	traído	traeremos	habremos	traído
trajisteis	hubisteis	traído	traeréis	habréis	traído
trajeron	hubieron	traído	traerán	habrán	traído

Gerundio

Simple	Compuesto	
trayendo	habiendo	traído

Subjuntivo

Presente	Imperfecto
traiga	trajera/trajese
traigas	trajeras/trajeses
traiga	trajera/trajese
traigamos	trajéramos/trajésemos
traigáis	trajerais/trajeseis
traigan	trajeran/trajesen

Perfecto		Pluscuamperfecto	
haya	traído	hubiera	traído
hayas	traído	hubieras	traído
haya	traído	hubiera	traído
hayamos	traído	hubiéramos	traído
hayáis	traído	hubierais	traído
hayan	traído	hubieran	traído

Participio

traído

Condicional

Simple	Compuesto	
traería	habría	traído
traerías	habrías	traído
traería	habría	traído
traeríamos	habríamos	traído
traeríais	habríais	traído
traerían	habrían	traído

Imperativo

(tú)	trae
(usted)	traiga
(nosotros)	traigamos
(vosotros)	traed
(ustedes)	traigan

Infinitivo compuesto

haber traído

Anwendungsbeispiele

He traído estos bombones. ***Ich habe*** *diese Pralinen* ***mitgebracht.***
¿Nos puede **traer** más pan? *Können Sie uns noch mehr Brot* ***bringen****?*
Eso no **traerá** nada bueno. *Das* ***wird zu*** *nichts Gutem* ***führen.***

Redewendungen

traer de cabeza *jdn. verrückt machen*
traer a cuento a. c. *etw. zur Sprache bringen*
traer cuenta *sich lohnen, etw. bringen*
traer a la memoria *ins Gedächtnis rufen*
traer consigo problemas *Probleme mit sich bringen*
traer consecuencias *Folgen haben*
traer retraso *Verspätung haben*
traer cola *Konsequenzen haben*
traerse entre manos *etw. im Schilde führen*

Ähnliche Verben

aportar *mitbringen, beitragen*
dar *geben*
devolver *zurückgeben*
llevar(se) *(mit)nehmen*

Gebrauch

Wie das Verb llevar *nehmen* orientiert sich traer in seinem Gebrauch an den Verben venir *kommen* und ir *gehen*, *fahren*.
Vom Ausgangspunkt ausgehend, verwendet man ir *gehen*, *fahren* und llevar *nehmen*:
¿Qué **llevo** a la fiesta? *Was* ***soll ich*** *zum Fest* ***mitbringen****?*
Wenn man etwas aus der Perspektive des Zieles betrachtet, verwendet man venir *kommen* und traer:
He traído las fotos del viaje. ***Ich habe*** *die Fotos von der Reise* ***mitgebracht.***

66 vencer *(be)siegen*

-c → -z

Indicativo

Presente	Perfecto	
venzo	he	vencido
vences	has	vencido
vence	ha	vencido
vencemos	hemos	vencido
vencéis	habéis	vencido
vencen	han	vencido

Imperfecto	Pluscuamperfecto	
vencía	había	vencido
vencías	habías	vencido
vencía	había	vencido
vencíamos	habíamos	vencido
vencíais	habíais	vencido
vencían	habían	vencido

Indefinido	Pretérito anterior	
vencí	hube	vencido
venciste	hubiste	vencido
venció	hubo	vencido
vencimos	hubimos	vencido
vencisteis	hubisteis	vencido
vencieron	hubieron	vencido

Futuro simple	Futuro compuesto	
venceré	habré	vencido
vencerás	habrás	vencido
vencerá	habrá	vencido
venceremos	habremos	vencido
venceréis	habréis	vencido
vencerán	habrán	vencido

Gerundio

Simple	Compuesto	
venciendo	habiendo	vencido

Subjuntivo

Presente

venza
venzas
venza
venzamos
venzáis
venzan

Imperfecto

venciera/venciese
vencieras/vencieses
venciera/venciese
venciéramos/venciésemos
vencierais/vencieseis
vencieran/venciesen

Perfecto	
haya	vencido
hayas	vencido
haya	vencido
hayamos	vencido
hayáis	vencido
hayan	vencido

Pluscuamperfecto	
hubiera	vencido
hubieras	vencido
hubiera	vencido
hubiéramos	vencido
hubierais	vencido
hubieran	vencido

Participio

vencido

Condicional

Simple

vencería
vencerías
vencería
venceríamos
venceríais
vencerían

Compuesto	
habría	vencido
habrías	vencido
habría	vencido
habríamos	vencido
habríais	vencido
habrían	vencido

Imperativo

(tú)	vence
(usted)	venza
(nosotros)	venzamos
(vosotros)	venced
(ustedes)	venzan

Infinitivo compuesto

haber vencido

Anwendungsbeispiele

El equipo **venció en** la Liga. *Die Mannschaft **siegt in** der Liga.*
Espero que **venza** el mejor. *Ich hoffe, dass der Beste **gewinnt**.*
Hoy **vence** el plazo para inscribirse en el curso. *Heute **läuft** die Frist **ab**, um sich bei dem Kurs anzumelden.*
Este pasaporte **está vencido**. *Dieser Reisepass **ist abgelaufen**.*
Me venció el cansancio. ***Ich wurde** von Müdigkeit **übermannt**.*

Redewendungen

vencer al contrincante *den Gegner besiegen*
vencer las dificultades *die Schwierigkeiten überwinden*
vencer la pereza *die Faulheit besiegen*
vencer un obstáculo *ein Hindernis überwinden*
vencerse a sí mismo *sich überwinden*
vencer en toda línea *auf ganzer Linie siegen*
dejarse vencer *aufgeben*

Ähnliche Verben

abatir *entkräften, demütigen*
aplastar *(vernichtend) schlagen*
caducar *verfallen, ungültig werden*
derrotar *schlagen*
ganar *gewinnen*
imponerse *sich durchsetzen*
convencer *überzeugen*

Aufgepasst!

Einige Zeiten und Personen des Verbs vencer werden mit **-z** geschrieben. Es handelt sich dabei um eine orthografische Anpassung an die Aussprache des Infinitivs: **-c** wird zu **-z** vor **-o** bzw. **-a**. Das betrifft die 1. Person Singular des Presente de indicativo (ven**z**o), das Presente de subjuntivo (ven**z**a, ven**z**as ...) sowie folgende Imperativformen: (usted) ven**z**a, (nosotros) ven**z**amos, (ustedes) ven**z**an.

67 venir *kommen*

Indicativo

Presente	Perfecto	
vengo	he	venido
vienes	has	venido
viene	ha	venido
venimos	hemos	venido
venís	habéis	venido
vienen	han	venido

Imperfecto	Pluscuamperfecto	
venía	había	venido
venías	habías	venido
venía	había	venido
veníamos	habíamos	venido
veníais	habíais	venido
venían	habían	venido

Indefinido	Pretérito anterior	
vine	hube	venido
viniste	hubiste	venido
vino	hubo	venido
vinimos	hubimos	venido
vinisteis	hubisteis	venido
vinieron	hubieron	venido

Futuro simple	Futuro compuesto	
vendré	habré	venido
vendrás	habrás	venido
vendrá	habrá	venido
vendremos	habremos	venido
vendréis	habréis	venido
vendrán	habrán	venido

Gerundio

Simple	Compuesto	
viniendo	habiendo	venido

Subjuntivo

Presente

venga
vengas
venga
vengamos
vengáis
vengan

Imperfecto

viniera/viniese
vinieras/vinieses
viniera/viniese
viniéramos/viniésemos
vinierais/vinieseis
vinieran/viniesen

Perfecto	
haya	venido
hayas	venido
haya	venido
hayamos	venido
hayáis	venido
hayan	venido

Pluscuamperfecto	
hubiera	venido
hubieras	venido
hubiera	venido
hubiéramos	venido
hubierais	venido
hubieran	venido

Participio

venido

Condicional

Simple

vendría
vendrías
vendría
vendríamos
vendríais
vendrían

Compuesto	
habría	venido
habrías	venido
habría	venido
habríamos	venido
habríais	venido
habrían	venido

Imperativo

(tú)	ven
(usted)	venga
(nosotros)	vengamos
(vosotros)	venid
(ustedes)	vengan

Infinitivo compuesto

haber venido

Anwendungsbeispiele

Elena no puede **venir**, está enferma. *Elena kann nicht* ***kommen****, sie ist krank.*

El viaje **viene a costar** dos mil euros. *Die Reise* ***kostet ungefähr*** *zweitausend Euro.*

Venimos diciendo eso desde hace tiempo. ***Wir sagen*** *das* ***immer wieder*** *seit langer Zeit.*

¡**Ven** aquí! ***Komm*** *hierher!*

Esa fecha no **me viene** bien. *Dieses Datum* ***passt*** *nicht gut.*

Sprichwörter

El que venga atrás, que arree. *Nach mir die Sintflut.*

No hay mal que por bien no venga. *Glück und Unglück liegen nah beieinander.*

Las desgracias nunca vienen solas. *Ein Unglück kommt selten allein.*

Ähnliche Verben

contravenir *verstoßen*

convenir *vereinbaren*

intervenir *teilnehmen, eingreifen*

prevenir *versorgen, vorbeugen*

provenir *herkommen*

sobrevenir *aufkommen, auftreten*

Gebrauch

Das Verb venir ist nicht nur ein Vollverb, sondern bildet als Hilfsverb zusammen mit einem Infinitivo bzw. Gerundio verbale Umschreibungen.

Mit venir a + Infinitivo werden ungefähre Angaben gemacht:

El científico **viene a afirmar** lo mismo en su libro. *Der Wissenschaftler* ***behauptet*** *in seinem Buch* ***ungefähr*** *das Gleiche.*

Venir + Gerundio betont die Dauer einer Handlung:

Venimos hablando de ello desde el verano. ***Wir reden schon*** *seit dem Sommer darüber.*

68 ver *sehen*

Indicativo

Presente	Perfecto	
veo	he	visto
ves	has	visto
ve	ha	visto
vemos	hemos	visto
veis	habéis	visto
ven	han	visto

Imperfecto	Pluscuamperfecto	
veía	había	visto
veías	habías	visto
veía	había	visto
veíamos	habíamos	visto
veíais	habíais	visto
veían	habían	visto

Indefinido	Pretérito anterior	
vi	hube	visto
viste	hubiste	visto
vio	hubo	visto
vimos	hubimos	visto
visteis	hubisteis	visto
vieron	hubieron	visto

Futuro simple	Futuro compuesto	
veré	habré	visto
verás	habrás	visto
verá	habrá	visto
veremos	habremos	visto
veréis	habréis	visto
verán	habrán	visto

Gerundio

Simple	Compuesto	
viendo	habiendo	visto

Subjuntivo

Presente
vea
veas
vea
veamos
veáis
vean

Imperfecto
viera/viese
vieras/vieses
viera/viese
viéramos/viésemos
vierais/vieseis
vieran/viesen

Perfecto	
haya	visto
hayas	visto
haya	visto
hayamos	visto
hayáis	visto
hayan	visto

Pluscuamperfecto	
hubiera	visto
hubieras	visto
hubiera	visto
hubiéramos	visto
hubierais	visto
hubieran	visto

Participio

visto

Condicional

Simple
vería
verías
vería
veríamos
veríais
verían

Compuesto	
habría	visto
habrías	visto
habría	visto
habríamos	visto
habríais	visto
habrían	visto

Imperativo

(tú)	ve
(usted)	**vea**
(nosotros)	**veamos**
(vosotros)	ved
(ustedes)	**vean**

Infinitivo compuesto

haber visto

Anwendungsbeispiele

¿Ves la torre de la iglesia? ***Siehst du** den Kirchturm?*
Veo a Manuel muy a menudo. ***Ich sehe** Manuel sehr oft.*
Todavía no lo **veis** claro, ¿verdad? ***Ihr seht** es noch nicht (klar), oder?*
Mis hermanas van a venir a **verme.** *Meine Schwestern werden **mich besuchen** kommen.*
Se ve que te gusta el arte. ***Man sieht**, dass du Kunst magst.*
Te ves triste. ***Du siehst** traurig **aus.***
Bueno, ya **veremos.** *Gut, **wir werden sehen.***
Está tan cansado que **no ve.** *Er ist so müde, dass **ihm die Augen zufallen.***

Redewendungen

ver venir a alg. *wissen, was jd. vorhat*
tener que ver con a. c./alg. *mit etw./jdm. zu tun haben*
no poder ver a alg. *jdn. nicht leiden können*
no ver ni torta *die Hand nicht vor Augen sehen*

Ähnliche Verben

contemplar *betrachten*
divisar *erblicken*
mirar *ansehen*
observar *beobachten*
entrever *in Aussicht haben*
prever *vorhersehen*

Gebrauch

Das Verb ver wird mit der Präposition a verwendet, wenn das nachstehende Objekt („direktes Objekt") eine Person bezeichnet. Bei Verallgemeinerungen steht jedoch das direkte Objekt ohne Präposition:
He visto una película. ***Ich habe** einen Film **gesehen.***
Vi a María en el metro. ***Ich sah** Maria in der U-Bahn.*
Veo siempre mucha gente desde mi ventana. ***Ich sehe** immer viele Leute von meinem Fenster aus.*

69 volcar *umwerfen, umkippen*

-o → -ue, -c → -qu

Indicativo

Presente	Perfecto	
vuelco	he	volcado
vuelcas	has	volcado
vuelca	ha	volcado
volcamos	hemos	volcado
volcáis	habéis	volcado
vuelcan	han	volcado

Imperfecto	Pluscuamperfecto	
volcaba	había	volcado
volcabas	habías	volcado
volcaba	había	volcado
volcábamos	habíamos	volcado
volcabais	habíais	volcado
volcaban	habían	volcado

Indefinido	Pretérito anterior	
volqué	hube	volcado
volcaste	hubiste	volcado
volcó	hubo	volcado
volcamos	hubimos	volcado
volcasteis	hubisteis	volcado
volcaron	hubieron	volcado

Futuro simple	Futuro compuesto	
volcaré	habré	volcado
volcarás	habrás	volcado
volcará	habrá	volcado
volcaremos	habremos	volcado
volcaréis	habréis	volcado
volcarán	habrán	volcado

Gerundio

Simple	Compuesto	
volcando	habiendo	volcado

Subjuntivo

Presente
vuelque
vuelques
vuelque
volquemos
volquéis
vuelquen

Imperfecto
volcara/volcase
volcaras/volcases
volcara/volcase
volcáramos/volcásemos
volcarais/volcaseis
volcaran/volcasen

Perfecto	
haya	volcado
hayas	volcado
haya	volcado
hayamos	volcado
hayáis	volcado
hayan	volcado

Pluscuamperfecto	
hubiera	volcado
hubieras	volcado
hubiera	volcado
hubiéramos	volcado
hubierais	volcado
hubieran	volcado

Participio

volcado

Condicional

Simple
volcaría
volcarías
volcaría
volcaríamos
volcaríais
volcarían

Compuesto	
habría	volcado
habrías	volcado
habría	volcado
habríamos	volcado
habríais	volcado
habrían	volcado

Imperativo

(tú)	vuelca
(usted)	vuelque
(nosotros)	volquemos
(vosotros)	volcad
(ustedes)	vuelquen

Infinitivo compuesto

haber volcado

Anwendungsbeispiele

El coche **volcó** en la carretera. *Das Auto **überschlug sich** auf der Straße.*
He volcado la harina. *Ich **habe** das Mehl **umgeworfen**.*
Ten cuidado, el vaso se puede **volcar**. *Sei vorsichtig, das Glas kann **umkippen**.*
Se volcaron con nosotros. *Sie **waren extrem aufmerksam** bei uns.*

Redewendungen

volcarse *sich bemühen*
volcarse en a.c./alg. *sich für etw./jdn. ein Bein ausreißen*
volcarse en el trabajo *sich in die Arbeit stürzen*

Ähnliche Verben

caerse *umfallen*
derribar *niederreißen, einschlagen*
hacer caer *umwerfen, fallen lassen*
tirar *werfen*
tumbar *zu Boden werfen*
verter *auskippen*

Aufgepasst!

Zwei Besonderheiten treten bei volcar auf: der Vokalwechsel -o → -ue und die orthografische Unregelmäßigkeit -c → -qu.
Der Vokalwechsel betrifft die stammbetonten Personen (1., 2., 3. Pers. Sing. und 3. Pers. Pl.) des Presente de indicativo (**vue**lco, **vue**lcas ...) und subjuntivo (**vue**lque, **vue**lques ...) sowie folgende Imperativformen: (tú) **vue**lca, (usted) **vue**lque, (ustedes) **vue**lquen.
Der Wechsel -c → -qu ist eine orthografische Anpassung an die Aussprache des Infinitivs bei den Formen, die auf -é bzw. -e enden: bei der 1. Person Singular des Indefinido (vol**qué**), dem Presente de subjuntivo (vuel**que**, vuel**que**s ...) sowie bei allen Imperativformen, die vom Presente de subjuntivo abgeleitet werden (usted, nosotros, ustedes).

70 volver *zurückkommen*

-o → -ue

Indicativo

Presente	Perfecto	
vuelvo	he	vuelto
vuelves	has	vuelto
vuelve	ha	vuelto
volvemos	hemos	vuelto
volvéis	habéis	vuelto
vuelven	han	vuelto

Imperfecto	Pluscuamperfecto	
volvía	había	vuelto
volvías	habías	vuelto
volvía	había	vuelto
volvíamos	habíamos	vuelto
volvíais	habíais	vuelto
volvían	habían	vuelto

Indefinido	Pretérito anterior	
volví	hube	vuelto
volviste	hubiste	vuelto
volvió	hubo	vuelto
volvimos	hubimos	vuelto
volvisteis	hubisteis	vuelto
volvieron	hubieron	vuelto

Futuro simple	Futuro compuesto	
volveré	habré	vuelto
volverás	habrás	vuelto
volverá	habrá	vuelto
volveremos	habremos	vuelto
volveréis	habréis	vuelto
volverán	habrán	vuelto

Gerundio

Simple	Compuesto	
volviendo	habiendo	vuelto

Subjuntivo

Presente
vuelva
vuelvas
vuelva
volvamos
volváis
vuelvan

Imperfecto
volviera/volviese
volvieras/volvieses
volviera/volviese
volviéramos/volviésemos
volvierais/volvieseis
volvieran/volviesen

Perfecto	
haya	vuelto
hayas	vuelto
haya	vuelto
hayamos	vuelto
hayáis	vuelto
hayan	vuelto

Pluscuamperfecto	
hubiera	vuelto
hubieras	vuelto
hubiera	vuelto
hubiéramos	vuelto
hubierais	vuelto
hubieran	vuelto

Participio
vuelto

Condicional

Simple
volvería
volverías
volvería
volveríamos
volveríais
volverían

Compuesto	
habría	vuelto
habrías	vuelto
habría	vuelto
habríamos	vuelto
habríais	vuelto
habrían	vuelto

Imperativo

(tú)	vuelve
(usted)	vuelva
(nosotros)	volvamos
(vosotros)	volved
(ustedes)	vuelvan

Infinitivo compuesto
haber vuelto

Anwendungsbeispiele

Fernando **vuelve** dentro de una semana. *Fernando **kommt** in einer Woche **zurück**.*

¿Cuándo **has vuelto de** Málaga? *Wann **bist du** aus Málaga **zurückgekommen**?*

Aconsejé a Pedro que se **volviera a** casa. *Ich empfahl Pedro, **nach** Hause **zurückzugehen**.*

Vuelve a casa. *Geh wieder **nach** Hause.*

Todavía no **ha vuelto en sí**. *Er **ist** noch nicht wieder **zu sich gekommen**.*

He vuelto a fumar. ***Ich habe wieder** geraucht.*

Se volvió hacia mí con una sonrisa. ***Er drehte sich** mit einem Lächeln zu mir **um**.*

Se ha vuelto muy generoso. ***Er ist** sehr großzügig **geworden**.*

Sprichwörter

Lo que se fue no vuelve. *Was vergangen ist, kommt nicht mehr zurück.*

Las aguas siempre vuelven a su cauce. *Alles kommt wieder ins Lot.*

Ähnliche Wörter

devolver *zurückgeben*
desenvolver *auspacken*
envolver *einpacken*
revolver *umrühren, durcheinanderbringen*

Aufgepasst!

Bei volver tritt der Vokalwechsel -o → -ue auf. Betroffen sind dabei die stammbetonten Personen (1., 2., 3. Pers. Sing. und 3. Pers. Pl.) des Presente de indicativo (**vue**lvo, **vue**lves ...) und subjuntivo (**vue**lva, **vue**lvas ...) sowie folgende Imperativformen: (tú) **vue**lve, (usted) **vue**lva, (ustedes) **vue**lvan. Auch viele andere Verben der 1., 2. und 3. Konjugation weisen diese Unregelmäßigkeit auf.
Im Unterschied zu diesen Verben haben volver und seine Ableitungen auch unregelmäßige Partizipien: **vuelto**, dev**uelto**, rev**uelto**.

Verben mit Präposition

Eine Reihe spanischer Verben wird mit einer bestimmten Präposition verwendet. Es handelt sich in den meisten Fällen um die Präpositionen de, a und en. Manche Verben haben verschiedene Präpositionen, andere dagegen werden immer mit der gleichen Präposition verwendet. Hier finden Sie eine Liste geläufiger Verben mit Präposition.

abusar **de** a. c./alg. *etw./jdn. missbrauchen*	Abusaron de mi amistad. *Sie missbrauchten meine Freundschaft.*
acabar **con** a. c./alg. *etw./jdn. vernichten*	Han acabado con los recursos. *Sie haben die Ressourcen vernichtet.*
acabar **de** hacer a. c. *soeben etw. getan haben*	Acabo de ver a Leonor. *Ich habe soeben Leonor gesehen.*
acabar **por** hacer a. c. *schließlich etw. tun*	Acabó por volverse a Almería. *Er ging schließlich nach Almería zurück.*
acordarse **de** a. c./alg. *sich an etw./jdn. erinnern*	Ya no me acuerdo de ellos. *Ich erinnere mich nicht mehr an sie.*
acostumbrarse **a** a. c./alg. *sich an etw./jdn. gewöhnen*	Se ha acostumbrado a su nueva vida. *Er hat sich an sein neues Leben gewöhnt.*
agradecer a. c. **a** alg. *jdm. für etw. danken*	Le agradezco su colaboración. *Ich danke Ihnen für Ihre Mitwirkung.*
alegrarse **de/con/por** a. c. *sich über/auf etw. freuen*	Me alegré mucho con la noticia. *Ich freute mich sehr über die Nachricht.*
aprovecharse **de** a. c./alg. *etw./jdn. ausnutzen*	Se aprovecharon de la oportunidad. *Sie nutzten die Gelegenheit aus.*
arrepentirse **de** a. c. *etw. bereuen*	Se arrepiente de su pasado. *Er bereut seine Vergangenheit.*
asistir **a** a. c. *an etw. teilnehmen*	Doscientas personas asistieron al congreso. *Zweihundert Personen nahmen am Kongress teil.*
asomarse **a** *sich hinauslehnen*	No puedes asomarte a la ventana. *Du darfst dich nicht aus dem Fenster lehnen.*
asustarse **de/por/con** a. c. *vor etw. erschrecken*	Se ha asustado con el ruido. *Er ist bei dem Geräusch erschrocken.*

atreverse **a** hacer a. c. *sich trauen, etw. zu tun*	No me atrevo todavía a hacer el examen. *Ich traue mich noch nicht, die Prüfung zu schreiben.*
▸ basarse **en** *sich auf etw. stützen*	Me baso en la opinión de un especialista. *Ich stütze mich auf die Aussage eines Spezialisten.*
bastar **con/de** *genügen*	¡Basta de bromas! *Genug gescherzt!*
burlarse **de** a. c./alg. *sich über etw./jdn. lustig machen*	Siempre se burlan de ellos. *Sie machen sich immer über sie lustig.*
▸ cambiar a. c. **por** otra *etw. gegen etw. anderes umtauschen*	Quiero cambiar esta falda por una mayor. *Ich möchte diesen Rock gegen einen größeren umtauschen.*
cambiar **de** a. c. *etw. ändern, wechseln*	Tengo que cambiar de asiento. *Ich muss den Platz wechseln.*
casarse **con** alg. *jdn. heiraten*	Se ha casado con un viejo amigo. *Sie hat einen alten Freund geheiratet.*
comenzar **a** hacer a. c. *anfangen, etw. zu tun*	Comenzó a estudiar con cuarenta años. *Er fing an zu studieren, als er vierzig Jahre alt war.*
componerse **de** a. c. *aus etw. bestehen*	Cada lección se compone de seis páginas. *Jede Lektion besteht aus sechs Seiten.*
concentrarse **en** a. c./alg. *sich auf etw./jdn. konzentrieren*	Se ha concentrado mucho en su trabajo. *Er hat sich sehr auf seine Arbeit konzentriert.*
confiar **en** a. c./alg. *auf etw./jdn. vertrauen*	Confío mucho en mis vecinos. *Ich vertraue sehr auf meine Nachbarn.*
consentir **en** a. c. *in etw. einwilligen*	Consintió en prestarle el coche a su hijo. *Er willigte ein, seinem Sohn das Auto zu leihen.*
consistir **en** a. c. *aus etw. bestehen*	La teoría consiste en varios principios. *Die Theorie besteht aus mehreren Prinzipien.*
constar **de** a. c. *sich aus etw. zusammensetzen*	La prueba consta de tres partes. *Die Prüfung setzt sich aus drei Teilen zusammen.*

contar **con** a. c./alg. .... El hotel cuenta con una sauna.
über etw. verfügen, auf jdn. zählen — *Das Hotel verfügt über eine Sauna.*

creer **en** a. c./alg. .... Creo en ello.
an etw./jdn. glauben — *Ich glaube daran.*

▸ deberse **a** a. c. .... Su enfermedad se debe a su estilo de vida.
auf etw. zurückzuführen sein — *Seine Krankheit ist auf seinen Lebensstil zurückzuführen.*

decidirse **a** hacer a. c. .... Se ha decidido a cambiar de trabajo.
sich entschließen, etw. zu tun — *Er hat sich entschlossen, die Arbeit zu wechseln.*

decidirse **por** a. c./alg. .... Nos decidimos por este coche.
sich für etw./jdn. entscheiden — *Wir entscheiden uns für dieses Auto.*

dedicarse **a** a. c. .... Me dedico a la Informática.
sich etw. widmen — *Ich widme mich der Informatik.*

dejar **de** hacer a. c. .... Tienes que dejar de pensar en él.
aufhören, etw. zu tun — *Du musst aufhören, an ihn zu denken.*

desconfiar **de** a. c./alg. .... Desconfío de esa oferta.
etw./jdm. misstrauen, an etw./jdm. zweifeln — *Ich misstraue diesem Angebot.*

disfrazarse **de** a. c./alg. .... Siempre se disfraza de payaso.
sich als etw./jd. verkleiden — *Er verkleidet sich immer als Clown.*

disfrutar **de** a. c. .... Disfruté mucho de las vacaciones.
etw. genießen — *Ich habe den Urlaub sehr genossen.*

disponer **de** a. c./alg. .... Dispone de dos chalés en el mar.
über etw./jdn. verfügen — *Er verfügt über zwei Häuser am Meer.*

dudar **de** a. c./alg. .... Dudo de la verdad de sus palabras.
an etw./jdm. zweifeln — *Ich zweifle an der Richtigkeit seiner Aussage.*

▸ echar(se) **a** hacer a. c. .... Al oír la noticia se echó a llorar.
plötzlich anfangen, etw. zu tun — *Als er die Nachricht hörte, fing er plötzlich an zu weinen.*

empezar **a** hacer a. c. .... He empezado ya a preparar la comida.
anfangen, etw. zu tun — *Ich habe schon angefangen, das Essen vorzubereiten.*

enamorarse **de** alg.	Me he enamorado de ella.
sich in jdn. verlieben	*Ich habe mich in sie verliebt.*
encargarse **de** (hacer) a. c.	Yo me encargo de llamar a la gente.
etw. übernehmen	*Ich übernehme es, die Leute anzurufen.*
enterarse **de** a. c.	Me he enterado del asunto de Luisa.
etw. erfahren	*Ich habe von Luisas Angelegenheit erfahren.*
▸ faltar **a** a. c.	Faltó a su promesa.
etw. nicht einhalten	*Er hielt sein Versprechen nicht ein.*
fijarse **en** a. c./alg.	Tienes que fijarte más en lo que haces.
auf etw./jdn. achten	*Du musst mehr darauf achten, was du tust.*
▸ inscribirse **en** a. c.	Me he inscrito en un curso de español.
sich zu etw. anmelden	*Ich habe mich zu einem Spanischkurs angemeldet.*
insistir **en** a. c.	Insistieron en vender el piso.
auf etw. bestehen	*Sie bestanden darauf, die Wohnung zu verkaufen.*
▸ jugar **a** a. c.	Juega muy bien al golf.
etw. spielen (Sport, Spiel …)	*Er spielt sehr gut Golf.*
▸ limitar **con** a. c.	Nuestra casa limita con un parque.
an etw. angrenzen	*Unser Haus grenzt an einen Park an.*
▸ negarse **a** hacer a. c.	Se negó a pagar lo que me debía.
sich weigern, etw. zu tun	*Er weigerte sich zu bezahlen, was er mir schuldete.*
▸ oler **a** a. c.	Huele a romero.
nach etw. riechen	*Es riecht nach Rosmarin.*
olvidarse **de** (hacer) a. c.	Me he olvidado de invitar a Sara.
etw. vergessen	*Ich habe vergessen, Sara einzuladen.*
▸ parecerse **a** alg.	Tu hermano se parece a tu padre.
jdm. ähnlich sein	*Dein Bruder ist deinem Vater ähnlich.*
participar **en** a. c.	Muchos equipos participan en el torneo.
an etw. teilnehmen	*Viele Mannschaften nehmen an dem Turnier teil.*
pasar **por** alg.	Pasó por periodista.
für/als etw. durchgehen	*Er ging als Journalist durch.*

pedir a. c. **a** alg. ...... *jdn. um etw. bitten*	Hemos pedido a nuestro jefe un aumento. *Wir haben unseren Chef um eine Gehaltserhöhung gebeten.*
pensar **en** a. c./alg. ...... *an etw./jdn. denken*	Pienso mucho en ellos. *Ich denke oft an sie.*
ponerse **a** hacer a. c. ...... *sich daranmachen, etw. zu tun*	Por fin se ha puesto a hacer la declaración de la renta. *Endlich hat er angefangen, seine Steuererklärung zu machen.*
preguntar **por** a. c./alg. ...... *nach etw./jdm. fragen*	Teresa ha preguntado por ti. *Teresa hat nach dir gefragt.*
▸ quedar **con** alg. ...... *sich mit jdm. verabreden*	He quedado con Elena en su casa. *Ich habe mich mit Elena bei ihr zu Hause verabredet.*
quedar **en** hacer a. c. ...... *vereinbaren, etw. zu tun*	Quedamos en entregar el trabajo en enero. *Wir haben vereinbart, die Arbeit im Januar abzugeben.*
▸ referirse **a** a. c./alg. ...... *sich auf etw./jdn. beziehen*	¿A qué te refieres con esa pregunta? *Worauf beziehst du dich mit dieser Frage?*
reírse **de** a. c./alg. ...... *über etw./jdn. lachen*	No te rías de ellos. *Lach nicht über sie.*
renunciar **a** a. c. ...... *auf etw. verzichten*	He renunciado a mis vacaciones. *Ich habe auf meinen Urlaub verzichtet.*
resignarse **con** a. c. ...... *sich mit etw. abfinden*	No puedo resignarme con eso. *Ich kann mich nicht damit abfinden.*
▸ saber **a** a. c. ...... *nach etw. schmecken*	Sabe demasiado a mantequilla. *Es schmeckt zu sehr nach Butter.*
soñar **con** a. c./alg. ...... *von etw./jdm. träumen*	Soñé con mis amigos de Soria. *Ich träumte von meinen Freunden aus Soria.*
▸ tardar **en** hacer a. c. ...... *Zeit brauchen, um etw. zu tun*	Tardaron dos horas en llegar aquí. *Sie brauchten zwei Stunden, um hier anzukommen.*
▸ volver **a** hacer a. c. ...... *etw. wieder tun*	Han vuelto a esquiar. *Sie sind wieder Ski gefahren.*

Alphabetische Verbliste Spanisch – Deutsch

Hier haben wir für Sie die wichtigsten spanischen Verben mit ihren entsprechenden deutschen Übersetzungen alphabetisch aufgelistet. Die rechts angeführten Nummern stellen Konjugationsnummern dar. Auf den Seiten der einzelnen Konjugationstabellen finden Sie diese Nummern wieder. Jene Verben, die hier im Folgenden den jeweiligen Konjugationsnummern zugewiesen sind, werden nach genau diesem Muster konjugiert. Manchen Verben sind auch zwei Konjugationsnummern zugeteilt. Die hervorgehobenen Verben sind als vollständige Konjugationstabellen, also als Muster, vorne im Buch abgedruckt.

A

abandonar *verlassen* 6
abarcar *umfassen* 13
abastecer *versorgen* 43
abatir *niederschlagen* 8
abolir *abschaffen* 8
abrazar *umarmen* 21
abrigar *beschützen* 38
abrir *öffnen* 8
abrochar *zuschnallen* 6
aburrir *langweilen* 8
acabar *beenden* 6
acariciar *streicheln* 6
acentuar *betonen* 19
aceptar *annehmen* 6
acercarse *sich nähern* 4
acertar *erraten* 47
acoger *aufnehmen* 16
acompañar *begleiten* 6
aconsejar *raten* 6
acontecer *geschehen* 43
acordar *zustimmen* 18
acostar *zu Bett bringen* 18
actuar *handeln, wirken* 19
adelgazar *abnehmen* 21
aderezar *herrichten* 21
admirar *bewundern* 6
admitir *zugeben* 8
adoptar *adoptieren* 6
adorar *anbeten* 6
adquirir *erwerben* 9
advertir *bemerken* 61
afianzar *befestigen* 21
afirmar *bejahen* 6
afrontar *gegenüberstellen* 6
agarrar *greifen* 6
agradecer *danken* 43
agregar *hinzufügen* 38
ahorrar *sparen* 6
alargar *verlängern* 38
alcanzar *erreichen* 21
alegrar *erfreuen* 6
alimentar *ernähren* 6
almorzar *zu Mittag essen* 33
alquilar *vermieten, mieten* 6
alzar *hochheben* 21
amanecer *Tag werden* 43
amar *lieben* 6
amenazar *drohen* 21
amortiguar *dämpfen* 12
amortizar *tilgen* 21
ampliar *vergrößern* 30
añadir *hinzufügen* 8
analizar *analysieren* 21
andar *gehen, laufen* 10
anochecer *Nacht werden* 43
anteponer *voranstellen* 50
anunciar *ankündigen* 6
apaciguar *besänftigen* 12
apagar *ausschalten* 33
aparcar *parken* 13
aparecer *erscheinen* 43
apestar *stinken* 6
apetecer *begehren* 43
aplaudir *Beifall klatschen* 8
aplazar *verschieben* 21
apostar *wetten* 13
apoyar *unterstützen* 6
apreciar *wahrnehmen* 6
aprender *lernen* 7
apretar *drücken* 47
aprobar *bewilligen* 18
aprovechar *nutzen* 6
arrancar *ausreißen* 13
arreglar *regeln* 6
arrepentirse *bereuen* 4/61
arriesgar *riskieren* 38
asentir *zustimmen* 61
asistir *teilnehmen* 8
asociar *verbinden* 6
asomar *sehen lassen* 6
atacar *angreifen* 13
atardecer *Abend werden* 43
atender *beachten* 48
atenuar *mindern* 19
aterrizar *landen* 21
aterrorizar *terrorisieren* 21
atracar *überfallen* 13
atrapar *fangen* 6

atravesar *überqueren* 47
atreverse *wagen* 4/7
atribuir *zuschreiben* 35
aumentar *vermehren* 6
autorizar *bevollmächtigen* 21
avanzar *vorwärtsgehen* 21
avergonzar *beschämen* 11
averiarse *kaputtgehen* 4/30
averiguar *herausfinden* 12
ayudar *helfen* 6

B

bailar *tanzen* 6
bañar *baden* 6
barnizar *glasieren* 21
barrer *fegen* 7
batir *rühren* 8
bautizar *taufen* 21
beber *trinken* 7
bendecir *segnen* 23
besar *küssen* 6
bostezar *gähnen* 21
brillar *glänzen* 6
brincar *hüpfen* 13
broncear *bräunen* 6
burlarse *verspotten* 4
buscar *suchen* 13

C

caber *passen* 14
caducar *verfallen* 13
caer *fallen* 15
calcular *einschätzen* 6
calentar *erwärmen* 47
calificar *beurteilen* 13
callar *schweigen* 6
cambiar *wechseln* 6
caminar *wandern* 6
cantar *singen* 6
carecer *entbehren* 43
cargar *laden* 38
castigar *strafen* 38
cazar *jagen* 21
celebrar *feiern* 6
cenar *zu Abend essen* 6
cerrar *schließen* 47
certificar *bescheinigen* 13
chillar *kreischen* 6
chocar *anstoßen* 13
cicatrizar *vernarben* 21
civilizar *zivilisieren* 21
clasificar *einordnen* 13
cobrar *kassieren* 6
cocer *aufkochen* 64
coger *nehmen* 16
cojear *hinken* 6
colaborar *mitwirken* 6
colgar *aufhängen* 56
colocar *aufstellen* 13
comentar *besprechen* 6
comenzar *anfangen* 29
comer *essen* 7
comerciar *handeln* 6
cometer *begehen* 7
compadecer *bemitleiden* 43
compartir *teilen* 8
compensar *ausgleichen* 6
competir *konkurrieren* 46
complicar *erschweren* 13
componer *bilden* 50
comportar *ertragen* 6
comprar *kaufen* 6
comprender *verstehen* 7
comprobar *feststellen* 18
comprometer *verpflichten* 7
comunicar *mitteilen* 13
concebir *begreifen* 46
conceder *zugestehen* 7
concernir *betreffen* 25
conciliar *versöhnen* 6
cocinar *kochen* 6
concluir *abschließen* 35
conducir *fahren* 51
confesar *gestehen* 47
confiar *anvertrauen* 30
confundir *verwechseln* 8
conmover *erschüttern* 40
conocer *kennen(lernen)* 17
conseguir *erreichen* 60
consentir *gestatten* 61
conservar *konservieren* 6
considerar *berücksichtigen* 6
constar *bestehen* 6
constituir *darstellen* 35
construir *bauen* 35
consumir *verzehren* 8
contagiar *anstecken* 6
contar *zählen* 18
contemplar *betrachten* 6
contestar *beantworten* 6
continuar *fortsetzen* 19
contradecir *widersprechen* 23
contravenir *verstoßen* 67
contribuir *beitragen* 35
convencer *überzeugen* 66
convenir *vereinbaren* 67
cooperar *zusammenarbeiten* 6
corregir *korrigieren* 28
correr *rennen* 7
corresponder *entsprechen* 7
corromper *verderben* 7
cortar *schneiden* 6
coser *nähen* 7
costar *kosten* 18
crear *schaffen* 6
crecer *wachsen* 43
creer *glauben* 20
criar *züchten* 30
criticar *kritisieren* 13
crujir *krachen* 8

cruzar *überqueren* 21
cubrir *bedecken* 8
cuidar *pflegen* 6

D

dar *geben* 22
debatir *erörtern* 8
deber *müssen* 7
decaer *verfallen* 15
decidir *entscheiden* 8
decir *sagen* 23
dedicar *widmen* 13
deducir *ableiten* 51
defender *verteidigen* 48
dejar *lassen* 6
demostrar *beweisen* 18
departir *plaudern* 8
depender *abhängig sein* 7
derretir *schmelzen* 46
desabrochar *aufknöpfen* 6
desafiar *herausfordern* 30
desaguar *abfließen* 12
desandar *zurückgehen* 10
desaparecer *verschwinden* 43
desarrollar *entwickeln* 6
descender *hinuntersteigen* 48
desconocer *nicht kennen* 17
describir *beschreiben* 8
descubrir *entdecken* 8
desear *wünschen* 6
desembocar *münden* 13
desenvolver *auspacken* 70
deshacer *lösen* 34
designar *bezeichnen* 6
desistir *aufgeben* 8
deslucir *abnutzen* 39
desobedecer *nicht gehorchen* 43
desoír *überhören* 44
despedir *verabschieden* 46
despegar *abheben* 38
despertar *wecken* 47
despertarse *aufwachen* 4
desproveer *nicht versorgen* 20
destacar *hervorheben* 13
destrozar *zerstören* 21
destruir *zerstören* 35
detener *anhalten* 63
devaluar *devaluieren* 19
devolver *zurückgeben* 70
devorar *fressen* 6
diferenciar *differenzieren* 6
difundir *ausbreiten* 8
digerir *verdauen* 61
dirigir *leiten* 24
discernir *unterscheiden* 25
disfrazar *maskieren* 21
disolver *auflösen* 70
distinguir *unterscheiden* 26
distribuir *austeilen* 35
divertir *amüsieren* 61
dividir *halbieren* 8
divulgar *verbreiten* 38
doblar *krümmen* 6
doler *wehtun* 40
dormir *schlafen* 27
duplicar *verdoppeln* 13
durar *dauern* 6

E

echar *werfen* 6
economizar *einsparen* 21
educar *erziehen* 13
efectuar *ausführen* 19
ejercer *ausüben* 66
elegir *aussuchen* 28
elevar *erhöhen* 6
elogiar *loben* 6
emerger *auftauchen* 16
empeorar *verschlechtern* 6
empezar *beginnen* 29
emplear *anwenden* 6
empobrecer *verarmen* 43
empujar *drängen* 6
encargar *bestellen* 38
encender *anzünden* 48
encontrar *finden* 18
enderezar *geradestellen* 21
enfriar *abkühlen* 30
engañar *betrügen* 6
engullir *verschlingen* 8
enjuagar *abspülen* 38
ensayar *proben* 6
enseñar *lehren* 6
ensuciar *beschmutzen* 6
entender *verstehen* 48
enterrar *begraben* 47
entrar *hineingehen* 6
entregar *abgeben* 38
entrever *in Aussicht haben* 68
enviar *schicken* 30
envolver *einpacken* 70
equivaler *gleichkommen* 7/58
equivocar *verwechseln* 13
erguir *(hoch)heben* 31
erigir *errichten* 24
escoger *aussuchen* 16
esconder *verstecken* 7
escribir *schreiben* 8
escuchar *zuhören* 6
esforzar *anstrengen* 33
esparcir *verstreuen* 32
especializarse *sich spezialisieren* 4/21
esperar *warten* 6
esquiar *Ski fahren* 30
establecer *begründen* 43
estar *sich befinden* 2
estornudar *niesen* 6
estropear *beschädigen* 6

Alphabetische Verbliste Deutsch – Spanisch

Hier haben wir für Sie die wichtigsten deutschen Verben mit den entsprechenden spanischen Übersetzungen alphabetisch aufgelistet. Auch hier steht die rechts angeführte Nummer für die Konjugationsnummer, also das Muster, nach dem das entsprechende spanische Verb konjugiert wird. Die spanischen Entsprechungen der hervorgehobenen deutschen Verben sind als vollständige Konjugationstabellen vorne im Buch abgedruckt.

A

abbiegen	torcer	64
Abend werden	atardecer	43
abfließen	desaguar	12
abgeben	entregar	38
abhängig sein	depender	7
abheben	despegar	38
abholen	recoger	16
abkühlen	enfriar	30
ablehnen	rechazar	21
ableiten	deducir	51
abnehmen	adelgazar	21
abnutzen	deslucir	39
abschaffen	abolir	8
abschleifen	pulir	8
abschließen	concluir	35
abspülen	enjuagar	38
adoptieren	adoptar	6
amüsieren	divertir	61
analysieren	analizar	21
anbeten	adorar	6
anbieten	ofrecer	43
andeuten	insinuar	19
anfangen	comenzar	29
anfeuchten	humedecer	43
angeben	presumir	8
angehören	pertenecer	43
angreifen	atacar	13
anhalten	detener	63
anhalten	parar	6
ankommen	llegar	38
ankündigen	anunciar	6
annehmen	aceptar	6
ansehen	mirar	6
anstecken	contagiar	6
anstiften	incitar	6
anstoßen	chocar	13
sich anstrengen	esforzarse	4/33
antworten	responder	7
anvertrauen	confiar	30
anwenden	emplear	6
anzeigen	indicar	13
anzünden	encender	43
arbeiten	trabajar	6
auferlegen	imponer	50
aufgeben	desistir	8
aufhängen	tender	43
aufhängen	colgar	56
aufknöpfen	desabrochar	6
aufkochen	cocer	64
auflösen	disolver	70
aufnehmen	acoger	16
aufrichten	levantar	6
aufstehen	levantarse	4
aufstellen	colocar	13
auftauchen	emerger	16
auftreten	sobrevenir	67
aufwachen	despertarse	4
ausbreiten	difundir	8
ausfertigen	otorgar	38
ausführen	efectuar	19
ausgleichen	compensar	6
auskippen	verter	61
auspacken	desenvolver	70
ausreißen	arrancar	13
ausschalten	apagar	38
ausschließen	excluir	35
aussprechen	pronunciar	6
aussterben	extinguirse	26
aussuchen	escoger	16
aussuchen	elegir	28
austeilen	distribuir	35
ausüben	ejercer	66
ausüben	practicar	13
ausweichen	evadir	8

B

baden	bañar	6
bauen	construir	35
beachten	atender	48
beantworten	contestar	6
bedauern	lamentar	6
bedecken	cubrir	8
beeinflussen	influir	35
beenden	acabar	6
beenden	finalizar	21
beenden	terminar	6
befestigen	afianzar	21
befestigen	fijar	6
sich befinden	estar	2
beflecken	manchar	6
befragen	interrogar	38
begehen	cometer	7

erklären explicar 13
erlangen obtener 63
erlauben permitir 8
erleuchten iluminar 6
ermitteln indagar 38
ernähren alimentar 6
eröffnen inaugurar 6
erörtern debatir 8
erraten acertar 47
erreichen alcanzar 21
erreichen conseguir 60
erreichen lograr 6
errichten erigir 24
erscheinen figurar 6
erschüttern conmover 40
erschweren complicar 13
ersetzen sustituir 35
erstreben pretender 7
ertragen comportar 6
erwähnen mencionar 6
erwerben adquirir 9
erzählen relatar 6
erzeugen producir 51
erziehen educar 13
essen comer 7
evaluieren evaluar 19
existieren existir 8

F

fahren conducir 51
fallen caer 15
fangen atrapar 6
fegen barrer 7
feiern celebrar 6
festhalten sostener 63
festhalten sujetar 6
feststellen comprobar 18
finden encontrar 18
finden hallar 6
fischen pescar 13
flicken zurcir 32
fliegen volar 18
fliehen huir 35
folgen seguir 60
formen formar 6
fortsetzen continuar 19
fortsetzen proseguir 60
fotografieren fotografiar 30
fragen preguntar 6
fressen devorar 6
fühlen sentir 61
führen guiar 30
füllen llenar 6
funkeln resplandecer 43
funktionieren funcionar 6
fürchten temer 7

G

gähnen bostezar 21
geben dar 22
geboren werden nacer 41
gefallen gustar 6
gegenüberstellen afrontar 6
gehen andar 10
gehen ir 36
gehorchen obedecer 43
genießen gozar 21
geradestellen enderezar 21
geraten incurrir 8
geschehen acontecer 43
geschehen suceder 7
gestatten consentir 61
gestehen confesar 47
gewährleisten garantizar 21
gewinnen ganar 6
gewöhnen habituar 19
gießen regar 42
glänzen brillar 6
glasieren barnizar 21
glauben creer 20
gleichkommen equivaler 7/58
gratulieren felicitar 6
greifen agarrar 6

H

haben haber 3
haben tener 63
hageln granizar 21
halbieren dividir 8
handeln comerciar 6
hassen odiar 6
helfen ayudar 6
herabnehmen descender 48
herausfinden averiguar 12
herausfordern desafiar 30
herausnehmen sacar 13
herausragen sobresalir 58
(her)bringen traer 65
herkommen provenir 67
herrichten aderezar 21
herstellen fabricar 13
hervorheben destacar 13
hinauftragen subir 8
hinausgehen salir 58
hineingehen entrar 6
hinken cojear 6
hinuntersteigen descender 48
hinzufügen agregar 38
hinzufügen añadir 8
hochheben alzar 21
(hoch)heben erguir 31
hören oír 44
hüpfen brincar 13

I

identifizieren identificar 13
ignorieren ignorar 6
importieren importar 6
in Aussicht haben entrever 68
informieren informar 6

inständig bitten instar 6
interessieren interesar 6
interpretieren interpretar 6

J

jagen cazar 21

K

kämmen peinar 6
kaputtgehen averiarse 4/30
kassieren cobrar 6
kauen masticar 13
kaufen comprar 6
kennen(lernen) conocer 17
kennzeichnen marcar 13
kochen cocinar 6
kochen hervir 61
kommen venir 67
konkurrieren competir 46
können poder 49
konservieren conservar 6
korrigieren corregir 28
kosten costar 18
krachen crujir 8
kratzen rascar 13
kreischen chillar 6
kritisieren criticar 13
krümmen doblar 6
küssen besar 6

L

lachen reír 54
laden cargar 38
landen aterrizar 21
langweilen aburrir 8
lassen dejar 6
laufen andar 10
läuten sonar 18
leben vivir 8
lehren enseñar 6
leiden padecer 43
leiten dirigir 24
lernen aprender 7
lernen estudiar 6
lesen leer 20
leuchten lucir 39
lieben amar 6
loben elogiar 6
lohnen merecer 43
löschen extinguir 26
lösen deshacer 34
lösen resolver 70
lügen mentir 61

M

malen pintar 6
maskieren disfrazar 21
meinen opinar 6
mediatisieren mediatizar 21
messen medir 46
mieten alquilar 6
mindern atenuar 19
mitnehmen llevar 6
mitteilen comunicar 13
mitwirken colaborar 6
münden desembocar 13
müssen deber 7

N

nachdenken reflexionar 6
nachstellen posponer 50
Nacht werden anochecer 43
nähen coser 7
sich nähern acercarse 4
nass machen mojar 6
navigieren navegar 38
nehmen coger 16
nehmen tomar 6
nennen nombrar 6
nicht gehorchen desobedecer 43
nicht kennen desconocer 17
nicht versorgen desproveer 20
niederschlagen abatir 8
niesen estornudar 6
nutzen aprovechar 6

O

öffnen abrir 8
operieren operar 6
organisieren organizar 21

P

parken aparcar 13
passen caber 14
pflegen cuidar 6
pflegen soler 62
planen planear 6
platzen reventar 47
plaudern departir 8
predigen predicar 13
proben ensayar 6
probieren probar 18
provozieren provocar 13
putzen limpiar 6

R

raten aconsejar 6
rechtfertigen justificar 13
regeln arreglar 6
regieren regir 28
regnen llover 40
reiben rallar 6
reisen viajar 6
rennen correr 7
riechen oler 45
riskieren arriesgar 38
rollen rodar 18
rudern remar 6
rühren batir 8
runzeln fruncir 32

S

säen sembrar 47

sagen decir (23)
schaden perjudicar (13)
schaffen crear (6)
schälen pelar (6)
schätzen valorar (6)
scheinen parecer (43)
schicken enviar (30)
schlafen dormir (27)
schlagen golpear (6)
schlagen pegar (38)
schleudern lanzar (21)
schließen cerrar (47)
schmelzen derretir (46)
schnarchen roncar (13)
schneiden cortar (6)
schneien nevar (47)
schreiben escribir (8)
schütteln sacudir (8)
schützen proteger (16)
schweigen callar (6)
seekrank werden marearse (4)
segnen bendecir (23)
sehen ver (68)
sehen lassen asomar (6)
sein ser (1)
senden mandar (6)
setzen sentar (47)
siegen vencer (66)
singen cantar (6)
Ski fahren esquiar (30)
sortieren seleccionar (6)
sparen ahorrar (6)
spazieren gehen pasear (6)
sich spezialisieren especializarse (4)/(21)
spielen jugar (37)
sprechen hablar (6)
stecken meter (7)
stellen poner (50)
stellen situar (19)
stempeln sellar (6)
sterben morir (27)
stinken apestar (6)
stolpern tropezar (29)
stören molestar (6)
strafen castigar (38)
streicheln acariciar (6)
suchen buscar (13)

T

Tag werden amanecer (43)
tanzen bailar (6)
taufen bautizar (21)
teilen compartir (8)
teilen partir (8)
teilnehmen asistir (8)
terrorisieren aterrorizar (21)
tilgen amortizar (21)
träumen soñar (18)
trinken beber (7)
tun hacer (34)

U

überfallen atracar (13)
überhören desoír (44)
überqueren atravesar (47)
überqueren cruzar (21)
übersetzen traducir (51)
übertragen transmitir (8)
übertreiben exagerar (6)
überzeugen convencer (66)
übrig bleiben quedar (6)
umarmen abrazar (21)
umfassen abarcar (13)
umgeben rodear (6)
umrühren remover (40)
umrühren revolver (70)
umwerfen volcar (69)
unterbrechen interrumpir (8)
unterdrücken oprimir (8)
unterscheiden discernir (25)
unterscheiden distinguir (26)
unterstützen apoyar (6)
untersuchen inquirir (9)

V

verabschieden despedir (46)
verändern modificar (13)
verarmen empobrecer (43)
verbessern mejorar (6)
verbieten prohibir (52)
verbinden asociar (6)
verbinden unir (8)
verbleiben permanecer (43)
verbreiten divulgar (38)
verbrennen quemar (6)
verdächtigen sospechar (6)
verdauen digerir (61)
verderben corromper (7)
verdoppeln duplicar (13)
verdunkeln oscurecer (43)
vereinbaren convenir (67)
vereinigen reunir (55)
verfallen caducar (13)
verfallen decaer (15)
verfluchen maldecir (23)
verfolgen perseguir (60)
vergeben perdonar (6)
vergehen perecer (43)
vergessen olvidar (6)
vergrößern ampliar (30)
verhandeln negociar (6)
verkaufen vender (7)
verlängern alargar (38)
verlängern prolongar (38)
verlassen abandonar (6)
sich verlassen fiarse (30)
verleiten inducir (51)
verletzen herir (61)
verlieren perder (43)
vermehren aumentar (6)
vermeiden impedir (45)
vermieten alquilar (6)

vermischen mezclar 6
vermuten suponer 50
vernarben cicatrizar 21
verneinen negar 42
verpflichten comprometer 7
verscheiden fallecer 43
verschieben aplazar 21
verschlechtern empeorar 6
verschlingen engullir 8
verschwinden desaparecer 43
versenken hundir 8
versöhnen conciliar 6
versorgen abastecer 43
versorgen proveer 20
verspotten burlarse 4
versprechen prometer 7
verstecken esconder 7
verstehen comprender 7
verstehen entender 48
verstoßen contravenir 67
verstreichen extender 48
verstreuen esparcir 32
versuchen intentar 6
versuchen procurar 6
verstärken reforzar 33
verteidigen defender 48
verteilen repartir 8
vertreiben expulsar 6
vertreten remplazar 21
verwechseln confundir 8
verwechseln equivocar 13
verwickeln implicar 13
verzehren consumir 8
verzeichnen registrar 6
verzichten renunciar 6
vespern merendar 47
voranstellen anteponer 50
voraussagen predecir 23
voraussehen prever 68
vorbeigehen pasar 6
vorbereiten preparar 6
vorbeugen prevenir 67
vorkommen ocurrir 8
vorschlagen proponer 50
vorstellen presentar 6
sich vorstellen imaginar 6
vortäuschen fingir 24
vorwärtsgehen avanzar 21
vorzeigen exhibir 8
vorziehen preferir 61

W

wachen velar 6
wachsen crecer 43
wagen atreverse 4/7
wahrnehmen apreciar 6
wahrnehmen percibir 8
wählen votar 6
wandern caminar 6
warten esperar 6
waschen lavar 6
sich waschen lavarse 4
wechseln cambiar 6
wecken despertar 47
wegwerfen tirar 6
wehtun doler 40
weinen llorar 6
wenden recurrir 8
werfen echar 6
wert sein valer 7/58
wetten apostar 18
widersprechen contradecir 23
widmen dedicar 13
wiedergeboren werden renacer 41
wiederherstellen rehacer 34
wiederholen repetir 46
wiegen pesar 6
wirken actuar 19
wischen fregar 42
wissen saber 57
wittern husmear 6
wollen querer 53
wühlen hurgar 38
wünschen desear 6

Z

zahlen pagar 38
zählen contar 18
zerbrechen romper 7
zerkleinern machacar 13
zerstören destrozar 21
zerstören destruir 35
zivilisieren civilizar 21
zu Abend essen cenar 6
zu Bett bringen acostar 18
züchten criar 30
zufriedenstellen satisfacer 59
zugeben admitir 8
zugestehen conceder 7
zuhören escuchar 6
zu Mittag essen almorzar 33
zurückgeben devolver 70
zurückgehen desandar 10
zurückgehen menguar 12
zurückgewinnen recuperar 6
zurückkehren regresar 6
zurückkommen volver 70
zusammenarbeiten cooperar 6
zuschnallen abrochar 6
zuschreiben atribuir 35
zustimmen acordar 18
zustimmen asentir 61
zwicken pellizcar 13
zwingen forzar 33
zwingen obligar 38

Langenscheidt
„Das Must-have für erfolgreiches Vokabellernen!“
Die thematische Gliederung nach Interessens- und Lebensbereichen motivert und erleichtert das systematische Lernen.
Ca. 9000 Wörter, Wendungen und Beispielsätze
Auswahl nach Häufigkeit und Aktualität bzw. Gebrauchswert
Farbliche Kennzeichnung der Niveaus für Anfänger und Fortgeschrittene
Mit grammatikalischen Angaben und wertvollen Tipps
GRATIS Audio-Download mit Vertonung fürs Aussprache-Training!
GRATIS: Audio-Download
Langenscheidt Grund- und Aufbauwortschatz
Spanisch
Niveau A1-B2
www.langenscheidt.com